职业教育市场营销专业教学用书

U0880279

市场营销基础（第5版）学习导航与习题

于家臻　主　编
王　瑾　王婷婷　副主编

電子工業出版社
Publishing House of Electronics Industry
北京 · BEIJING

内 容 简 介

本书是电子工业出版社有限公司出版的于家臻主编的《市场营销基础（第 5 版）》一书的配套教辅用书，是根据市场营销专业教学标准及课程教学目标的要求编写的，有助于教师授课讲练结合和学生自主学习使用。本书设置的栏目有思维导图、学习目标、学法指导、同步训练、牛刀小试、综合训练等，能很好地适合不同层次学生的学习需要。书末附有各练习题的参考答案。

本书可供职业院校商贸类的市场营销、商品经营、电子商务、国际商务、物流等专业使用，也可作为财经类的会计专业等相关专业的教学用书，还可供相关职场人士充电、企业培训使用。

图书在版编目（CIP）数据

市场营销基础（第 5 版）学习导航与习题 / 于家臻主编. —北京：电子工业出版社，2020.8
ISBN 978-7-121-39297-9

Ⅰ. ①市… Ⅱ. ①于… Ⅲ. ①市场营销学—职业教育—教学参考资料 Ⅳ. ①F713.50

中国版本图书馆CIP数据核字（2020）第131034号

责任编辑：徐　玲　　文字编辑：王凌燕
印　　刷：三河市良远印务有限公司
装　　订：三河市良远印务有限公司
出版发行：电子工业出版社
　　　　　北京市海淀区万寿路 173 信箱　邮编　100036
开　　本：787×1 092　1/16　印张：15　字数：384 千字
版　　次：2020 年 8 月第 1 版
印　　次：2024 年 8 月第 10 次印刷
定　　价：38.00 元

凡所购买电子工业出版社图书有缺损问题，请向购买书店调换。若书店售缺，请与本社发行部联系，联系及邮购电话：（010）88254888，88258888。

质量投诉请发邮件至 zlts@phei.com.cn，盗版侵权举报请发邮件至 dbqq@phei.com.cn。

本书咨询联系方式：xuling@phei.com.cn。

前　　言

《国家职业教育改革实施方案》指出："职业教育与普通教育是两种不同教育类型，具有同等重要地位。"《教育部关于职业院校专业人才培养方案制订与实施工作的指导意见》（教职成〔2019〕13 号）提出："深化教师、教材、教法改革。健全教材选用制度，选用体现新技术、新工艺、新规范等的高质量教材，引入典型生产案例。"可以看出，加强职业教育教材建设，是推动课堂教学革命，提升课堂教学质量的重要保障。

本书是电子工业出版社有限公司出版的于家臻主编的《市场营销基础（第 5 版）》一书的配套教辅用书，自第 1、2、3、4 版发行以来，受到了全国职业院校市场营销等商贸类专业广大师生的普遍欢迎和好评，每年都多次印刷发行。为了紧跟企业营销方式和营销策略的发展变化，并方便教师教学和学生学习使用，我们在广泛调查研究的基础上，对本书进行了第 5 次修订。

本次修订主要做了以下调整：

本书突出"做中学、做中教"的职业教育特色，将各个模块细化为易学易做的"任务"，始终贯穿"以任务为主线、教师为主导、学生为主体"的主导思想，创造了以学定教、主动参与、自主协作、探索创新的学习模式，在完成任务的同时，引导学生产生一种学习实践活动，以此解决营销活动中的实际问题。

本书设置的栏目有思维导图、学习目标、学法指导、同步训练、牛刀小试、综合训练等，能很好地适合不同层次的学生学习。书末附有各练习题的参考答案。

本书由正高级讲师于家臻担任主编，王瑾和王婷婷两位老师担任副主编。参与本书修订的人员及分工如下：王瑾（项目 2、4），王婷婷（项目 3、7），任慧超（项目 1、5），郭明（项目 6），盛娟娟（项目 8）。全书由王瑾、王婷婷负责统稿，于家臻总纂并定稿。

由于编写人员阅历、水平所限，加之编写时间仓促，书中的疏漏与不当之处在所难免，敬请有关专家和读者批评指正。

编　者

2020 年 5 月

目　　录

项目 1

认识市场营销

思维导图

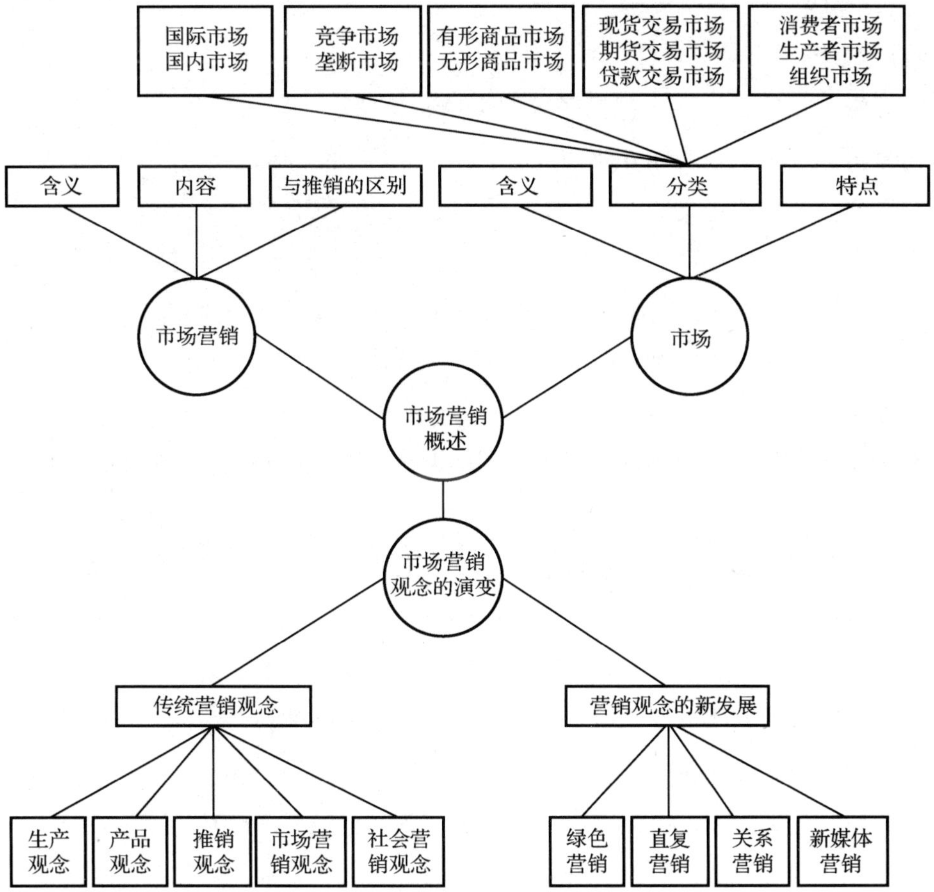

模块1　市　　场

学习目标

1. 理解市场的含义
2. 掌握市场营销的三要素
3. 理解当代市场的特点
4. 掌握常见的市场类型

学法指导

任务一　探究“什么是市场”

【步骤一】理解市场的含义

案例启发　日常生活中，我们接触的市场有哪些？

案例分析　买卖东西的地方就是市场。

合作探究　市场的定义。

狭义的市场，是指买卖双方交易商品的场所。

广义的市场，是指在一定时间、地点条件下商品交换关系的总和。

市场=人口+购买力+购买欲望

重点点拨

（1）市场一般包括时间、地点、人（买方与卖方）、物（商品）和起因（目的）几个因素。

（2）狭义的市场指的是一个有限的区域，侧重于地点因素，有买方与卖方（人），有一定的交易场所和条件（地点与起因），有交易活动。三者缺一不可。

（3）广义的市场是从一个宏观的视角来看，体现供给与需求之间矛盾的统一体。

（4）市场营销学上的市场是现实需求与潜在需求的全部。

【步骤二】总结市场的特点

案例启发　由课本案例引领1中的市场联想现代市场有哪些特点？

合作探究　现代市场的特点为统一性、开放性、竞争性和有序性。

任务二　常见的市场类型有哪些

重点点拨

（1）市场的基本构成要素：时间、地点、人（买方与卖方）、物（商品）、起因（目的）。

（2）第一种分类：侧重于地理特征因素，分为国内市场与国际市场。

（3）第二种分类：侧重于竞争因素，分为完全竞争市场、完全垄断市场、寡头垄断市场和垄断竞争市场。

① 完全竞争市场：农副初级产品（有无数的买方与卖方）。

② 完全垄断市场：国家垄断行业，与我们日常生活息息相关的煤气、自来水、电力行业等（只有唯一的买主或卖主，很少存在）。

③ 寡头垄断市场：居于领先地位的大企业。少数几个大企业垄断了大部分的市场份额，大多数小企业占有小部分市场份额，如手表、电器。

④ 垄断竞争市场：垄断因素和竞争因素并存。

（4）第三种分类：侧重于产品形态因素，分为有形商品市场和无形商品市场。

其中，无形商品无法称量，只能去感受。该类市场包括金融市场、劳务市场、技术市场和信息市场。

（5）第四种分类：侧重于时间因素。现买现卖为现货交易市场；反之为期货交易市场和贷款交易市场。

（6）第五种分类：侧重于起因因素，也就是购买目的，分为消费者市场、生产者市场和组织市场。

同步训练

A 组

一、单项选择题

1．金融市场包括（　　）和资本市场两种形式。

A．货币市场　　B．有形商品市场　　C．无形商品市场

2．竞争充分而不受任何阻碍和干扰的一种市场结构是（　　）。

A．垄断竞争市场　　B．寡头垄断市场

C．完全垄断市场　　D．完全竞争市场

3．技术市场按其经济用途的不同，可分为初级技术商品市场、配套技术商品市场和

（　　）三种市场。

A．服务性技术商品市场　　B．现货交易市场

C．期货交易市场　　D．贷款交易市场

二、判断题（正确的打"√"，错误的打"×"）

1．广义的市场，是指买卖双方商品交换的场所。（　　）

2．从市场营销学的角度看，市场是现实需求与潜在需求的全部。（　　）

3．根据产品的形态划分，市场可分为有形商品市场和无形商品市场。（　　）

4．根据竞争程度，市场可分为完全竞争市场、完全垄断市场、寡头垄断市场和垄断竞争市场。（　　）

5．现货交易市场一般适用于农产品和证券交易。（　　）

6．根据购买目的划分，市场可分为消费者市场、生产者市场和组织市场。（　　）

B组

一、单项选择题

1．（　　）是有形商品市场。

A．金融市场　　B．组织市场　　C．建材市场　　D．服务市场

2．（　　）不是期货交易市场所具备的特点。

A．义务性　　B．竞争性　　C．远期性　　D．投机性

3．市场是人口、购买力和（　　）三要素的综合。

A．购买欲望　　B．市场需求　　C．社会利益　　D．市场导向

二、判断题（正确的打"√"，错误的打"×"）

1．无形商品市场是指为满足人们对资金及各种服务的需要而提供各种无形商品的市场。（　　）

2．现实生活中的农产品交易近似完全垄断市场。（　　）

3．信息市场是指提供各种市场信息，以满足生产、消费的市场。（　　）

4．期货交易市场的三个特点是义务性、远期性和投机性。（　　）

5．延期付款交易和预先付款交易是贷款交易市场的两种形式。（　　）

6．延期付款交易是卖方贷款给买方所进行的现货交易。（　　）

三、论述题

根据购买目的的不同，市场可分为消费者市场、生产者市场和组织市场。各种商品都可以根据购买目的和用途的不同，分别属于不同的市场。试以煤炭这一商品为例，论述其如何分别属于消费者市场、生产者市场和组织市场。

牛刀小试

实地调研：周六、周日到周边市场看看。在课堂上小组讨论，进行初步分类。

实训提示：全班同学以 6～8 人自然分组，分别到本市的小商品城、证券交易市场、人才交流市场、超市、学校的餐厅等地实地参观，并进行场景模拟与展示。

模块2　市 场 营 销

学习目标

1. 掌握市场营销的含义、内容
2. 理解市场营销与推销的区别

学法指导

任务一　探究“什么是市场营销”

【步骤一】掌握市场营销的含义

案例启发　在日常生活中，我们经常接触到“市场营销”这四个字。企业组织机构有“市场营销部”或“营销策划部”，大学里有“市场营销”这个专业，人才交流市场招聘单位有“市场营销”岗位等。可以说，营销在我们的生活中无处不在。企业需要营销来满足消费者的需要，以实现盈利；学校需要营销来满足广大学生的需要，实现学校的健康良性发展；医生需要营销来满足患者的需要，实现社会的和谐；政治家需要营销以满足他的人民的需要，实现他“治国安民”的政治抱负。我们也需要营销，以满足与人有效交往的需要。

案例分析　在当今经济社会中，大到国家，小到企业、个人，市场营销的地位越来越重要。营销活动产生的利润是企业生存必不可少的，是整个国民经济生存和健康发展不可或缺的。市场营销还有助于改善人们的生活质量。

合作探究　市场营销的定义。

市场营销是指通过创造和交换产品与价值，使个人或群体满足欲望和需要的一种社会与管理过程。

换句话说，市场营销是指在以顾客需求为中心的思想指导下，企业所进行的有关产品生产、流通和售后服务等与市场有关的一系列经营活动。其目的在于满足市场需求，实现企业的经营目标。

重点点拨

（1）市场营销是一种创造性行为。

市场营销不仅服务于市场而且是创造市场的行为。营销要寻找已经存在的消费者并满足他们的需求，还要激发和解决消费者并没有意识到或没有提出的需求，使消费者积极响应企业的市场活动。

（2）市场营销是一种自愿自由的交换行为。

（3）市场营销是一种满足人们需要的行为。

（4）市场营销是一个系统的管理过程。

（5）市场营销是企业参与社会的纽带。

【步骤二】总结市场营销的内容

理论启发　市场营销涉及的核心概念如图 1-1 所示。

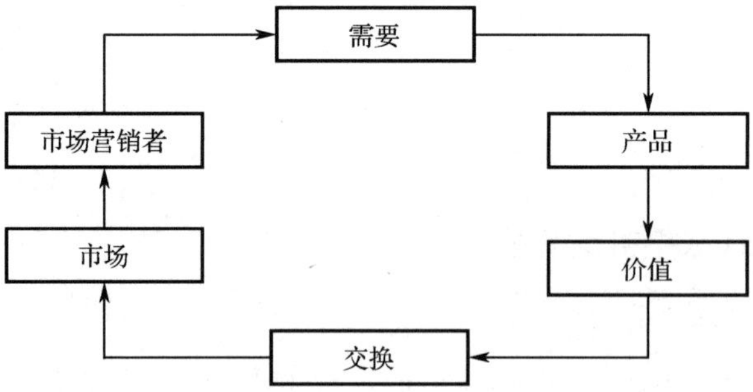

图 1-1　市场营销涉及的核心概念

市场营销的核心概念包括需要、产品、价值、交换、市场、市场营销者六个环节，而且是循环的、动态的。这六个环节和日常生活息息相关。举一个非常简单的例子，周六早上学生到食堂买早餐这个消费行为。周六早上，起床的铃声响了，但忽然想起来，今天不上课，于是继续睡。大约十点半，肚子饿了，想吃东西了。“想”就是“需要”。“东西”就是“产品”。“吃什么”就是“价值”，又称为满意、质量，就是哪一种比较划算。吃什么既便宜、实惠，又好吃，是面包，还是包子、火烧、油条、油饼？忽然想起上一次吃的油饼味道好又实惠，于是决定吃油饼。怎么买呢？是打电话让他们送，还是自己去买呢？是用现金，还是刷卡呢？他想买油饼，想用现金到食堂去买，这样就到了下一个环节——“交换”。卖油饼的“市场”就是学校食堂。“市场营销者”可以简单地理解为食堂里卖饭的服务人员。卖油饼的窗口有很多，找一个服务态度好、油饼又好吃的窗口，一手交钱，一手拿油饼。这样，需要—产品—价值—交换—市场—市场营销者，这六个环节就结束了。永远结束了吗？不是的。市场营销者的服务质量与水平和消费者购买后的体验直接影响下一个环节——需要。假设卖油饼的服务人员服务态度非常好，油饼热乎乎的，很干净也很好吃，他吃了很满意，他下次还会买吗？如果卖油饼的服务人员服务态度非常差，油饼冷冰冰的，也不如上一次的好吃，他下次还会买吗？答案显而易见。到了中午，他又饿了，想吃东西，于是这六个环节又进行了下去。当然，企业的市场营销比这个案例要复杂得多。

合作探究 市场营销的内容。

（1）营销理论：主要包括市场营销的研究对象与市场营销观念等，主要有市场分析、消费者需求、营销观念、营销环境、市场细分与目标市场理论。

（2）营销策略：主要有产品策略、定价策略、分销渠道策略、促销策略和营销组合策略等。

重点点拨

（1）市场营销的研究对象：主要是企业的营销活动及其规律性，主要研究卖主的产品或服务如何转移到消费者和用户手中的全过程。探讨在生产领域、流通领域和消费领域内运用一整套开发原理、方法、策略，不断拓展市场的全部营销活动，以及相应的科学管理。

产品（Product）、定价（Price）、渠道（Place）、促销（Promotion）、策略（Strategy）称为市场营销的4PS。

（2）市场营销的主要内容是由市场营销的研究对象决定的。

（3）市场营销在不同的社会发展时期研究对象不同，其内容也不同。

（4）现代市场营销研究消费者的现实需要，掌握消费者的潜在需要，从而满足消费者的现实需要和潜在需要。另外，还以此为中心，研究市场的开拓战略，正确处理各种关系。

任务二　市场营销与推销的区别

合作探究

【步骤一】推销的定义

推销是指推销员帮助顾客认识和了解产品，并激发顾客的需求欲望，从而引导顾客购买商品的活动过程。

【步骤二】回顾市场营销的定义

市场营销是指通过创造和交换产品与价值，使个人或群体满足欲望和需要的一种社会与管理过程。

归纳总结　通过定义，可以看出市场营销与推销的区别。

（1）两者的联系：两者有着密切的联系，推销是营销的一部分。

（2）两者的区别：

① 市场营销是在产品销售之前对整个销售活动的整体规划，包括产品设计、市场调查、营销环境分析、销售策略、销售过程监督、广告效果评估等环节。可以说，营销是所有销售活动必须要做的整体规划，它可以使企业获取最大的利益。

② 推销仅仅是市场营销过程中一个重要的步骤或活动，是促进销售的一个重要手段，在整个市场营销活动中并不是最主要的部分。

同步训练

A 组

判断题（正确的打“√”，错误的打“×”）

1．市场营销就是广告宣传。（　　）

2．市场营销的目的在于满足市场需求，实现企业的经营目标。（　　）

3．一项交易完成之后，市场营销的任务即告结束。（　　）

4．人的需求与企业的市场营销活动并无直接关系。（　　）

B 组

一、单项选择题

1．市场营销学是站在（　　）角度，研究生产者行为的。

A．消费者　　B．企业　　C．经销商　　D．媒介公众

2．在交换双方中，更积极、主动地寻求交换的一方称为（　　）。

A．潜在顾客　　B．顾客　　C．卖方　　D．市场营销者

3．市场营销管理人员用于了解有关外部环境发展趋势的信息的各种来源与程序的是（　　）。

A．市场营销信息系统　　B．市场营销情报系统

C．市场营销调研系统　　D．市场营销决策支持系统

二、判断题（正确的打“√”，错误的打“×”）

1．市场营销的本质是需求管理。（　　）

2．交换是市场营销活动的核心。（　　）

3．通过满足需求达到顾客满意，最终实现包括利润在内的企业目标，是现代市场营销的基本精神。（　　）

4．消费者购买商品，根本目的在于获得并拥有产品本身。（　　）

牛刀小试

记者小调查：周六、周日以小组为单位，到学校附近的医院、中专院校、超市等单位实地感受一下，并拜访一下部门领导，体会市场营销与推销的区别。课上小组展示，集体分享。

模块 3　市场营销观念的演变

学习目标

1. 理解生产观念、产品观念、推销观念、市场营销观念、社会营销观念
2. 了解营销观念的新发展

学法指导

任务一　探究“什么是市场营销观念”

【步骤一】了解市场营销观念的定义

合作探究　市场营销观念的定义。

市场营销观念是企业市场行为的指导思想，即企业在开展市场营销管理过程中，处理企业、顾客和社会三者利益方面所持有的态度、思想和观念。它的核心问题是以什么为中心开展企业的生产经营活动。

理论点拨

（1）如同人的行为要受到一定的思想、观念支配一样，企业的营销活动也是在一定的指导思想或经营观念的指导下进行的。这种观念就是市场营销观念。

（2）人的思想观念是不断发展变化的，市场营销观念也是在不断发展变化的。

（3）企业也应该跟上时代步伐，及时更新营销观念，适应时代要求，这样才能获得生存。

（4）市场营销观念从开始到现在大体经历了以下几个阶段：生产观念阶段、产品观念阶段、推销观念阶段、市场营销观念阶段、社会营销观念阶段，分别简称为生产观念、产品观念、推销观念、市场营销观念、社会营销观念。

（5）从 20 世纪初到现在，营销观念先后经历了数次演变，其间发生了两次观念大革命。从最初的生产观念、产品观念、推销观念到市场营销观念，是营销观念的第一次革命；网络营销观念是营销观念的第二次革命。

（6）生产观念、产品观念、推销观念是传统的营销观念；未来营销观念包括绿色营销、直复营销、关系营销。

任务二　认识营销观念的各个阶段

【步骤一】认识生产观念

案例启发　美国福特汽车在 20 世纪 20 年代福特任总经理时，实施了三项决策。

（1）对主产品“T 型车”进行大降价，由 1910 年的 950 美元降到 850 美元。

（2）按每辆“T 型车”850 美元的目标，着手改革公司内部的生产线。在占地 278 英亩（1 平方千米=247 英亩）的新厂中首先采用现代化的大规模装配作业线，使过去 12.5 小时生产一辆“T 型车”，提高到 93 分钟即可生产一辆车，大幅降低了成本。

（3）在全国设置 7 000 多家代销商，广泛设立销售网点。

这三项决策大获成功，“T 型车”冲向全世界，市场占有率攀升至美国汽车行业之首。

案例分析

（1）生产观念是在卖方市场条件下产生的，也就是产品供不应求，消费者没有选择的余地。

（2）生产观念认为消费者喜欢那些“买得到”也“买得起”的产品。

（3）企业应该以提高产量、降低成本、扩大销售为竞争手段。

理论点拨

（1）买方市场与卖方市场是从买卖双方的竞争程度来区分的。市场上分为买方与卖方，对谁有利就称为哪一方的市场。

（2）买方市场是对买方有利的市场，供求关系是供大于求。

（3）卖方市场是对卖方有利的市场，供求关系是供不应求。

（4）生产观念代表性的口号是“我们生产什么就销售什么”“不管顾客需要什么，我只生产黑色的车”等。

【步骤二】认识产品观念

案例启发 美国爱尔琴钟表公司自1869年创立到20世纪50年代，一直被公认为是美国最好的钟表制造商之一。该公司在市场营销管理中强调生产优质产品，并通过由著名珠宝商店、大百货公司等构成的市场营销网络分销产品。1958年之前，公司销售额始终呈上升趋势。但此后其销售额和市场占有率开始下降。造成这种状况的主要原因是市场形势发生了变化：这一时期的许多消费者对名贵手表已经不感兴趣，而趋于购买那些经济、方便、新颖的手表；而且，许多制造商为了迎合消费者需要，已经开始生产低档产品，并通过廉价商店、超级市场等大众分销渠道积极推销，从而夺得了爱尔琴钟表公司的大部分市场份额。爱尔琴钟表公司没有紧跟市场形势的变化，依然迷恋于生产精美的传统样式手表，借助传统渠道销售，并认为自己的产品质量好，顾客必然会找上门来。结果致使企业经营遭受巨大挫折。

这个例子说明，如果不是从消费者的需要出发去开发和设计产品，自以为很好的产品顾客也不会买账。

案例分析 产品观念与生产观念相类似。产品观念只是迷恋自己的产品质量好，不关心消费者的喜好。

理论点拨

（1）产品观念产生于卖方市场条件下，比生产观念更进了一步。

（2）产品观念认为消费者喜欢购买的是高质量、多功能和具有某种特色的产品，企业应致力于生产高质量的产品。

（3）产品观念代表性的口号是“酒香不怕巷子深”“皇帝的女儿不愁嫁”等。

（4）生产观念强调“以量取胜”，产品观念强调“以质取胜”，两者都认为无须考虑消费者的需求，仍然是一种以产品为中心的营销观念。

【步骤三】认识推销观念

案例启发 王婆卖瓜，自卖自夸。好酒还得勤吆喝。

案例分析 推销观念认为消费者不是由于自身的要求与愿望主动购买产品的，而是由于受到推销的刺激才诱使其采取购买行为的。

理论点拨

（1）推销观念产生于卖方市场向买方市场的过渡时期。

（2）推销观念只着眼于如何把已经生产出来的产品推销出去，而没有顾及消费者是否需要该产品，售后服务是否满意。引诱和欺骗等强行推销手段经常被使用。

（3）推销观念本质上还是“以产定销”的思维模式。

【步骤四】认识市场营销观念

案例启发 日本本田汽车公司要在美国推出一款雅阁新车。在设计新车前，他们派出了工程技术人员专程到洛杉矶地区考察高速公路的情况，实地丈量路长、路宽，采集高速公路的柏油，拍摄进出口道路的设计。回到日本后，他们专门修了一条9英里（1英里≈1.61千米）长的高速公路，就连路标和告示牌都与美国公路上的一模一样。在设计行李箱时，设计人员意见有分歧，他们就到停车场看了一个下午，看人们如何放行李。这样一来，意见马上统一起来。结果，本田公司的雅阁汽车一到美国就备受欢迎，被称为全世界都能接受的好车。

案例分析 市场营销观念是一种以消费者为中心的营销观念。

理论点拨

（1）市场营销观念实现了从“以产定销”到“以销定产”思维模式的重大改变。

（2）市场营销观念代表性的口号是“顾客至上”“哪里有消费者的需要，哪里就有我们的机会”等。

（3）市场营销观念与前三种观念的最大区别是，它真正把消费者的需求放在第一位，企业的一切行为都是为消费者服务的。

【步骤五】认识社会营销观念

案例启发 自20世纪90年代以来，雅芳化妆品公司发起了一系列的抗癌运动，从建立基金会，到赞助各项活动，再到向抗癌协会捐款。英国知名零售商Sainsbury由于其推出的活力儿童活动（向各个学校赞助健身设备以激发青少年的运动热情，使他们尽早远离青少年肥胖症），获得了由第三产业部颁发的公益宣传大奖。国内知名企业蒙牛携手生态草原建设的公益基金——蒙牛生态草原基金，在哥本哈根全球气候变化会议后，发起“拯救地球的100个行动”，通过无国界、无门槛的网络平台，号召人们参与拯救地球的行动。

案例分析 社会营销观念要求企业不能为了赚钱而不顾社会利益，只顾眼前利益而忽视了社会利益，那么企业的长远利益就不会长久。

理论点拨

（1）社会营销观念产生于20世纪70年代，当时西方国家已经出现能源短缺、环境污染严重等情况。

（2）社会营销观念要求企业利润、消费者需求和社会利益三者平衡。

（3）社会营销观念是市场营销观念的修改和补充。与市场营销观念相比，它更加强调企业、消费者和社会三方面的利益应当兼顾。

任务三　了解营销观念新发展

【步骤一】认识绿色营销

案例启发　美国安利公司一向非常重视环境保护，生产的每一项日化产品都具有生物降解性能，不污染土壤和水源。公司从 1978 年开始已停止使用破坏臭氧层的氯氟化合物。安利产品多采用浓缩包装，因而较其他同类产品减少 50%～70%的塑料包装材料。安利公司自设种植园，专门为其生产的营养商品提供原料。在种植园里，公司从来不使用农药和化肥。安利还全面停止利用动物进行实验。安利在世界各地积极赞助环保意识和绿色营销观念的推广，为此，1989 年他们获得了联合国环保组织颁发的“环境保护成就奖”。

案例分析　绿色营销又称为环境营销，企业强调保护环境，企业所有的活动都围绕环境保护展开。

理论点拨

（1）绿色营销必须在绿色营销观念的指导下进行。

（2）绿色营销是以满足消费者和经营者的共同利益为目的的社会绿色需求管理，以保护生态环境为宗旨的绿色市场营销模式。

（3）绿色营销要求企业在满足顾客需要和保护生态环境的前提下取得利润。

【步骤二】认识直复营销

案例启发　麦考林：把温馨寄给顾客。

麦考林公司成立于 1996 年 1 月 8 日，是中国首批获得政府批准的从事邮购业务的三资企业。它年营业额超过 6 000 万元人民币，是目前中国投资最大的邮购公司，涉及邮购和电子商务领域，配备了美国最先进的计算机管理系统。公司业务覆盖全国 31 个省市自治区和直辖市，并以其优秀的产品质量、富有竞争力的价格、优异的客户服务，树立了行业的领先地位。因其邮购业务的快速发展，它也成为上海邮政局最大的客户。在其 1 万平方米的发货中心设有邮局定点服务，每天可以处理 1 万张外运包裹单。麦考林与全国各地 6 万个邮政分局和 400 个城市的特快专递密切合作，为从上海到乌鲁木齐、从北京到拉萨数以百计的消费者提供了品质的保证，风雨无阻。麦考林在一些城市还提供 24 小时送货上门的快递服务，为消费者带来温暖，送去温馨。

案例分析　直复营销的优点之一是顾客坐在家中就可以买到自己需要的商品。

合作探究　直复营销是通过一种或多种媒体去营销在任何地方的可衡量的顾客与交易。

理论点拨

（1）直复营销是一种互动性的营销体系。

（2）直复营销的主要工具有邮购目录、直邮信件、电话营销、电视营销、其他媒体营销和电子购物等。

（3）直复营销提出了中间商加价环节，从而降低了商品价格，同时让顾客无须出门就可以购物，为顾客提供了极大的便利，顺应了顾客个性化需求的趋势。

案例启发　2010 年 9 月 6 日，淘宝网的奔驰团购迷你站上线，不到 24 小时就吸引了 30 万名访问者，在各大网络论坛引起了轰动。此次团购的是奔驰 smart 硬顶版，市场售价为 17.6 万元。而团购规定，当意向人数达到 50 人便可成团，单车价格降为 16.7 万元；达到 200 人满团数量时，就可以享受到 13.5 万元的最低价，相当于原价的 7.7 折。众多团购爱好者蓄势待发，不仅打算自己团购，更说服亲友加入这场疯狂的“抢夺”中。团购上线 3 小时 28 分钟后，最后一辆奔驰车被买家拍走，通过网上团购的人数已达到 205 人，原定 21 天的团购活动不得不在当天 4 小时内结束。网友们因此称为“史上最牛网上团购交易”。

案例分析　网络营销以互联网为营销介质，是营销的一种表现形式，包括企业网络推广和电子商务两大要素。

理论点拨

（1）网络营销是营销观念的又一次变革。

（2）网络营销带来消费观念的巨大变化。

【步骤三】认识关系营销

案例启发　马狮百货集团（Marks & Spencer）是英国最大且盈利能力最强的跨国零售集团，以每平方英尺销售额计算，伦敦的马狮公司商店每年都能比世界上任何零售商赚取更多的利润。马狮百货在世界各地有 200 多家连锁店。“圣米高”牌的货品在 30 多个国家出售，出口货品数量在英国零售商中居首位。《今日管理》（*Management Today*）的总编罗伯特·海勒（Robert Ellen）曾评论说：“从没有企业能像马狮百货那样，令顾客、供应商及竞争对手都心悦诚服。在英国和美国很难找到一种商品的牌子能像‘圣米高’这样家喻户晓、备受推崇。”这句话正是马狮百货集团在关系营销上取得成功的一个生动写照。

马狮的全面关系营销战略

（一）围绕“满足顾客真正需要”建立企业与顾客的稳固关系。马狮建立起自己的设计队伍，与供应商密切配合，一起设计或重新设计各种产品。严格坚持规格采购之法，实行以顾客能接受的价格来确定生产成本的方法。马狮采用“不问因由”的退款政策，这样在不知不觉中就形成了与顾客的长期信任关系，保持了企业的长久业绩。

（二）从“同谋共事”出发建立企业与供应商的合作关系企业，马狮尽可能地为供应商提供帮助。与马狮最早建立合作关系的供应商合作时间已超过100年，供应马狮货品超过50年的供应商也有60家以上，超过30年的则不少于100家。

（三）以“真心关怀”为内容建立企业与员工的良好关系。例如，一位员工的父亲突然在美国去世，第二天公司已代他安排好赴美的机票，并送给他足够的费用；一个未婚的营业员生下了一个孩子，她同时要照顾母亲，为此，她两年未能上班，公司却一直发薪给她。马狮把这种细致关心员工的做法转化成为公司的哲学思想，不因管理层的更替而变化，由全体管理层人员专心致志地持久奉行。这种对员工真实细致的关心必然使员工燃起对工作的热情，从而使得马狮有了全面而彻底的品质保证。

案例分析　关系营销的核心是关系。

理论点拨

（1）关系营销的营销对象包括顾客、供应商、员工、分销商等与企业利益相关的多重市场。

（2）与传统营销相比，关系营销更注重与企业相关的各个环节的长期合作。

【步骤四】认识新媒体营销

案例启发　2016年，支付宝的微信公众号惊艳了不少人。“山无棱，天地合，都不许取关！”这是关注支付宝微信后弹出的自动回复。和常见的企业正画风完全相反，支付宝的微信公众号很少发死板的品牌公告，也很少给自家产品做广告，而是把原本无趣的品牌内容用年轻人喜欢的语言包装起来，如标题《先别着急睡》打开后就只有一句话：“把明天的闹钟开开”，获得很多点赞。在这个公众号背后，是支付宝在社交媒体领域与年轻人沟通的一种大胆尝试。对于大公司而言，公众号都是由新媒体团队运营，发布内容需要经过层层审核。而支付宝却放权把微信公众号交给一个87年的员工全权负责，用个人化的随性风格把支付宝的微信公众号捧成了网红。

案例分析　新媒体营销是在特定产品的概念诉求的基础上，对消费者进行心理引导的营销推广方式。

理论点拨

（1）新媒体营销通常借助媒体表达与舆论传播使消费者认同某种概念、观点和分析思路，从而达到企业品牌宣传、产品销售的目的。

（2）新媒体营销借助新媒体营销平台完成。

同步训练

A 组

一、单项选择题

1．工商企业市场营销最早的指导思想是（　　）。

A．生产观念　　B．推销观念　　C．产品观念　　D．市场营销观念

2．任何可以刺激、推动及引发读者做出迅速而直接反应和共鸣的推广、信息传递及广告，都可以称为（　　）。

A．绿色营销　　B．直复营销　　C．关系营销　　D．整合营销

3．市场营销观念的最大特点就是企业以（　　）为中心。

A．生产　　B．销售　　C．顾客　　D．服务

二、判断题（正确的打“√”，错误的打“×”）

1. 环境保护意识与市场营销观念相结合所形成的营销观念称为绿色营销观念。（　　）

2．产品观念对企业提高产品质量有好处，但容易造成“营销近视症”。（　　）

3．20 世纪 90 年代中期，许多企业在产品过剩时奉行市场营销观念。（　　）

4．社会市场营销观念要求企业、社会、消费者三者利益的平衡与协调。（　　）

5．推销观念与生产观念和产品观念相比，其进步方面主要表现为把消费者放在企业的中心地位。（　　）

B 组

一、单项选择题

1．企业沉浸在产品改进的自我陶醉中，忽略了市场需求的变化，这种观念是（　　）。

A．生产观念　　B．产品观念　　C．推销观念　　D．市场营销观念

2．被称为“营销革命”的市场观念是（　　）。

A．产品观念　　B．销售观念　　C．生产观念　　D．市场营销观念

3．企业在满足消费者需要的同时还应考虑社会整体福利和长远利益，这是（　　）。

A．生产观念　　B．产品观念　　C．社会营销观念　　D．推销观念

4．许多冰箱生产厂家近年来高举“环保”“健康”等旗帜，纷纷推出无氟冰箱。它们所奉行的市场营销管理哲学是（　　）。

A．推销观念　　　　　　　　　　B．生产观念

C．市场营销观念　　　　　　　　D．社会营销观念

5．利用 Internet 技术最大限度地满足客户的需求，达到开拓市场、增加盈利目的的营销过程是（　　）。

A．关系营销　　B．整合营销　　C．线性营销　　D．网络营销

二、判断题（正确的打“√”，错误的打“×”）

1．营销观念从消费者需要出发，往往会造成企业利润增加。（　　）

2．除了物资短缺、产品供大于求的情况外，某种具有良好市场前景的产品，因为生产成本很高，必须通过提高生产率、降低生产成本来扩大市场时，也会导致企业奉行生产观念。（　　）

牛刀小试

角色扮演

很久以前，在江南，有一个老员外，他有两个儿子。老大经营电器（电灯泡），老二经营化妆品（雪花膏）。两家店铺在一条大街上，对面开张。自从两个儿子接班以来，两家店铺一直经营得很好。日子一直过得很悠闲。忽然有一天，老大的管家神色惊慌地来找他：“大少爷，大事不好了！”老大问：“怎么了？老管家，不要慌！慢慢说。”管家已经急得说不出话来。“你赶紧到店里看看吧。”老大一路狂奔，到店里一看。原来对面的老二闲来无事，灵机一动，叫来府上最丑的丫鬟，坐在当街店面前当模特，半张脸抹雪花膏，半张脸不抹，说道：“快来瞧，快来看，抹了×牌的雪花膏就是好看！”人们蜂拥而至，来看热闹。老大的铺子竟然连一个人影也没有，原来管家是为了这事着急。于是，老大吩咐管家把铺子里所有的灯泡都摆出来，一边敲着脸盆一边吆喝：“快来瞧，快来看，电器优惠了！买一个电灯泡，赠送一个美女！”人们嗡的一声全围过来了，灯泡转眼卖光了。

我们来分析一下，这个案例包含了哪两个营销观念阶段？又过了一段时间，老大的电器生意不景气，找老二诉苦，商量着要改行，与老二一块儿做化妆品生意。请运用市场营销观念阶段的相关理念，模拟老大、老二的对话，并进行小组展示。

综合训练

一、单项选择题

1．从广义的角度来理解，市场是指（　　）。

A．买卖双方进行交换的场地　　B．买卖双方商品交换关系的总和
C．以商品交换为内容的经济联系方式　D．某种商品需求的总和

2．1984 年，科特勒提出了市场营销的新概念，即（　　）。
A．大市场营销　　B．绿色市场营销
C．关系市场营销　　D．全球市场营销

3．无形商品市场不包括（　　）。
A．金融市场　B．劳务市场　C．技术市场
D．信息市场　E．农贸市场

4．市场营销运行的基本要求是：一切经济活动都要围绕（　　）而进行。
A．企业　B．市场营销　C．等价交换　D．市场

5．与顾客建立长期合作关系是（　　）的核心内容。
A．关系营销　B．绿色营销　C．直复营销　D．网络营销

6．从营销理论的角度而言，企业市场营销的最终目标是（　　）。
A．满足消费者的需求和欲望　　B．获取利润
C．生存和发展　　D．把商品推销给消费者

7．以“顾客需要什么，我们就生产、供应什么”作为其座右铭的企业是（　　）企业。
A．生产导向型　　B．推销导向型
C．市场营销导向型　　D．社会营销导向型

8．有些公司让消费者通过视频信息系统操作一个小型终端，用对讲式闭路电视订购屏幕上显示的商品，这种分销形式属于（　　）。
A．直接销售　B．购货服务　C．自动售货　D．直复营销

9．某造纸企业制定市场营销策略时，在考虑消费者需要和企业利润的同时，还兼顾到社会利益，该企业奉行的营销观念属于（　　）。
A．推销观念　B．市场营销观念　C．生态营销观念　D．社会营销观念

10．导致企业营销观念转变的直接原因是（　　）。
A．社会生产力水平提高　　B．社会商品供求状况变化
C．企业产品质量提高　　D．消费者大批量购买

11．生产观念的营销手段是（　　）。
A．提高产品质量　　B．加强销售和促销
C．最大限度地满足市场需要　　D．提高生产效率

12．产品观念的营销手段是（　　）。

A．提高产品质量　　B．加强销售和促销

C．最大限度地满足市场需要　　D．提高生产效率

13．市场观念的经营指导思想是（　　）。

A．生产什么就买什么　　B．生产什么就推销什么

C．能卖什么就生产什么　　D．酒香不怕巷子深

14．企业向社会提供产品或服务，不仅要满足消费者的眼前欲望和需要，而且要符合消费者和社会的最大长期利益，求得（　　）。

A．企业利益　　B．消费者利益

C．社会长远利益　　D．以上三者之间的平衡

15．生产观念的实质是（　　）。

A．以销售为经营活动的中心　　B．以产品为中心

C．以生产为中心　　D．以市场需求为中心

16．市场营销的研究对象是以满足（　　）的企业营销活动及其规律性。

A．企业为中心　　B．销售为中心

C．产品为中心　　D．消费者需求为中心

17．社会市场营销观念产生的历史条件是（　　）。

A．生产力水平较低，社会商品总供给小于总需求

B．劳动生产率极大地提高，市场上开始出现大量产品的积压

C．国家间和企业间的技术差别的日益减小导致产品的差别越来越小

D．商品经济快速发展的同时，生态资源遭到破坏，大量的自然资源和社会资源被浪费

18．营销观念的演变过程是（　　）。

A．产品观念—生产观念—推销观念—市场营销观念—社会营销观念

B．推销观念—产品观念—生产观念—市场营销观念—社会营销观念

C．生产观念—产品观念—推销观念—市场营销观念—社会营销观念

D．生产观念—产品观念—推销观念—社会营销观念—市场营销观念

二、判断题（正确的打“√”，错误的打“×”）

1．同一种商品，无论是有形商品还是无形商品，在不同的条件下，由于用途不同，都可以属于不同的市场。（　　）

2．绿色营销也可以叫作环境营销。（　　）

3．期货交易风险很小，一般适用于农产品和证券交易的品种。（　　）

4．随着时间的推移与周围综合环境的变化，完全垄断市场完全可以逐步转向寡头垄断市场。（　　）

5．市场营销在一般意义上可以理解为是与市场有关的一般的人类活动。（　　）

6．主张把企业利益、消费者需求和社会福利三者统一起来的是市场营销观念。（　　）

7．生产观念强调的是以量取胜。（　　）

8．“王婆卖瓜，自卖自夸”属于产品观念。（　　）

9．社会营销观念的指导思想是生产什么就卖什么。（　　）

10．与传统营销相比，关系营销更注重与企业相关的各个环节长期合作。（　　）

三、简答题

1．简述当代市场的特点。

2．简述营销市场由哪三部分构成。

3．简述市场营销的定义。

4．简述市场营销的内容。

5．简述常见的市场类型。

6.“营销的目的就是要使推销成为多余。营销的目的在于深刻地认识和了解顾客，从而使产品或服务完全符合顾客的需要而形成产品自我销售。”管理大师杜鲁克这样说。根据所学内容，试述推销与营销的联系与区别。

四、案例分析题

以顾客为中心的日本大荣公司

大荣公司是日本最大的百货公司，其创始人中内是个上过大学的退役军人。1957 年 9 月，中内在日本千林车站前开设了一个面积为 53 平方米的小商店，职工有 13 人，全部资金仅有 8 400 美元，开始只经营药品，后来扩展到经营糖果、饼干等食品和百货。大荣公司的经营决策是“一切以顾客为中心”，由此走上了成功的道路。

大荣公司认为，凡是消费者所需要的商品，只要做到物美价廉、供货及时，总是可以卖出去的。其中，重要的一点是满足消费者对价格的要求。为了满足顾客对价格的要求，他们打破通常意义上的进货价格加上利润和其他管理费作为零售价格的观念，在深入调查消费者需要哪些商品的基础上，着重了解消费者认为合适并可以接受的价格，以此为采购和进货的基础。因此，商店确定了“1、7、3”原则，即商店经营毛利润率为 10%，经费率仅为 7%，纯利润率为 3%。从这个原则可以看出，商店经营盈利率是相当低的。但是由于赢得了广大消费者的欢迎，商品出售很快，销售量很大，资金周转也很快，所以商店的利润还是相当可观的。

与此同时，依据一切以顾客为中心的决策，大荣公司在经营过程中把所经营的商品整理归类，按合理的计划和适宜的方法进行批发和零售。以衬衫为例，其他商店基本上是统一样式分为大、中、小三种规格，不同规格具有不同价格，而大荣公司则不是这样，他们和生产厂家协调一致，确定一个消费者满意、产销双方又有利可图的采购价格，深受消费者的欢迎，销售量扩大，销售额剧增。

另外，大荣公司耗资 760 亿日元兴建福冈“巨蛋”体育馆时，全面推行符合 CS（顾客满意）精神的“人性化”经营战略，使大荣公司在消费者心目中树立起美好的形象，声誉日隆。1995 年，日本大荣公司营业额高达 250 亿美元，位居亚洲第一，在国内拥有 1 200

家大型超市、6 700 多家便利店、220 多家大型百货商店和 7 个大型配送中心。

问题：

1．你认为大荣公司采用的是什么样的营销观念？

2．本案例中，大荣公司是通过哪些方面来体现一切以顾客为中心的理念的？

3．大荣公司成功的启示是什么？

项目 2

分析营销环境

思维导图

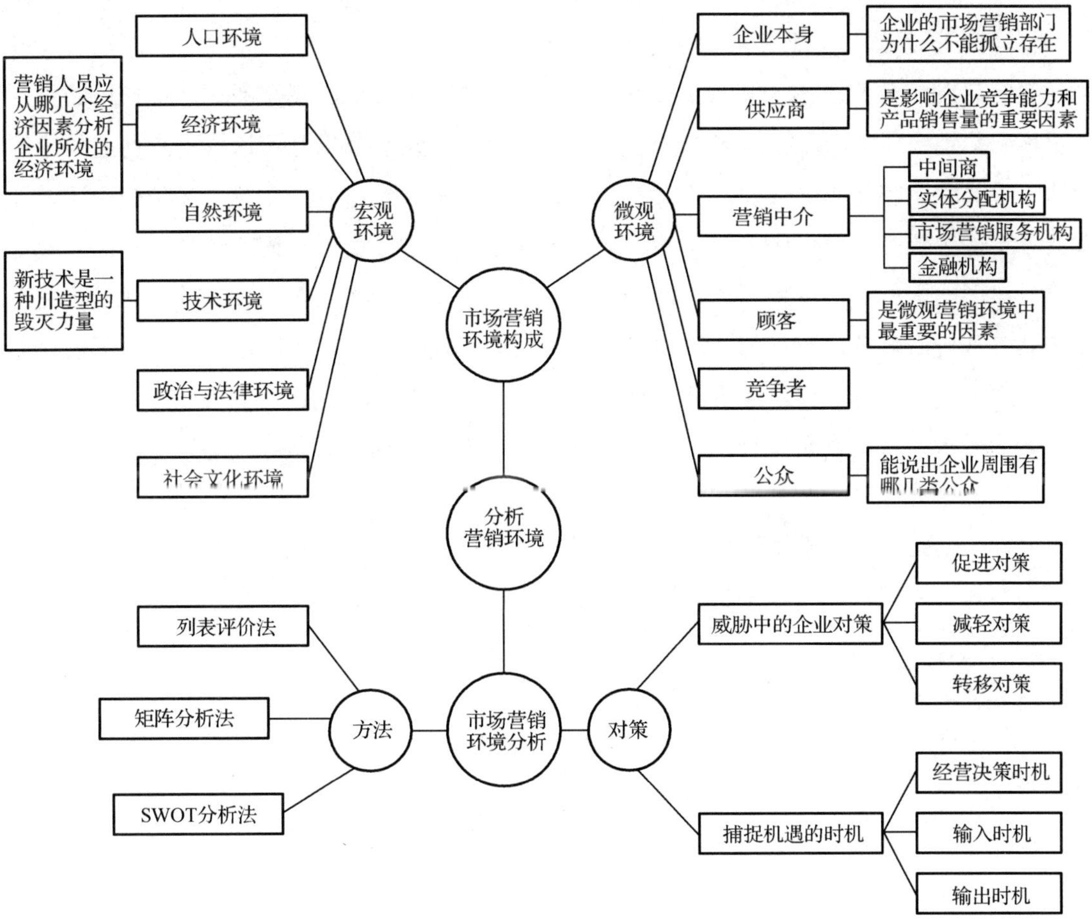

模块 1　市场营销环境构成

学习目标

1. 了解市场营销环境的概念
2. 掌握影响企业营销的微观环境和宏观环境的构成
3. 理解微观环境之间的关系
4. 理解宏观环境之间的关系

学法指导

任务一　你认为微观营销环境由哪几项构成

【步骤一】确定微观营销环境的构成因素

案例启发　顺德乐是一家大型家具厂，周围同类厂家林立，竞争激烈，但该厂的领导班子精于营销，使其产品在众多竞争者中脱颖而出，销量节节攀升。该厂特别注重员工的素质，聘请职业经理从事管理，多渠道招收高素质营销人员，从社会及大专院校聘请设计人员，还购买了多套现代化生产设备，定期对操作人员进行培训，使产品款式新颖、质量稳定。该厂与木材厂、皮料厂、不锈钢厂、玻璃厂等均保持密切联系，使原料供给充足。其产品多是自产自销，也有部分销往外地，由代理商代理。为扩大知名度，该厂不仅在电视、杂志上进行广告宣传，还支持本地的公益事业，捐款给幼儿园、老人院等。

案例分析　人员素质、技术、设备——“企业本身”这一因素。

宣传要借助电视、杂志等——“营销中介”这一因素。

木材厂、皮料厂、不锈钢厂、玻璃厂——“供应商”这一因素。

众多的家具厂——“竞争者”这一因素。

老人院、幼儿园——“公众”这一因素。

消费者市场——“顾客”这一因素。

合作探究　微观营销环境的构成因素包括企业本身、供应商、营销中介、顾客、竞争者、公众。

重点点拨　供应商—公司—营销中介—顾客这一链条构成了公司的基本营销系统，即核心营销系统。

【步骤二】明确微观环境各因素在营销活动中的影响

1. 企业内部

案例启发　自 1989 年开始，宝洁公司坚持绝大多数需求岗位由大学毕业生补充的策略，于是每年在一些著名大学的校园里，许多人几乎是在没有太多考虑的情况下就选择了宝洁公司。在宝洁公司长达十多页的申请表中，有几十个封闭式和开放式的问题，问题之多，信息量之大，是所有来招聘的公司中绝无仅有的。尤其是最后的几个开放式的问题，是问卷中最难的问题。一般来讲，许多企业在招聘人才时总希望有一定的工作经验，但宝洁公司负责人事宣传的负责人认为，招聘最主要的是看员工的素质。宝洁公司对员工素质的要求依次是：领导能力、诚实正直、能力发展、承担风险、积极创新、解决问题、团结合作、专业技能。

结论　宝洁公司如此重视员工的招聘，说明了________________________________。

案例启发　每家企业都设有许多职能部门，从营销的角度来看，这些部门之间有时目标会不一致。例如，经营部要求进行广告宣传，要花一笔钱，但财务部考虑到节约成本，不予支持。此时应如何处理？

结论　从中可以看到，企业应____。

2. 供应商

你认为服装厂的供应商是哪些企业？________________________________。

你认为佳世客商场的供应商是哪些企业？____________________________。

结论　通过上面的问题我们知道：____

____

____。

3. 营销中介

例 1　几年前，有一位朋友失业，偶见报纸上有广州高露洁招聘代理人的广告，立即去应聘。由于其口才了得，应聘成功。据了解，该公司在每一个城市都设有代理人，公司通过与代理人制定销售定额等方法，有效地使销售业绩节节攀升。

例 2　百事可乐的销售模式如图 2-1 所示。

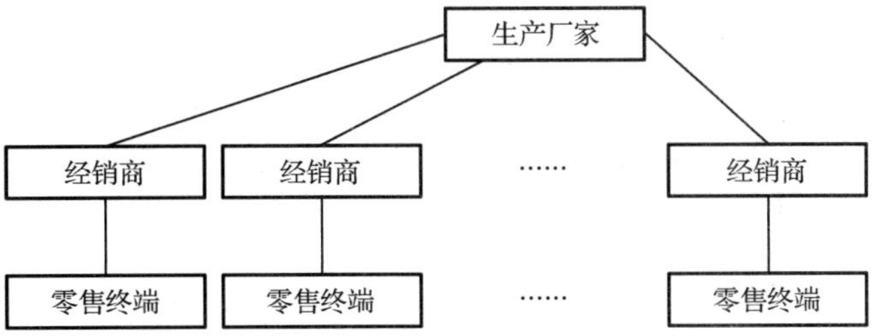

图 2-1　百事可乐的销售模式

问题 1 这两家公司是全球著名的大公司，这么大型的公司为什么还需要寻找中间商呢？自己派人销售不是更好吗？

问题 2 为什么现在的企业要花钱将商品或原料的保管、储存和运输委托给仓储公司和运输公司呢？自己赚这笔钱不是更好吗？

问题 3 如果电视台要对收视率进行调查，下面两种方法哪种更好？为什么？

（1）电视台找员工打电话调查；（2）找专门的公司调查。

问题 4 目前，企业之间在结算时，为了规避各种信用风险，通常通过哪些中介进行结算？结合《会计》课程所讲的内容思考一下。

4．顾客

企业的一切营销活动都是以满足顾客的需要为中心的，因此顾客是微观营销环境中最重要的因素。

5．竞争者

竞争者的类型：欲望竞争者、类别竞争者、产品形式竞争者、品牌竞争者。

对竞争者进行深入调查和全面分析是企业成功开展营销活动的关键因素之一，所以，我们要知道竞争者的五件事：（1）谁是我们的竞争者？（2）他们的战略是什么？（3）他们的目标是什么？（4）他们的优势和劣势是什么？（5）他们的反应模式是什么？

6．公众

可结合本教材第 7.5 节公共关系进行学习。

任务二 你认为宏观营销环境由哪几项构成

根据下面的案例，判断宏观营销环境对企业生存发展带来的是机会还是威胁。

【步骤一】确定宏观营销环境的构成因素

人口环境、经济环境、自然环境、技术环境、政治与法律环境、社会文化环境。

【步骤二】根据下面的案例理解宏观营销环境给企业的生存发展带来的是机会还是威胁

案例启发 中国号称“自行车王国”，是自行车消费大国和自行车生产强国。1949 年，全国共有自行车企业 100 多家，整体产量约 1.55 万辆。1978 年，我国自行车年产量达到 854 万辆，跃居世界第一位。据不完全统计，全世界的自行车拥有量大约为 9 亿辆，其中我国的拥有量超过 4 亿辆。

案例分析

（1）人口环境：首先，从人口总量来看，中国拥有 13 亿人口，这为自行车消费提供了庞大的市场。其次，从人口地理环境来看，我国地域广阔，地形复杂，气候差别大，城乡消费者需求各异，适合发展不同类型的自行车。最后，从人口结构来看，在城市中，上至70岁的老人，下至3岁的孩子，都普遍拥有自己的自行车。

判断：机会□　威胁□

（2）经济环境：首先，从我国人均国民收入来看，目前轿车普遍进入家庭尚不现实，而摩托车由于驾驶安全和交通管制等问题，其普及率也受到很大的限制。因此，自行车作为广大工薪阶层的代步工具，在一定时期内将不会有大的变化。其次，从家庭收入来看，将家庭收入的短期积累用于购买自行车，已不再是城乡居民家庭的为难之举。自行车已从耐用消费品逐渐转为选购品。最后，从个人收入分析来看，即使是工薪族，普通自行车的价格也在其月收入可支付的范围内。

判断：机会□　威胁□

（3）自然环境和社会文化环境：随着人们环保意识的增强，自行车已成为人们心目中理想的绿色产品。在自行车的生产过程中，既无须消耗大量的自然资源，又不用浪费宝贵的能源，经过较简单的机械加工就可以形成产品，且生产规模极易扩大。纵观自行车的消费过程，自行车的普遍使用有利于节约能源和环境保护。自行车是完全靠人力驱动的，无须消耗任何燃料。因此，无废渣、废气、废液排出，是真正意义上的绿色交通工具。由于城乡人民生活水平的提高和消费者更注意自身的生活质量，自行车除了作为代步工具外，还大量用于健身、旅游、娱乐和收藏。自行车比赛作为体育运动项目，为企业开辟了新的市场。我国虽然是自行车大国，但自行车运动水平却较低，不过，经过各界人士多年的努力，群众性的自行车运动已有了良好的开端。作为娱乐活动，我国大城市一部分中学生热衷于玩花车，用定做的自行车表演“车技”。另外，久居城市的人们，渴望利用工休时间更多地接触自然，亲朋好友结伴骑自行车郊游的人越来越多！

判断：机会□　威胁□

（4）技术环境：现阶段，由于我国城市交通问题日益突出，在一定程度上限制了汽车工业的发展，“四个轮子”不如“两个轮子”的现象经常发生，因而自行车工业面临转机。但是，随着地铁新线路的开通，以及出租车和公共汽车的发展，作为代步工具的自行车，其时间和效率问题相对突出，人们希望节省体力的要求随之而来；由于无自行车专用车道，汽车抢道的现象时有发生，威胁了骑车人的安全；自行车目前尚不具备防风、防雨、防尘、防冻、防暑等功能，所以骑车的环境相对恶劣，给自行车消费者带来诸多不便。这就要求自行车企业在功能、质量、款式、品牌等方面下功夫，开发出更适合现代消费者需求的新型自行车。自行车厂家如果能不断地开发出新产品，并在产品质量上有所保证，再辅之以大力促销，自行车企业的发展前景还是很可观的。

判断：机会□　威胁□

（5）政治与法律环境：目前，国家政局稳定，经济稳步增长，社会秩序良好，为城乡居民安居乐业提供了保证。但是，由于城乡居民居住条件的限制，很多消费者住高层住宅，不易存放搬运自行车，造成自行车露天存放，加剧了自行车的自然磨损，这也是消费者不愿购买新自行车、高档自行车和名牌自行车的原因之一。

判断：机会□　威胁□

重点点拨

（1）人口是影响企业营销活动的重要因素，人口决定市场的潜在容量。

（2）个人可任意支配收入是影响消费者需求变化的最活跃因素。

（3）恩格尔系数=用于食物支出的总额/全部消费支出。恩格尔系数越大，生活水平越低；反之，恩格尔系数越小，生活水平越高。

（4）新技术在营销环境中被称为一种创造性的毁灭力量。

同步训练

A 组

一、单项选择题

1.（　　）属于企业的不可控因素。

A．营销组合　B．营销环境　C．促销策略　D．产品组合

2．代理中间商属于市场营销环境的（　　）因素。

A．企业本身　B．竞争　C．营销中介　D．公众

3．市场营销环境中（　　）被称为一种创造性的毁灭力量。

A．新技术　B．自然环境　C．社会文化　D．政治法律

二、判断题（正确的打“√”，错误的打“×”）

1．同一个国家不同地区的企业之间的营销环境基本上是一样的。（　　）

2．供应商是影响企业竞争能力和产品销售量的重要因素。（　　）

3．营销活动只能被动地受制于环境的影响，因而营销管理者在不利的营销环境面前可以说是无能为力的。（　　）

B 组

一、单项选择题

1．协助厂商储存并把货物运送至目的地仓储公司的是（　　）。

A．中间商　　B．金融机构　　C．营销服务机构　　D．实体分配机构

2．旅游业、体育运动业、图书出版业及文化娱乐业为争夺消费者一年内的支出而相互竞争，它们彼此之间是（　　）。

A．欲望竞争者　　B．类别竞争者　　C．产品形式竞争者　D．品牌竞争者

3．下列各项中，影响消费者需求变化的最活跃因素是（　　）。

A．人均国民生产总值　　B．个人收入

C．个人可支配收入　　D．个人可任意支配收入

二、判断题（正确的打“√”，错误的打“×”）

1．在市场营销环境中，微观环境受制于宏观环境，微观环境中所有的因素都要受宏观环境中各种力量的影响。（　　）

2．在经济全球化的条件下，国际经济形势也是企业营销活动的重要影响因素。（　　）

3．在一定时期货币收入不变的情况下，如果储蓄增加，购买力消费支出也会增加。（　　）

三、案例分析题

××家用化工厂以生产化妆品为主业，在买方市场形成、厂商都喊“生意难做”时，该厂对国内市场做了冷静分析。经过调查，他们认为我国市场供求形式虽已发生了很大的变化，商品较“短缺经济”时代也大大地丰富了，但就经营品种而言，一家大型百货公司，其商品也不过三五万种，同发达国家消费品达二十万种相比，存在明显的差距，消费者还有很多未被满足的需求。何况在经济高速发展的今天，人民收入大幅增加，居民储蓄存款逐年增多，潜在的购买力相当大。该厂学习了同行业上海家用化妆品厂（简称“上海家化厂”）成功的经验。上海家化厂在 20 世纪 80 年代曾根据消费者对化妆品需求多样化、高档化的趋势，不断缩短产品更新周期，多年中每年年平均产品更新率达到 25%，不断推出新产品，抢先占领了市场，“尾随者”难以与之竞争。以国内首创的“美加净摩丝”为例，该产品一推向市场即引起轰动。尽管有数十家企业争相仿效，形成全国性的“摩丝大战”，但上海家化厂已经形成了规模经济优势，销售量经久不衰。该厂在技术装备、资金和管理方面，具备与上海家化厂相当的实力，因而力图借鉴上海家化厂的经验，在市场饱和、竞争激烈的条件下，寻找有利的市场机会。

问题：

1．通常需要分析的宏观经济环境包括哪些要素？

2．你认为上海家化厂成功经验的可贵之处是什么？

3．假如你是××家用化工厂的营销人员，你认为新的市场机会在哪里？

牛刀小试

实地调研所在城市各大外来企业在本地开设的超市、商场，看看有没有“水土不服”的现象，并根据调查的结果分析以下问题：

1. 如果外来企业在本地开设的超市、商场经营状况良好，请分析成功的原因是什么。

2. 如果外来企业在本地开设的超市、商场经营状况不乐观，请分析失败的原因是什么，并选择一家企业帮其分析所处的市场营销宏观环境，做出化解危机的营销策略。

模块2　市场营销环境分析

学习目标

1. 掌握分析市场营销环境的方法
2. 掌握分析市场营销环境的对策
3. 应具有一定的市场环境分析能力及捕捉市场营销机会的能力

学法指导

任务一　根据案例，分析烟草行业面临哪些机会、哪些威胁？烟草行业应采取怎样的对策避免威胁

【步骤一】确定烟草行业的威胁与机会

案例启发　烟草行业的“威胁”与“机会”。

美国的法律规定，禁止向青少年出售香烟，同时 1997 年 4 月到 2009 年 4 月禁止在香烟中使用尼古丁。因为据世界卫生组织研究发现，吸烟是一种流行病，它与肺癌、喉癌、心脏病、乳腺癌、弱视症等 25 种疾病有关，吸烟行为每年可导致世界 300 万人死亡。现在全世界 15 岁以上的人群中有 1/3 的人在吸烟，因此，我们必须开展禁烟运动。

案例分析　制定禁烟法律和开展禁烟运动，是香烟产品营销环境的变化。对营销环境消极适应者采取的对策是禁烟法律实施后再研究营销对策；而积极适应者则应及时预测禁烟法律制定与实施的时间，积极开发无尼古丁香烟、禁烟产品、香烟替代品等，并制定相应的营销策略，创造新的需求，开发新的市场。

（1）烟草行业面临的威胁：________________、________________、________________、________________、________________。

（2）烟草行业面临的机会：________________、________________。

【步骤二】烟草行业面对反对吸烟的浪潮，可供选择的对策有________________

____

____

____

____

____

任务二　结合教材本项目的引例“海尔的成功之路”对海尔企业进行 SWOT 分析

（1）优势：____

____

____

____。

（2）劣势：____

____

____

____。

（3）机会：____

____

____

____。

（4）威胁：____

____

____

____。

利用 SWOT 矩阵分析框架图，进行 SWOT 的战略决策：

SO 战略	WO 战略
ST 战略	WT 战略

结论：____

____

____

____。

同步训练

A 组

一、单项选择题

1．理想企业的特点是（　　）。

A．高机会、高威胁　　B．高机会、低威胁

C．低机会、低威胁　　D．低机会、高威胁

2．当环境因素对企业的营销活动造成威胁时，企业应采取应对措施，下面不适合的对策是（　　）。

A．促进对策　　B．减轻政策

C．转移政策　　D．逃避政策

3．政府颁布有关禁烟的一些法令，对于烟草企业来说是（　　）。

A．威胁　　B．机遇　　C．无影响　　D．无法判断

二、判断题（正确的打“√”，错误的打“×”）

1．面对目前市场疲软、经济不景气的环境威胁，企业只能等待国家政策的支持和经济形势的好转。（　　）

2．高机会水平和低威胁水平的企业是成熟企业。（　　）

3．抓住并利用了市场机会就一定能赚钱。（　　）

B组

一、单项选择题

1．投机企业在面临市场机会和环境威胁时，采取（　　）对策比较妥当。

A．抓住机会迅速行动

B．作为企业常规业务，维持运转

C．扬长避短，创造条件，争取突破性发展

D．要么改变环境，要么转移

2．海湾战争的爆发对（　　）产品的营销影响最大。

A．武器　　B．石油　　C．钢材　　D．汽车

3．人口老龄化对于（　　）企业来说是一种机会。

A．通信　　B．娱乐　　C．保健品　　D．休闲服装

二、判断题（正确的打“√”，错误的打“×”）

1．环境发展趋势基本上分为两大类：一类是环境威胁，另一类是市场营销机会。（　　）

2．对于环境威胁，企业只能采取对抗策略。（　　）

3．在一定条件下，企业可以运用自身的资源，积极影响和改变环境因素，创造更有利于企业营销活动的空间。（　　）

三、案例分析题

中国劲酒进入高端餐饮

——劲酒虽好，可不要贪杯哟

劲酒秉承了中国传统药酒的一贯特色，以优质白酒为酒基，配以山药、枸杞、淫羊藿、黄芪、当归等中药材，采用现代生物工程技术提取其有效活性成分精心酿制而

成，属于保健酒。对人体有保健作用的酒，是传统药酒的分支，是普通白酒的延伸。公司在初始经营中深耕市场，采用保健品常用的“广告+终端”方式，走商超路线，但是市场效果并不佳。后来经过多方调研，及时调整了自己的路线，把目光投向了餐饮渠道，学习传统白酒、啤酒企业的做法，主攻即饮消费市场。以下是调研过程中获得的信息。

（1）劲酒的酒精度适中、酒体醇厚，口感很好，既能够让消费者享受饮酒的乐趣，又能让消费者得到身体滋补、平衡和保健，较有特色。

（2）高端餐饮消费场所目前没有保健酒类同类产品，劲酒公司在独立开拓此市场。

（3）白酒、红酒和啤酒等品类特点消费者已清晰认知，但大部分消费者对保健酒并不了解，需要引导消费。

（4）高端市场的运作是该公司过去尝试较少的，而且大部分劲酒经销商在此类终端上也缺乏经验。

（5）消费者饮酒的习惯和意识在发生改变，对保健的要求也日益强烈，但在餐饮市场中尚无能够满足该需要的产品。红酒显然酒精度太低，且价格太高，难当此任。

（6）劲酒在餐饮市场已经形成了较大的知名度和影响力。

（7）全新批文和配方，包装精美，价格适中。

（8）消费者前期对劲酒的品牌认知和产品认知多来自小方劲，品牌形象和品牌附加值需要提升。

（9）部分消费者在高端餐饮场所接受劲酒可能还需要一个过程。

（10）高端餐饮市场是所有中高价位白酒和红酒必争的细分市场，竞争非常激烈。

（11）价格体系制定时充分考虑酒楼的运作成本，并灵活运用酒楼促销手段做好终端的维护与推广。

（12）高端餐饮市场的进入门槛很高，终端投入费用较高。

（13）相对白酒的同质化和无序竞争，劲酒可借势进入，形成独特的品牌个性和产品形象，代表文明的饮酒习惯，成为消费者适量饮酒、文明饮酒的理由。

（14）38 度劲酒和 35 度劲酒在部分中档餐饮终端并存，会相互形成竞争。

（15）劲酒不宜过量饮用，否则醉后比白酒更难受。

问题：

1．分析上述信息，将其罗列到 SWOT 矩阵中。

2．对 SWOT 矩阵进行分析，选择劲酒公司进入高端餐饮市场的 SWOT 发展策略。

3．根据你的 SWOT 战略，请为劲酒进入高端餐饮市场提一些发展对策。

牛刀小试

对个人求职进行 SWOT 分析。提示：评估自己的长处和短处，找出职业机会和威胁，列出今后 5 年内你的职业目标，列出一份今后 5 年的职业行动计划。

综合训练

一、单项选择题

1．供应商—公司—营销中介—顾客这一链条构成公司的（　　）。

A．核心竞争力　B．基本营销系统　C．价值链　D．营销渠道

2．在下列环境因素中，属于宏观因素的有（　　）。

A．需求因素　B．行业因素　C．竞争者因素　D．科学技术因素

3．研究消费者支出模式变化的最主要的经济学理论是（　　）。

A．凯恩斯原理　B．科克斯定律　C．科特勒定律　D．恩格尔定律

4．使产品生命周期迅速缩短的最直接因素是（　　）。

A．技术因素　B．政治因素　C．法律因素　D．文化因素

5．通过市场调查发现，保健品市场的兴起是由人们的观念引起的，这一因素属于宏观环境中的（　　）。

A．经济因素　B．技术因素　C．社会文化因素　D．人口因素

6．市场营销环境因素中，对企业营销活动形成有利条件的是（　　）。

A．环境威胁　　B．市场机会　　C．市场利润　　D．成本降低

7．对环境机会分析主要考虑（　　）和成功的可能性。

A．机会是否存在　　B．机会征兆

C．机会的营利性　　D．预测机会到来的时间

8．（　　）是指环境中不利于企业营销因素的发展趋势。

A．风险业务　　B．市场机会　　C．困境业务　　D．环境威胁

9．下面不属于威胁—机会综合矩阵中的企业类型是（　　）。

A．理想企业　　B．问题企业　　C．投机企业　　D．艰苦企业

10．当企业面临环境威胁时，通过各种方式限制或扭转不利因素的发展，这是（　　）对策。

A．促进　　B．减轻　　C．转移　　D．竞争

二、判断题（正确的打“√”，错误的打“×”）

1．企业的微观营销环境是指和企业紧密相连、直接影响企业为目标市场顾客服务能力和效率的各种参与者。（　　）

2．企业的宏观环境因素包括人口环境、经济环境、营销中介、公众和社会文化环境等方面。（　　）

3．企业要了解其所处的经济环境，就需要着重分析消费者收入水平、消费者支出模式与消费结构、消费者储蓄与消费信贷的状况三个主要经济因素。（　　）

4．社会文化因素的核心部分带有传统的持续性且有自己的特点，其时刻对企业的市场营销活动产生巨大的影响。（　　）

5．协助企业寻找顾客或直接与顾客进行交易的商业组织和个人是企业微观环境因素之一。（　　）

6．企业家要从企业营销活动中考察环境机遇，只能从经营决策、输入、输出三个时机去捕捉机遇。（　　）

三、简答题

1．简述世界人口环境发展的主要趋势。

2．营销人员应从哪几个经济因素分析企业所处的经济环境？

3．简述影响消费者支出模式与消费结构的因素。

4．根据面临的市场机会与环境威胁的不同，企业可划分为哪几种类型？应采取怎样的营销对策？

5．人口老龄化问题在大中城市日益突出，我国也会在 21 世纪步入老龄化社会，请列举出这一变化所形成的三个方面的市场机会。

四、论述题

试述科学技术的发展（特别是知识经济）对市场营销组合的影响。

项目 3

确立目标市场

思维导图

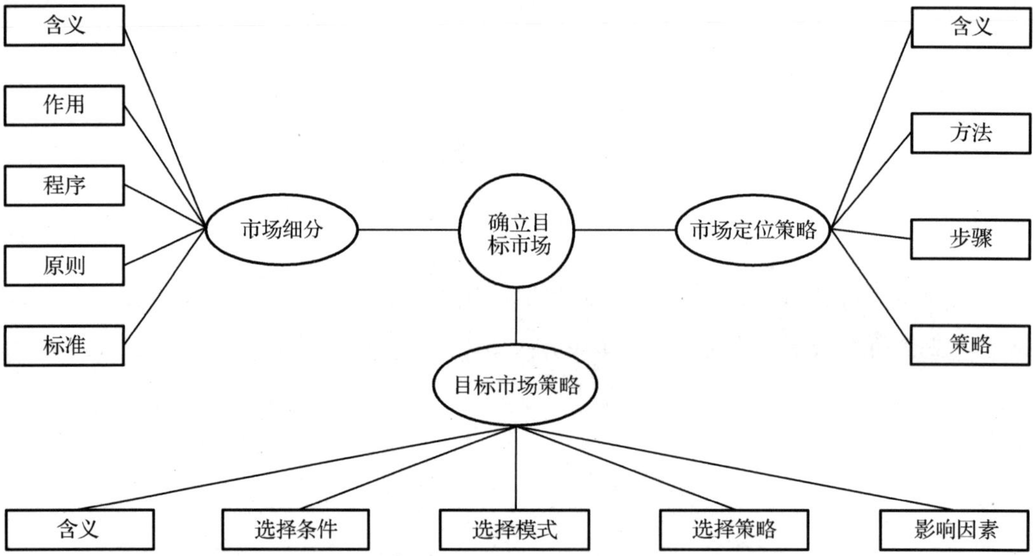

模块1 市场细分

学习目标

1. 理解市场细分的含义
2. 了解市场细分的作用
3. 理解市场细分的程序
4. 掌握市场细分的原则
5. 掌握消费者市场和生产者市场的细分标准

学法指导

任务一 探究“什么是市场细分”

【步骤一】理解市场细分的含义

案例启发 在伦敦西区彼科街有一家特殊的商店——Anything Left Handed，译成中文是“左手用品大全”。20世纪60年代，英国一位叫威廉•格卢彼的商人，偶然与几位习惯用左手做事的朋友交谈得知，这些“左手族”由于买不到适合左手使用的工具，在日常生活和工作中感到诸多不便。威廉突发奇想：“能不能开一家只销售左手用品的商店。”进行深入调查研究后，他发现：①大多数用品是可以左右手通用的，但有一些商品左右手不能通用，如剪刀、镰刀、锯子等；②人口中有一定比例的左撇子，尽管其中相当一部分被改造了，但仍有许多动作还是习惯使用左手；③“左手族”对左手用品有购买欲望，希望购买到顺手的工具。于是，威廉夫妇在伦敦开设了世界上第一家“左手族”用品商店，专门生产和销售“左手族”需要的商品。经过50多年的发展，他们的销售网络延伸到世界各地。

案例分析 “左手族”相对来说是一个小市场，伦敦左手用品大全公司在这个不大的舞台上却做着精彩的演出，演绎着弱市中的大买卖。

合作探究 市场细分是指企业通过市场调研，根据消费者需求的差异性，把某一产品的整体市场划分为若干消费者群体的市场分类过程。

重点点拨

（1）市场细分划分的是消费者群体，而不是产品。

（2）每一个消费者群体就是一个细分市场，也称为“子市场”或“亚市场”。

（3）每一个细分市场都是由具有类似需求倾向的消费者构成的群体。

（4）不同细分市场的消费者对同一产品的需求与欲望存在明显差别，而属同一细分市场的消费者，他们的需求与欲望则极为相似。

（5）从消费者需求状况的角度可以将市场分为同质市场和异质市场。

【步骤二】总结市场细分的作用

案例启发 来自市场调研机构 Gartner 的数据显示：iPad 是 2013 年最畅销的平板电脑，2012 年销量为 6 140 万台，2013 年达到了 7 040 万台。

但当时苹果 iPad 推向市场时，业界很多专家对该产品都表示怀疑，因为该产品明显有很多缺陷，如没有 USB 接口、没有物理键盘、没有摄像头、在编辑长文档时比较痛苦、不能执行多项任务等。后来，媒体记者带着专家们的质疑采访了乔布斯，他的回答揭示了问题的真相："iPad 是为信息消费者而不是为信息制造者开发的！"

案例分析 苹果公司将消费者划分为信息消费者和信息制造者两个细分市场，iPad 的目标客户就是信息消费者，他们的主要需求是上网、玩游戏、分享照片等，追求方便、炫酷、快速。事实证明，iPad 对目标客户的核心需求都满足得非常好，成为一个革命性的产品。曾经风靡一时的上网本走的也是类似的细分思路，可惜没有持续创新，做得不到位。

合作探究 市场细分的作用。

（1）市场细分有利于企业发现新的市场机会，寻找新市场。

（2）市场细分有利于选择目标市场和制定市场营销策略。

（3）市场细分有利于企业增强竞争力，提高经济效益。

（4）市场细分有利于更好地满足消费者需求，提高社会效益。

任务二 自选一种产品，如某种食用油、某种休闲食品或饮料等，对其整体市场进行细分

【步骤一】从消费品市场和生产者市场两方面确定细分该商品市场的细分标准和具体细分变量（见表 3-1 和表 3-2）

表 3-1 消费品市场细分标准

细分标准	具体细分变量
地理细分	地理和行政区、城市乡村、地形气候、交通运输、人口密度等
人口细分	年龄、性别、家庭大小、收入、生活习惯、职业、受教育程度、国籍等
心理细分	生活方式、个性、兴趣、偏好、态度等
行为细分	使用时机、追求利益、使用者情况、使用程度、品牌忠诚度等

表 3-2　生产者市场细分标准

细分标准	具体细分变量
用户规模	企业规模、购买力大小
用户要求	使用要求、使用目的、追求的利益
地理位置	地区、集中程度

【步骤二】明确对该商品进行市场细分的程序，并按照步骤实施市场细分

（1）选择市场范围，确定经营目标。

你选择的市场范围是____。

你所确定的经营目标是____。

（2）选择市场细分标准，列出消费者群体的需求情况。

➢ 写出你认为适合的细分标准，并填入表 3-3。

表 3-3　细分标准

细分标准	地理	人口	心理	行为
具体变量	城乡	性别	个性	追求的利益

➢ 写出对消费者群体需求情况的分析，并填入表 3-4。

表 3-4　消费者群体的需求情况

各消费者群体的需求情况描述	群体 1	群体 2	群体 3	……
消费者特点				
质量、价格偏好				
需求量				
……				

【举例】　健力宝公司生产的饮料在 1993 年进军美国，为了适应美国消费者的心理特征，针对美国人热衷减肥、喜好低含糖饮料的特点，两次降糖，将含糖量降至 8.5%，使其低于可口可乐 10.5%的水平。改进后的健力宝吸引了大量的消费者，被美国人称为“中国魔水”。健力宝的成功得益于对美国消费者生活方式及特定心理需求的分析，并改进产品，充分满足这一细分市场的需求。

（资料来源：中国政法大学精品课程）

（3）初步市场细分。

按照所选标准和具体细分变量进行市场细分。

【举例】

城乡	性别	年龄	收入	追求的利益	个性
城市	男	儿童	低收入	美颜	独立
农村	女	青少年	中收入	减肥	冲动
		中年	高收入	营养	理智
		老年		口感	从众

（4）筛选细分市场。

你筛选后的细分市场是____________________________________。

【举例】

城乡	性别	年龄	收入	追求的利益	个性
城市	男	儿童	低收入	美颜	独立
农村	女	青少年	中收入	减肥	冲动
		中年	高收入	营养	理智
		老年		口感	从众

（5）初步为细分市场命名。

你对各子市场的命名是__________、__________、__________、__________。

你可将细分出的市场命名为时尚型、从众型、追求个性型等。

根据各个细分市场消费者的主要特征，你可以用形象化的方法为子市场命名。

（6）进一步分析各子市场情况，并将分析结果填入表 3-5。

表 3-5　进一步分析各子市场情况

各子市场情况	子市场 1	子市场 2	子市场 3	……
竞争情况				
潜在规模				
潜在利润				
……				

（7）确定每个细分市场的规模，选定目标市场。

最后保留的子市场是____________________________________。

【步骤三】 对照市场细分的原则，反思对该商品市场细分的结果

（1）可衡量性：细分出来的子市场不仅范围比较明晰，而且能大致判断该市场的大小。

对细分出来的子市场进行判断：是□　否□

（2）实效性：细分出来的子市场必须大到足以使企业实现它的利润目标。

对细分出来的子市场进行判断：是□　否□

（3）可进入性：细分出来的子市场应是企业能够对消费者产生影响、产品能够展现在

消费者面前的市场。

对细分出来的子市场进行判断：是□　否□

（4）反应差异性：细分出来的各子市场，对企业市场营销变项组合中任何要素的变动都能灵敏地做出差异性的反应。

对细分出来的子市场进行判断：是□　否□

同步训练

A 组

一、单项选择题

1．市场细分是对（　　）进行分类。

A．各种产品　　B．生产同种产品的企业

C．对同一产品需求各异的消费者　　D．对不同产品需求各异的消费者

2．下列不属于人口因素细分标准的变量是（　　）。

A．年龄　　B．受教育程度　　C．家庭大小　　D．人口密度

3．把服装市场划分为“儿童”、“青年”和“中老年”三个子市场，这里使用的市场细分变量是（　　）。

A．性别　　B．年龄　　C．收入　　D．文化

4．以“爱好家庭生活”为细分市场的标准，违背了市场细分的（　　）原则。

A．可衡量性　　B．实效性　　C．可进入性　　D．反应差异性

二、判断题（正确的打“√”，错误的打“×”）

1．分属不同细分市场的消费者对同一产品的需求倾向较为相似。（　　）

2．同质市场可以渐变为异质市场，但异质市场不能向同质市场转化。（　　）

3．市场细分有利于更好地满足消费者需求，提高社会效益。（　　）

4．企业根据自身的经营条件和经营能力确定进入子市场的范围，也就是确定企业经营什么商品，提供什么服务，这是细分市场的基础。（　　）

同步训练

B 组

一、单项选择题

1．对于牙膏，有些消费者特别关心味道是否可口，有些消费者关心是否能保持牙

齿光洁，有些消费者格外关注是否能防止蛀牙，而有些消费者又注重是否经济实惠。如果把牙膏市场划分为四个细分市场，这是按照（　　）因素来进行细分的。

A．人口细分　　B．心理细分　　C．地理细分　　D．行为细分

2．企业对筛选出来的细分市场做进一步分析，并结合各子市场的消费者特点，初步安排一个名称，下一步应进行（　　）。

A．确定每个细分市场的规模，选定目标市场

B．初步进行市场细分

C．筛选细分市场

D．进一步分析各子市场

3．汽车制造商不会专门生产一种适合 1 米以下的用户使用的汽车，这是由于这一细分市场不具有（　　）。

A．可衡量性　　B．实效性　　C．可进入性　　D．反应差异性

4．在普通食盐市场上，消费者对某一产品的需求基本相同或极为相似，这类产品的市场被称为（　　）。

A．同质市场　　B．异质市场　　C．消费者市场　　D．目标市场

二、判断题（正确的打“√”，错误的打“×”）

1．同质市场不用细分，属于同质市场的产品主要是初级产品。（　　）

2．根据市场细分化这一原理，大多数商品市场都属于异质市场。（　　）

3．对于销路广阔的产品，心理变量往往是市场细分的第一步。（　　）

4．市场细分不是对产品进行分类，而是对同一种产品需求各异的消费者进行分类。（　　）

5．将一种产品的消费者划分为单一品牌忠诚者、几种品牌忠诚者和无品牌爱好者，此市场细分标准是人口细分。（　　）

三、案例分析题

宝洁公司始创于 1837 年，是美国第一家日用品生产商，所经营的 300 多个品牌的产品畅销 140 多个国家和地区。

宝洁公司在中国推出的第一个产品是海飞丝。当时，宝洁公司经过对中国市场的详细调查，发现了许多中国人都有头屑，而中国国内生产洗发水的厂家又没有这方面的技术。于是宝洁公司决定将去头屑的海飞丝洗发水作为在中国打响的第一炮。经过一年多的时

间，海飞丝成为国内去头屑洗发水的代表。

随后，宝洁公司根据不同的消费需求划分出了不同的市场，并逐渐推出了一系列产品，如飘柔、潘婷和沙宣等。宝洁公司在把它们定位于高品位的同时，又分别宣传“海飞丝”去头屑，“潘婷”对头发的营养保健，“飘柔”可以使头发光滑柔顺，“沙宣”则专注于美发定型。而且每个品牌下又有不同的产品，如“飘柔”有去头屑的、营养护发的、洗护二合一的等好几种产品；海飞丝有怡神舒爽型（天然薄荷）、滋养护理型（草本精华）、丝质柔滑型（二合一）、洁净呵护型等系列产品；潘婷则包括丝质顺滑、弹性丰盈、特效修复及清爽洁净去屑四大系列。宝洁公司通过其卓越的市场细分，几乎垄断了中国洗发水的高端市场。

问题：

1．宝洁公司为什么将海飞丝作为在中国打响的第一炮？

2．案例中宝洁公司采用了哪些细分标准和细分变量进行市场细分？

牛刀小试

任选一种消费品，如碳酸饮料、方便面、洗发水等，对全班同学按其需求的差异性进行市场细分。

模块 2　目标市场策略

学习目标

1. 了解目标市场的含义
2. 理解选择目标市场的条件
3. 理解选择目标市场的模式

4. 掌握无差异性营销策略、差异性营销策略、集中性营销策略

5. 掌握影响无差异性营销策略、差异性营销策略、集中性营销策略选择的因素

学法指导

任务一　了解目标市场的含义

案例启发　2007 年 12 月，国内第一家“快时尚”新概念酒店品牌——布丁连锁酒店总部在杭州成立，并在 2013（第三届）中国产品创新高峰论坛上获得了“2013 中国创新产品”十强称号。

布丁酒店定位为年轻时尚的经济型酒店，目标客户是 18～35 岁、月平均收入在 2000～10 000 元的年轻人。谈及原因，创始人朱晖介绍：“我们做过不少调查，国内商务客人和休闲客人的比例大约在 3 : 7，但现在所有人都住在了汉庭、7 天、如家这样的酒店里。布丁做的是“减法”，我们不可能面对所有人，商业一定是不断在细分创新当中的。”他们发现风行欧美的最热族群之一——乐活族正在中国迅速蔓延，这些乐活族一般是 18～35 岁的年轻人，他们很潮、很环保，提倡简约而不简单。于是，布丁酒店设计的客房面积通常只在 8～12 平方米，很少配套停车设施，也不提供牙刷、牙膏等六小件，这些设计相比于通常的经济型酒店，成本能节约 1/3。由于成本压缩，布丁酒店客房价格在 90～150 元。同时专注为年轻消费者市场服务，提供时尚产品，所有酒店都有 WiFi，在大堂里有苹果电脑，还可以免费打长途电话，年轻人很喜欢。酒店还使用了西班牙的时尚品牌洁具，拉近与年轻消费者的心理距离。布丁酒店正是抓住了年轻人这个市场，了解并迎合乐活族的各种需求，所以受到时尚年轻消费者的欢迎，取得了成功。

合作探究　目标市场的定义。

目标市场是企业决定要进入的市场部分或子市场，即企业的商品或服务所要满足的特定消费者群体。

任务二　选择目标市场策略

【步骤一】选择目标市场条件

案例启发　凯悦酒店集团是一家有 50 多年历史的世界知名酒店集团，集团旗下酒店品牌包括柏悦、君悦、凯悦、凯悦度假村，不同品牌吸引着不同的消费者群体。

（1）凯悦酒店：五星级豪华商务酒店，是凯悦酒店集团的高档旗舰品牌，建于中等国际商业都市，是为那些追求个性化服务和欧洲典雅风格的散客服务的酒店。

（2）君悦酒店：超五星级豪华大型酒店，坐落于世界各大城市中最新且繁荣的黄金地段，邻近大型会议中心，是专为商务和休闲旅行者及大规模会议活动服务的豪华酒店品牌，以其规模宏大、设施先进而著称。

（3）柏悦酒店：超五星级典雅型精品酒店，位于全球的时尚之都，是专为追求私密性、个性化及高质量服务的旅行者设计的世界级精品酒店品牌，适合小型会议或晚宴。

（4）凯悦度假村：顶级的度假酒店，营造的是令人心旷神怡的度假风情，提供最舒适惬意的轻松享受，以创新的礼遇、舒适的住宿、多样性的运动休闲设施，并融合当地文化特色，让下榻的旅客远离城市的尘嚣。

合作探究　选择目标市场的条件。

（1）拥有一定的购买力，有足够的销售量及营业额。

（2）有较理想的尚未满足的消费需要，有充分发展的潜在购买力，以作为企业市场营销发展的方向。

（3）市场竞争还不激烈，竞争对手未能控制市场，有可能乘势开拓市场并占有一定的市场份额，在市场竞争中取胜。

（4）该市场符合企业的资源条件，企业有能力开拓该市场。

【步骤二】选择目标市场的模式

（1）单一市场集中化，如图 3-1 所示。

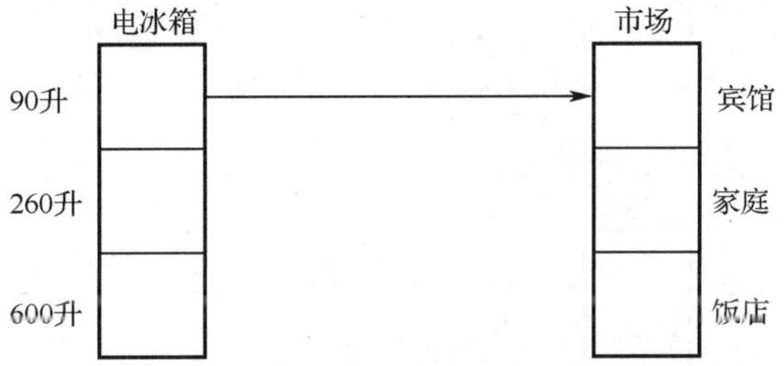

图 3-1　单一市场集中化

例如，某电冰箱厂决定只生产 90 升的宾馆用电冰箱。

（2）产品专门化，如图 3-2 所示。

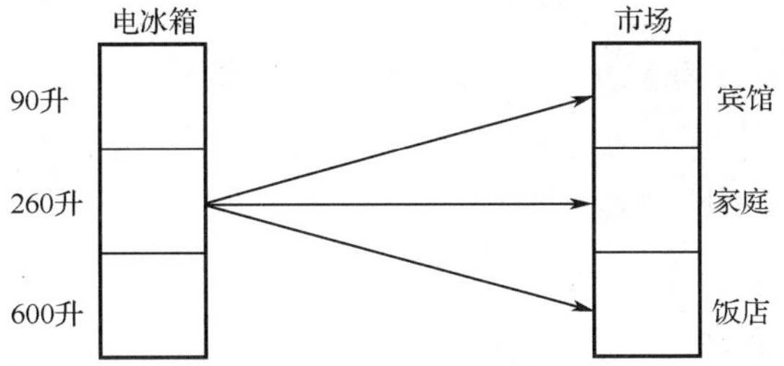

图 3-2　产品专门化

例如，某电冰箱厂决定只生产260升的电冰箱，同时供应给宾馆、家庭和饭店。

（3）市场专门化，如图3-3所示。

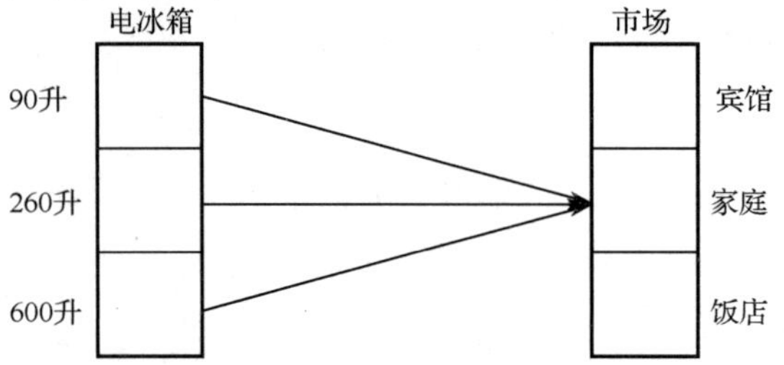

图3-3 市场专门化

例如，某电冰箱厂决定生产90升、260升、600升的电冰箱，并把这些型号的电冰箱供应给家庭。

（4）选择性专门化，如图3-4所示。

例如，某电冰箱厂经过分析，决定为宾馆生产90升的电冰箱，为家庭生产260升的电冰箱，为饭店生产600升的电冰箱。

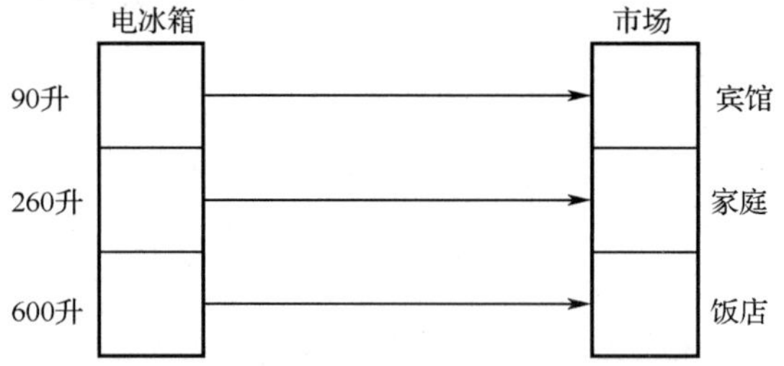

图3-4 选择性专门化

（5）完全市场覆盖，如图3-5所示。

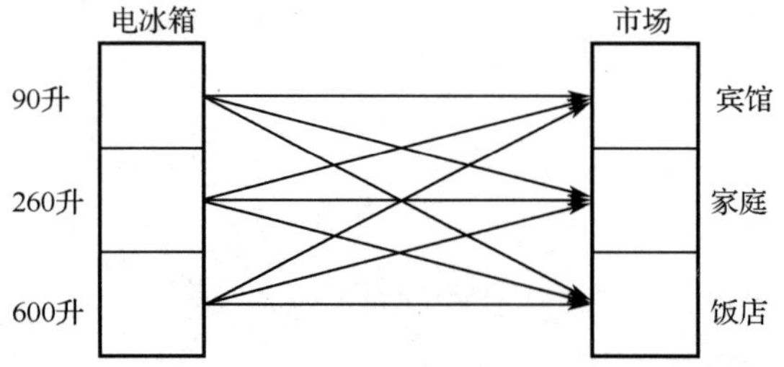

图3-5 完全市场覆盖

例如，某电冰箱生产企业决定为宾馆、家庭、饭店生产各种型号的电冰箱，即面对整个市场进行生产。

【步骤三】选择目标市场策略

案例启发

（1）无差异性营销策略。

被誉为“汽车大王”的亨利·福特在1903年创立了美国汽车行业中资格最老的垄断

企业——福特汽车公司。1908 年 10 月 1 日，福特汽车公司生产的 T 型车登上了历史舞台，亨利·福特称之为“万能车”。它成为低价、可靠运输工具的象征，当别的汽车陷于泥泞的道路上时它却能继续前行。T 型车赢得了千千万万美国人的心，第一年的产量达到 10 660 辆，打破了汽车业有史以来的所有纪录。

20 世纪 20 年代，T 型车一直供不应求，亨利·福特的广告是这样做的：“顾客可以想要他们喜欢的任何颜色的汽车，但是福特汽车只有黑色一种。”

迅速变化的形势往往使企业昨天还正确的经营原则在今天变得陈旧。到了 1927 年，T 型车气数已尽。因为汽车购买者开始要求汽车多样化，而福特却在继续生产黑色的 T 型车。通用对此做出了反应，并很快胜过了福特。

（资料来源：北京劳动保障职业学院精品课程）

（2）差异性营销策略。

日本有两家最大的糖果公司，它们以前生产的巧克力都是满足儿童消费市场的。森永公司为增强其竞争力，经过市场调查与充分论证，研制出一种“高王冠”的大块巧克力，定价 70 日元，推向成人市场。明治公司也不甘示弱，通过市场细分，选择了 3 个子市场：初中学生市场、高中学生市场和成人市场。该公司生产出两种大块巧克力，一种每块定价 40 日元，用于满足十二三岁的初中学生；另一种每块定价 60 日元，用于满足十七八岁的高中学生；两块合包在一起，定价 100 日元，用于满足成人市场。明治公司的市场细分策略比森永公司高出一筹。

（资料来源：中国企管网）

（3）集中性营销策略。

“左手族”要使用左手工具，如镰刀、木锯、高尔夫球棒。德国人口的约 11%是“左手族”。因为德国人认为自己动手干活儿是一种享受，所以“左手族”工具店开张后深受欢迎，成为当地最大的“左手族”工具商店。

（资料来源：百度文库）

合作探究　三种目标市场策略的特点如表 3-6 所示。

表 3-6　三种目标市场策略的特点

目标市场策略	成　本	满足需求情况	灵 活 性	竞 争 能 力	风　险	适 用 条 件
无差异性营销策略	低	不能满足消费者多样的需求	差	弱	较大	产品同质，能大量生产、销售
差异性营销策略	高	能满足消费者多样的需求	强	强	较小	企业实力较强
集中性营销策略	低	能满足消费者特定的需求	较大	弱	较大	企业实力较弱

【步骤四】 理解影响目标市场策略选择的因素

合作探究 影响目标市场策略选择的因素如表 3-7 所示。

表 3-7 影响目标市场策略选择的因素

影响因素	具体情况	企业采用的目标市场营销策略
企业的实力	资源雄厚	无差异性营销策略和差异性营销策略
	资源短缺	集中性营销策略
产品的自然属性	同质产品	无差异性营销策略
	异质产品	差异性营销策略或集中性营销策略
市场的差异性	同质市场	无差异性营销策略
	异质市场	差异性营销策略或集中性营销策略
产品生命周期	投入期和成长前期	无差异性营销策略或集中性营销策略
	成长后期和成熟期	差异性营销策略或集中性营销策略
竞争对手状况	无差异市场营销	集中性营销策略或差异性营销策略
	差异市场营销	差异性营销策略或集中性营销策略

同步训练

A 组

一、单项选择题

1. 企业的目标市场集中于一个细分市场，只生产一种产品，只供应一个消费者群体，这种占领市场的方式属于（　　）。

A. 单一市场集中化　　B. 产品专门化
C. 市场专门化　　D. 选择性专门化

2. 南京有一家“胖夫人服饰中心”，专营胖人服装，该服装店采取的目标市场营销策略是（　　）。

A. 无差异性营销策略　　B. 差异性营销策略
C. 集中性营销策略　　D. B 和 C

3. 一家企业只生产电冰箱一种产品，但电冰箱的种类有无霜、有霜，容量有 100 升、125 升、178 升、240 升，颜色有乳白色、浅绿色、浅灰色。由此可以肯定该企业的目标市场营销策略为（　　）。

A. 无差异性营销策略　　B. 差异性营销策略
C. 集中性营销策略　　D. 以上都不是

4. 企业把产品的整体市场作为企业的目标市场，用单一的营销策略开拓市场，即用一种产品和一套营销方案面向所有消费者，此目标市场营销策略是（ ）。

A．无差异性营销策略　　B．差异性营销策略

C．集中性营销策略　　D．关系营销策略

二、判断题（正确的打“√”，错误的打“×”）

1．集中性营销主要适用于资源力量大、资金雄厚的企业。（ ）

2．采用市场专门化模式可以较好地分散公司的经营风险。（ ）

3．汽油、钢铁、原粮等产品适宜采用无差异性营销策略。（ ）

4．只要市场有足够的需求，企业就可以将其确定为企业的目标市场。（ ）

5．产品处于生命周期的成熟期，只能采用差异性营销策略。（ ）

B组

一、单项选择题

1．通用汽车曾经提出“每一个钱包、目的和人格，分别生产一种汽车”的口号，这体现的目标市场营销策略是（ ）。

A．无差异性营销策略　　B．差异性营销策略

C．集中性营销策略　　D．大量市场营销策略

2．惠普公司将它的目标市场定位为高档计算机市场，尽力在这一市场上占有最大的份额，它实施的目标市场营销策略是（ ）。

A．无差异性营销策略　　B．差异性营销策略

C．集中性营销策略　　D．垄断性营销策略

3．集中性营销策略的优点是（ ）。

A．风险小　　B．容易在特定市场中占据有利地位

C．能满足不同消费者的需要　　D．有利于大规模生产

4．企业可以成为其他产品要打入市场的总代理的模式是（ ）。

A．单一市场集中化　　B．产品专门化

C．市场专门化　　D．选择性专门化

二、判断题（正确的打“√”，错误的打“×”）

1．采用市场专门化策略，企业可以在特殊的产品上创造专业化的商誉。（ ）

2．企业选择的目标市场越多越好。（ ）

3．差异性营销策略的优点是小批量、多品种，生产机动灵活、针对性强。（ ）

4．一般来说，企业的目标营销策略应该与竞争对手有所区别，反其道而行之。（　　）

5．无差异性营销策略一般适用于需求广泛、市场同质性高且能大量生产、大量销售的产品。（　　）

三、案例分析题

“快书包”自 2010 年 6 月正式上线以来快速发展，至今已发展成“空中精品便利店”。当时，网上书店行业呈现当当、卓越和京东三足鼎立的局面，“快书包”创办人徐智明了解三大网店的实力，认识到正面竞争无异于以卵击石，倒不如另辟蹊径。同时通过对购书者需求的分析，他发现有一部分购书者纠结于网上购书等待时间过长，不能马上拿到心仪的书籍，这部分人对价格不敏感。开一家“一小时网上书店”的念头在徐智明心中产生并付诸了行动，针对这部分小众群体，他们放弃了低价，放弃了大而全的书种，而是选择了“快”，承诺“一小时到货”，打出了“快书包，中国最快网上书店”的口号。

“快书包”的主要消费者群体是在城市中心工作和生活、乐于网购、喜欢纸质书籍的白领阶层，他们具备一定的知识文化水平和对新鲜事物的渴求。针对这部分小众市场的需求，“快书包”以媲美大型网店的优惠价格，推出创新的“限时送”“定时送”配送服务（“限时送”即突破电子商务配送速度极限，一小时到货；“定时送”即配送时间由消费者自主选择）。在突出“快”的同时，“快书包”提供的书籍主要集中于畅销类小说和管理类图书，这些书都是经过精挑细选的，其中包括销售量在 3 万册以上的图书 400 余种。

“快书包”成功地经营了一群人，为这群人量身选择了他们所需要的产品，并迅速创造了良好的口碑效应，这让“快书包”从一家单纯的书店升级为一家高端“便利店”，从当当、卓越手中抢来了一大批忠实消费者。

问题：

1．“快书包”采取了怎样的目标市场策略？为什么这样选择？

2．你认为“快书包”还应做哪些营销改进？

牛刀小试

市场诊断　中国台湾地区的铁佳钙——“女人需要的水”曾名噪一时，赢得了许多女性消费者的青睐，认为那是专为她们设计的饮料，能够补充日常摄取铁钙的不足。孰料，生产者并不满足，又大步跨入男性市场，使“女人需要的水”变成了“大家都需要的水”。

（资料来源：《现代市场营销能力培养与训练》，苏兰君主编）

问题：

1. 中国台湾的铁佳钙，先后分别采用了哪种营销策略？

2. 这样一来，你认为将会产生什么样的结果？为什么会产生这样的结果？请说出你的理由。

3. 假如你是该企业的营销经理，要扩张市场，你会采取什么样的营销策略？

模块 3　市场定位策略

学习目标

1. 了解市场定位的含义
2. 理解市场定位的方法
3. 理解市场定位的步骤
4. 掌握市场定位的策略

学法指导

任务　制定企业的市场定位策略

【步骤一】了解市场定位的含义

案例启发　宝洁公司进入中国内地市场时，国内洗发水市场还处于初级阶段，各个品牌的洗发水特点还不明显，几乎都在“去除油污和粉尘，深层洁净”的诉求点上徘徊。宝洁公司根据其全球市场经验，针对消费者对洗发水的各种需求，陆续推出一系列具有明显特色的洗发水来满足人们的需求，取得了骄人的销售业绩。例如，针对具有头屑烦恼的消费者，宝洁公司推出海飞丝洗发水，突出该产品的特点是有效去除头屑，广告语“头屑去无踪，秀发更出众”深入人心；针对消费者头发变得干枯，易产生静电的状况，宝洁公司推出飘柔洗发水，树立了“令你的秀发飘逸柔顺”的形象；针对消费者所担心的洗发水的过分清洁会带走他们头皮中的营养成分的问题，宝洁公司推出了潘婷洗发水，并宣传“产品中含有维生素B5及复合维生素等营养素，可以深入呵护头发，改善发质”，树立了产品营养发根的独特形象。后来宝洁公司还相继推出了用于专业定型的沙宣洗发水和具有草本精华的伊卡璐洗发水，都深受消费者欢迎。

显然，宝洁公司通过赋予不同子品牌洗发水各自独特的形象，成功进行了市场定位，这不但有效减少了宝洁洗发水的内部竞争，还让宝洁洗发水一直保持较高的市场占有率。

合作探究　市场定位是通过为自己的产品创立鲜明的个性，从而塑造独特的市场形象来实现的。

【步骤二】选择市场定位的方法

（1）属性和利益定位法。

手机市场中，摩托罗拉向目标消费者提供的利益点是“小、薄、轻”，而诺基亚则宣称“无辐射”。

（2）用途定位法。

杜邦的尼龙最初在军事上用于制作降落伞，后来许多新的用途（作为袜子、衬衫、地毯、汽车轮胎、椅套的原料等）一个接一个地被发现。

（3）使用者定位法。

在欧美等发达国家，宜家把自己定位成面向大众的家居用品提供商，但到了中国之后，宜家却把目光投向了大城市中相对比较富裕的阶层。宜家在中国的市场定位是“想买高档货，而又付不起高价的白领”。这种定位十分巧妙准确，获得了比较好的效果。

（4）竞争定位法。

美国阿维斯出租车公司将自己定位于出租汽车行业的第二位，强调“我们是老二，我们将更加努力”，暗示要提供比居市场第一位的企业更好的服务。

（5）档次定位法。

劳力士表价格高达几万元，是众多手表中的“至尊”，也是财富与地位的象征。拥有它，无异于暗示自己是成功人士或上流社会的一员。

（6）特色定位法。

相同的彩色铅笔包装很多，而“跳棋彩色铅笔”包装的设计者却巧妙地将包装设计成跳棋棋盘，彩色铅笔既是文具，又是下跳棋的棋子，既实用又可作为玩具。与同类产品相比，它具有自己的鲜明特色，构思创意独特。

【步骤三】 确定定位策略

案例启发

云南白药创可贴的定位之争

在云南白药进入创可贴市场之前，邦迪创可贴在中国市场已经成为霸主，市场占有率最高时达到 70%，众多本土品牌没有一个可以与之抗衡。2001 年，云南白药正式进入创可贴市场，他们认识到在消费者的心目中创可贴就是邦迪的认知已经形成，不容易超越，必须避开邦迪传统的竞争优势，突出自己的强项。云南白药很快发现在消费者的认知领域中邦迪创可贴实际上等于一条胶布，不是药，而云南白药是药，而且云南白药的止血、消炎功能早已被中国消费者所熟悉，“含药”的云南白药创可贴与邦迪创可贴的核心差异立刻显现出来。广告语“云南白药创可贴，有药好得更快些”响遍大江南北。2008 年前 6 个月，其销售额就高达 3 亿元，邦迪终于发现，在中国每年 5 亿元的小创伤护理品市场上，有近一半的市场份额将不得不拱手让给云南白药。“含药”概念的定位，为云南白药 100 年的历史文化提供了延伸空间，也让云南白药创可贴在消费者心目中树立起含药、止血、止痛、消炎、方便的“第一”形象。

合作探究　各种定位策略的含义和特点如表 3-8 所示。

表 3-8　各种定位策略的含义和特点

定位策略	含　义	特　点
避强定位	企业力图避免与实力最强或较强的其他企业直接产生竞争，而将自己的产品定位于另一市场区域内，使自己的产品在某些特征或属性方面与最强或较强的对手有比较显著的区别	这种定位方式市场风险较小，成功率较高，能使企业较快地在市场上站稳脚跟，被多数企业采用。但是避强往往意味着企业必须放弃某个最佳的市场位置，也很可能使企业处于最差的市场位置
迎头定位	企业根据自身的实力，为占据较佳的市场位置，不惜与市场上占支配地位的、实力最强或较强的竞争对手产生正面竞争，而使自己的产品进入与对手相同的市场位置	这种定位有时风险很大，但也有很多企业认为这是一种能激励自己奋发向上的、可行的定位策略

续表

定位策略	含　义	特　点
重新定位	在选定了市场定位目标后，若定位不准确，或者虽然开始定位得当，但市场情况发生了变化（如遇到竞争者定位与本公司接近，侵占了本公司部分市场，或者由于某种原因消费者或用户的偏好发生了变化）时，采取的二次定位	一是竞争者推出的新产品定位于本企业产品附近，侵占了本企业产品的部分市场，使本企业产品的市场占有率下降；二是消费者的需求或偏好发生了变化，使本企业产品销售量骤减

【步骤四】市场定位的步骤

重点点拨

（1）分析目标市场的现状，确认本企业潜在的竞争优势。

明确企业潜在的竞争优势，主要包括调查研究影响定位的因素，了解竞争者的定位状况、竞争者向目标市场提供了何种产品及服务、在消费者心目中的形象如何。企业应努力搞清楚消费者最关心的问题，以此作为决策的依据，并要确认目标市场的潜在竞争优势是什么。

（2）准确选择竞争优势，对目标市场初步定位。

相对的竞争优势，是企业能够胜过竞争者的能力。有的是现有的，有的是具备发展潜力的，还有的是可以通过努力创造的。

（3）显示独特的竞争优势和重新定位。

这一步骤的主要任务是企业要通过一系列的宣传促销活动，将其独特的市场竞争优势准确地传播给消费者，并在消费者心目中留下深刻的印象。要做到这一点，必须进行创新策划，强化本企业及其产品与其他企业及其产品的差异性，主要包括：①创造产品的独特优势；②创造服务的独特优势；③创造人力资源的独特优势；④创造形象的独特优势；等等。

同步训练

A 组

一、单项选择题

1. 能够迅速在市场上站稳脚跟，并能在消费者心目中迅速树立起一种形象，这种市场定位战略是（　　）。

   A．避强定位　　B．迎头定位　　C．重新定位　　D．以上都不是

2. “七喜”将自己定位为“非可乐”饮料，从而成为软饮料的第三大巨头，此市场定位方法是（　　）。

A．属性和利益定位法　　B．档次定位法

C．使用者定位法　　D．竞争定位法

3．能激励自己奋发向上的、可行的定位策略是（　　）。

A．避强定位　　B．迎头定位　　C．重新定位　　D．相同定位

4．大众汽车“气派”，丰田汽车“经济可靠”，沃尔沃汽车“耐用”，奔驰汽车“高贵、王者、显赫、至尊”，它们的定位方法是（　　）。

A．属性和利益定位法　　B．档次定位法

C．使用者定位法　　D．竞争定位法

二、判断题（正确的打“√”，错误的打“×”）

1．市场定位是通过为自己的产品创立鲜明的个性，从而塑造出独特的市场形象来实现的。（　　）

2．市场定位不仅强调产品差异，而且要通过产品差异树立独特的市场形象，赢得消费者的认同。（　　）

3．迎头定位的市场风险较小，成功率较高，能使企业较快地在市场上站稳脚跟，被多数企业所采用。（　　）

4．遇到竞争者定位与本公司接近，侵占了本公司部分市场份额时，企业应采用避强定位策略。（　　）

5．迎头定位是以退为进的策略，目的是实施更有效的定位。（　　）

B 组

一、单项选择题

1．彬彬专做男式西装，以全毛料为主，在定位上避开杉杉，以低价为主，适应了大部分工薪阶层的需求，经济效益一度大大提高。这种定位策略是（　　）。

A．避强定位　　B．迎头定位　　C．重新定位　　D．相同定位

2．百事可乐针对可口可乐的定位策略是（　　）。

A．避强定位　　B．迎头定位　　C．重新定位　　D．相同定位

3．劳力士表的价格高达几万元甚至十几万元人民币，是众多手表中的至尊，也是财富与地位的象征。其定位方法是（　　）。

A．属性和利益定位法　　B．档次定位法

C．使用者定位法　　D．竞争定位法

4．某光学仪器厂面对激烈的市场竞争，毅然退出“傻瓜”相机市场，以自己的技术优势为专门的摄影人员提供服务，该厂采用的市场定位策略是（　　）。

A．初次定位　　B．避强定位　　C．迎头定位　　D．重新定位

二、判断题（正确的打“√”，错误的打“×”）

1．产品差异化是实现市场定位的手段，也是市场定位的全部内容。（　　）

2．金利来的广告语“金利来，男人的世界”，其定位方式是用途定位。（　　）

3．由于某种原因消费者或用户的偏好发生了变化，此时企业应采用重新定位策略。（　　）

4．市场定位是设计公司产品和形象的行为，以使公司明确自己在目标市场中的位置（相对于竞争对手）。（　　）

5．市场定位的关键是企业要设法在自己的产品上找出比竞争者更具有竞争优势的特性。（　　）

三、案例分析题

《新财经》是一本面向企业家和投资机构的杂志，专注于重大财经事件的全面、深入报道，并为投资者、经营者提供可操作的方案。

《新财经》的市场定位也经历了一个磨砺的过程。创刊初始，定位于“理财”，后改为“时政财经”，市场反应平平，并且市场竞争激烈，《中国经营报》《经济观察报》等数十家财经媒体构成了传媒界的财经军团。《新财经》要想脱颖而出，必须进行差异性营销。《新财经》把1 216家上市公司，2 000多家投行、信托公司、基金公司、银行与并购咨询公司，5 000家控股或参股上市公司，100多家海外上市公司和近万家投资机构，这些直接参与资本市场运作的群体，作为杂志力图吸引和把握的受众，并把定位稳固在“资本财经”上。

他们通过营销活动为《新财经》造势，作为主办方组织“亚布力高层论坛”（中国企业家论坛年会）和亚洲资本论坛，充分整合杂志的自身资源和社会资源，提高知名度。

问题：

1．《新财经》是如何进行市场定位的？

2.《新财经》为什么能够快速发展？

牛刀小试

市场诊断　2006 年夏天，娃哈哈集团隆重推出了“非常咖啡可乐”。在 2006 年的饮料市场，非常咖啡可乐无疑是最大的亮点。娃哈哈集团通过电视广告、平面广告，不断地进行推广，使非常咖啡可乐市场出现了喜人的热闹景象。娃哈哈集团运用差异性营销战略在品牌林立的中国饮料市场举起了一面鲜明的大旗，冲破两大可乐品牌的铜墙铁壁，在一线市场杀出了一条血路。

然而许多营销学者却对非常咖啡可乐的此次营销策略提出了质疑，你认为非常咖啡可乐的目标市场和定位策略清晰吗？试对其进行评价。

（资料来源：全球品牌网）

综合训练

一、单项选择题

1．下列不属于市场细分的是（　　）。

A．把市场分为消费品市场、生产资料市场、劳务市场、资金市场

B．把服装市场分为注重经济实惠、注重漂亮、注重时尚、注重端庄大方四个细分市场

C．把电视机市场分为城市市场、农村市场、高收入市场、中收入市场、低收入市场

D．把保健品市场分为儿童市场、中青年市场、中老年市场

2．市场细分是 20 世纪 50 年代中期由美国市场学家（　　）提出的一个新概念。

A．菲利普·科特勒　　B．温德尔·史密斯

C．尼尔·恩·博登　　D．科克斯

3．用收入（低、中、高）和年龄（幼、少、中、青、老）两个细分标准及其中的具体变量，可将总体市场划分为（　　）个细分市场。

A．8　　B．12　　C．15　　D．30

4．某烟草公司将其消费者分为少量使用者、中量使用者、大量使用者。这种市场细分属于（　　）。

A．人口细分　　B．心理细分　　C．地理细分　　D．行为细分

5．飞机制造商所需要的轮胎标准比农用拖拉机制造商所需要的轮胎标准要高得多，豪华汽车制造商比一般汽车制造商需要更优质的轮胎。这就要求轮胎生产企业要按照（　　）标准进行市场细分。

A．用户规模　　B．用户要求　　C．用户地点　　D．用户购买状况

6．某跨国集团将其目标市场划分为欧盟市场、北美市场、东盟市场等，其划分依据属于（　　）。

A．地理细分　　B．人口细分　　C．心理细分　　D．行为细分

7．按消费者对品牌和商标的信赖程度，可将一种产品的消费者划分为以下几个群体（　　）。

A．受教育程度、收入、家庭结构

B．老年、中年、青少年

C．经常购买者、初次购买者、潜在购买者

D．单一品牌忠诚者、几种品牌忠诚者、无品牌爱好者

8．“金嗓子喉宝”专门用来保护嗓子，其定位方法是（　　）。

A．属性和利益定位法　　B．档次定位法

C．用途定位法　　D．竞争定位法

9．将整体市场划分为若干细分市场，企业选择两个或两个以上的细分市场作为目标市场，针对每个细分市场的特点，分别设计不同的产品，制定不同的营销方案，此目标市场营销策略是（　　）。

A．无差异性营销策略　　B．差异性营销策略

C．集中性营销策略　　D．选择性专业化策略

10．当产品进入生命周期的投入期和成长前期时，应采用（　　）。

A．无差异性营销策略　　B．无差异性营销和集中性营销策略

C．差异性营销策略　　D．集中性营销策略

11．企业在具备（　　）条件时，可以选择无差异性营销策略。

A．生产产品的市场需求量小　　B．产品同质性强

C．市场严重供过于求　　D．产品处在成熟期

12．企业在具备（　　）条件时，可以选择差异性营销策略。

A．企业实力弱　　B．产品同质性强

C．产品处在投入期　　D．消费者对该产品需求差异大

13．企业在具备（　　）条件时，可以选择集中性营销策略。

A．企业实力不强，资源有限　　B．产品同质

C．产品在某一市场有广泛需求　　D．同质市场

14．在目标市场营销策略的选择上，像汽车、家用电器、机械设备、照相机等往往适宜采用（　　）。

A．无差异性营销策略　　B．差异性营销策略

C．集中性营销策略　　D．差异性营销策略或集中性营销策略

15．某牙膏厂在市场细分的基础上，生产了适合老年人口味的清爽型牙膏和适合青年人口味的洁齿美容型牙膏，最近又为儿童开发出了防龋齿牙膏。其细分标准和目标市场策略分别是（　　）。

A．人口细分　差异性营销策略　　B．行为细分　差异性营销策略

C．人口细分　集中性营销策略　　D．心理细分　集中性市场策略

二、判断题（正确的打“√”，错误的打“×”）

1．当强大的竞争对手采用无差异性营销策略时，企业可实施差异性营销策略。（　　）

2．避强定位是一种迎着强有力的竞争对手“对着干”的市场定位。（　　）

3．重新定位是指对销路少、市场反应强烈的产品的二次定位。（　　）

4．一般只有实力雄厚的大企业才能采用完全市场覆盖策略。（　　）

5．某企业在进行市场定位时，与市场上占支配地位的、实力最强或较强的竞争对手正面竞争，使自己的产品进入与对手相同的市场位置，这种市场定位策略是迎头定位。（　　）

三、简答题

1．市场细分分为哪几步？

2．可口可乐公司在 20 世纪 60 年代以前曾以单一口味的品种、统一的价格和瓶装，以及统一的广告主题使产品面向所有消费者，这种目标市场策略有哪些优缺点？

3．一般来说，一个细分市场要成为企业的目标市场必须具备哪些条件？

4．影响目标市场策略选择的因素有哪些？

5．市场定位的方法有哪些？

四、案例分析题

德国福斯汽车公司生产了一种“金甲虫”汽车，并打算将其投放到美国市场。当时，美国的一些大型汽车公司根本没有把这种不知名的小车放在眼里，但福斯汽车公司并不气馁。他们在美国进行大量的市场调查工作，发现美国的汽车使用者可分为三种类型：一是讲究排场；二是注重质量；三是考虑经济因素。而考虑经济因素的使用者又可分为两种情况：一是喜欢标新立异，别人开大车，我偏要开小车；二是惜金如命，他们的标准是价廉、节约。这两种用户在美国购买汽车的人群当中占 10%。假如美国每年的汽车需求量是 1 000 万辆，10%就是 100 万辆。无论如何，这也是一个不小的数目。于是，福斯汽车公司决定专对这两类人做生意。结果与那些傲慢的美国同行的预言正相反，福斯汽车公司依靠科学的市场调查所制定的针对性销售策略大获成功。不起眼的“金甲虫”车很快跻身于美国这个汽车业最发达的市场。

（资料来源：百度文库）

问题：

1. 福斯汽车公司运用的市场细分标准是什么？

2. 福斯汽车公司的目标市场是什么？

3. 福斯汽车公司采取的是哪种市场定位策略？该策略有哪些特点？

4. 福斯汽车公司为什么要采取这种策略？

5. 福斯汽车公司为什么能取得成功？

项目 4

选择产品组合

思维导图

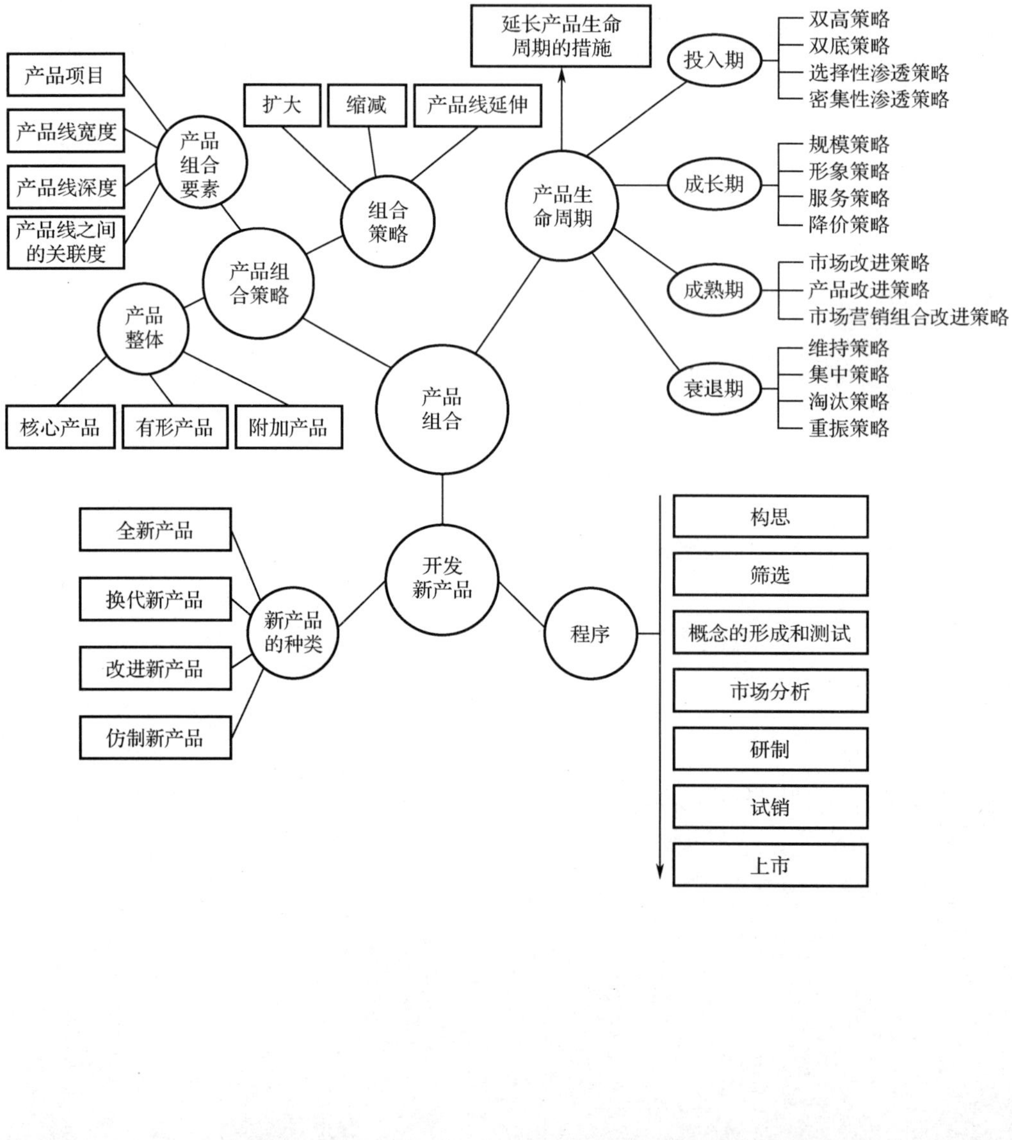

模块 1　制定产品组合策略

学习目标

1. 理解产品整体概念
2. 了解产品组合要素
3. 掌握产品组合策略

学法指导

任务一　认识产品的整体概念

【步骤一】 让我们先来体会以下几个事实

（1）人们买空调是为什么？

（2）从“美菱”到“海尔”“海信”，再到“西门子”和“LG”，所有空调的共同点是什么？

（3）既然所有空调的“共同点”都是一样的，那么为什么人们会有不同的选择？

____。

【步骤二】 一个假定

假定你确信所要买的空调具备制冷、制热功能，并对规格、价格、款式等都较满意，但是店家告诉你：“该货物自提、自运！产品 100%合格，不提供保修！”这样的产品你会购买吗？

合作探究　产品整体的概念具有极其宽广的外延和深刻而丰富的内涵，它是指提供给市场的能够满足人们需要的实体或服务。它包括核心产品、有形产品和附加产品。

空调产品的核心是________________；空调产品的形式是____________________________；空调产品的附加利益是__________________________。

重点点拨　产品整体概念与同类企业之间的产品竞争：比核心、比形式、比附加利益。

任务二　探究“产品组合要素及策略”

【步骤一】 确定产品组合的四个要素

产品组合的四个要素是产品项目、产品线宽度、产品线深度和产品线之间的关联度。

例如，海尔集团的产品（部分）组合如表 4-1 所示。

表4-1 海尔集团的产品（部分）组合

	宽度			
	电冰箱	空调	洗衣机	电视机
深度	大王子	小元帅	丽达	探路者
	双王子	金元帅	小神功	
	小王子	小超人	小丽人	
	帅王子	小状元	小神童	
		小公主	神童五	
			小神泡	

（1）产品线宽度是_______；

（2）产品线深度是_______；

（3）以上产品线之间的关联度是_______。

【步骤二】确定产品的组合策略

案例启发 海尔集团产品的组合策略中除了金融和信息产业，对外公开的产业还包括药业、物流、生物工程、家居集成等，海尔集团甚至还经营着餐饮、旅游、烟酒糖茶等“小生意”。现在海尔集团几乎制造“一切用电的东西”，还制造机器人、芯片、特种钢及电动剃须刀。

问题一 出资6亿元控股青岛商业银行，这被看成海尔集团进军金融领域的第一步。但是由于银行规模很小，服务网点少，金融产品也有限，很难取信于大客户，目前盈利甚微。海尔集团在金融方面的布局中，只有与纽约人寿保险的合资公司看起来是成功的，但这个项目未来究竟能够获得什么样的回报，目前可能很难做出论断。

问题二 （海尔手机、海尔电脑、集成电路和海尔软件）海尔电脑的前景不容乐观，只靠低价格策略在市场中坚持着。在信息产业的其他领域均显现出疲态，有的眼看就要坚持不下去了。以手机为例，海尔目前在通信业的局面已经积重难返。

问题三 海尔药业每年一两亿元的收入实在有点少。从1996年海尔药业有限公司成立到现在已经14年了，可以简单地做个市场调查，去大街上问问路人，有几个人听说过海尔药业？

问题四 海尔集团介入家居业常规来说前景还是不错的，按照海尔家居公司的设想，将家电、整体厨房、整体卫浴等自己所掌控的功能产品整合到一个居室中，只需加上一点设计和一点施工，不仅可以发挥自己生产源头的成本优势，而且可以借助家电一体化的智能概念，迅速赢得市场。

根据以上海尔集团面临的问题，我们应选择哪种组合策略进行调整？

同步训练

A组

一、单项选择题

1．人们购买洗衣机所获得的核心产品是（　　）。

A．洗衣机本身　　B．清洁衣物的效用或利益

C．终身保修　　D．优质品牌

2．某企业有5条产品线，它们的产品项目数分别是4、7、6、5、2，那么该企业产品组合的宽度和深度分别为（　　）。

A．5、7　　B．11、13　　C．5、11　　D．5、24

3．企业所拥有的不同产品线的数目是产品组合的（　　）。

A．深度　　B．长度　　C．宽度　　D．关联度

二、判断题（正确的打"√"，错误的打"×"）

1．产品组合包括的要素有产品项目、产品线宽度、产品线深度、产品线之间的关联度和适应度。（　　）

2．处于市场不景气或原料、能源供应紧张时期，缩减产品线反而能使总利润上升。（　　）

3．优化产品组合的过程，通常是企业营销人员进行分析、评价、调整现行产品组合的过程。（　　）

B组

一、单项选择题

1．消费者购买有形产品和附加产品时，附带获得的各种利益的总和包括产品说明书、保修、安装、维修、送货、技术培训等指的是（　　）。

A．核心产品　　B．附加产品　　C．有形产品　　D．潜在产品

2．电视机的核心产品是（　　）。

A．荧光屏　　B．显像管　　C．娱乐　　D．质量

3．以下不属于产品组合策略的是（　　）。

A．扩大产品组合　　B．缩减产品组合

C．向上延伸　　　　　　　　　　D．产品改进

二、判断题（正确的打“√”，错误的打“×”）

1．产品整体概念的内涵和外延都是以追求优质产品为标准的。（　　）

2．即便内在质量符合标准的产品，倘若没有完善的服务，实际上是不合格的产品。（　　）

3．实行多元化经营的企业，其产品组合中各条产品线在最终用途、生产条件、分配渠道或其他方面相互关联的程度高。（　　）

牛刀小试

以组为单位，试选择当地知名大公司，了解旗下产品，写出该公司的产品组合；如果公司的产品组合不合理，请进行优化调整。课堂小组交流、分享。

模块 2　确定生命周期营销策略

学习目标

1. 理解产品生命周期的含义
2. 掌握产品生命周期各阶段的特点及营销策略
3. 理解延长产品生命周期的措施

学法指导

任务一　探究“什么是产品生命周期”

【步骤】理解产品生命周期的含义

案例启发　认真阅读教材“见树木又见森林”这篇案例。

案例分析　从案例中我们可以看到，1958 年是费林公司的“无声小狗”鞋子的投入期，1961 年进入成长期，1963 年跨入成熟期，1966 年开始进入衰退期。

合作探究　产品生命周期的含义。

产品从进入市场到最后被淘汰退出市场的全过程被称为产品的生命周期。

重点点拨

（1）典型的产品生命周期包括四个阶段，即投入期、成长期、成熟期和衰退期。

（2）产品生命周期主要是品种和品牌的生命周期，而不是产品种类的生命周期。

（3）产品生命周期曲线与正态分布曲线接近。

（4）特殊产品生命周期种类分为循环—再循环、成长—衰退—成熟、扇贝、热潮四种类型。

任务二　阅读教材“见树木又见森林”案例，分析产品生命周期四个阶段的特点及营销策略

【步骤一】分析“无声小狗”产品生命周期四个阶段的特点及营销策略

（1）你认为“无声小狗”鞋子在投入期遇到了哪些困难？________________________

____。

费林公司采取了何种营销策略？____

____。

（2）“无声小狗”在 1961 年进入成长期后，产品发生了怎样的变化？__________

____。

在这一时期，费林公司采取了何种营销策略？______________________________

____。

（3）“无声小狗”在 1963 年跨入成熟期，到 1965 年达到巅峰，在这段时期，产品具有哪些特点？____

____。

在这一时期，费林公司采取了何种营销策略？______________________________

____。

（4）“无声小狗”在 1966 年开始进入衰退期，其衰退的原因是__________________

____。

如果你是公司的一员，你认为应该采取怎样的营销策略来挽救“无声小狗”呢？____

____

____。

【步骤二】明确产品生命周期不同阶段的特点及营销策略，如表 4-2 所示

表 4-2　产品生命周期不同阶段的特点及营销策略

项　目	投 入 期	成 长 期	成 熟 期	衰 退 期
销售额				
成本				
利润				
消费者				
竞争者				
营销策略				

【步骤三】理解延长产品生命周期的措施

结合教材中“见树木又见森林”案例，作为营销人员，你认为采取何种营销策略可以延长“无声小狗”的生命周期呢？

同步训练

A组

一、单项选择题

1．产品被市场迅速接受和利润大量增加的时期是（　　）。

A．投入期　　B．成长期　　C．成熟期　　D．衰退期

2．产品销售增长减慢，利润增长值接近于零，说明此产品进入产品生命周期的（　　）。

A．投入期　　B．成长期　　C．成熟期　　D．衰退期

3．成长期的营销策略应突出一个（　　）字。

A．短　　B．好　　C．占　　D．转

二、判断题（正确的打“√”，错误的打“×”）

1．产品生命周期指的是产品的自然寿命，与其在市场上的销售情况没有必然的联系。（　　）

2．延长产品生命周期就是设法延长产品生命周期中的各个时期。（　　）

3．产品生命周期的长短主要取决于企业的人才、资金和技术等实力。（　　）

B组

一、单项选择题

1．当某种产品已被大多数潜在购买者接受、其销售量达到顶峰、销售增长速度放慢时，该产品已进入其经济生命周期的（　　）阶段。

A．试销　　B．畅销　　C．饱和　　D．滞销

2．产品在成熟期时，企业的营销目标是（　　）。

A．产品尽快上市　　B．提高市场占有率

C．建立知名度，争取试用　　D．保持市场占有率

3．公司采用少量的广告和人员促销以维持人们对产品最起码的注意，销售促进继续保持较强势头的是产品的（　　）运用的促销组合策略。

A．投入期　　B．成长期　　C．成熟期　　D．衰退期

二、判断题（正确的打“√”，错误的打“×”）

1．新产品处于投入期时，竞争形势并不严峻，企业承担的市场风险却最大。（　　）

2．继续生产已处于衰退期的产品，企业无利可图。（　　）

3．不同的产品种类，其产品生命周期曲线的形态也不相同。（　　）

三、案例分析题

小米手机产品生命周期分析

小米手机是由小米科技研发、英华达和富士康代工生产的一款高性能“发烧级”智能手机，坚持“为发烧而生”的设计理念，并且将世界最顶尖的移动终端技术与元器件应用到每一款新型手机上，其凭借超高性价比博得了广大消费者的青睐。小米标志 MI 是 Mobile Internet 的缩写，其标志倒过来看是一个“心”少一点，意味着让消费者省点心。

小米手机作为一般消费类数码产品而言，其生命周期阶段性特征符合一般性产品生命周期的特征。

一、投入期特点及营销策略

2011 年 8 月 16 日发布会闭幕一个月以后，公司推出 M1，该手机是全球第一个采用 1.5GB 双核处理器的手机，搭配 1GB 内存、4GB 存储空间，最高支持 2GB 存储卡，强大的功能配置，售价仅 1999 元。尽管如此，根据 CNIC 的数据显示，这一阶段小米手机销售增长率不足 7%，人均占有率较少，市场份额远远不及三星、中兴，小米手机 M1 几乎没有降价空间，甚至是在亏本发行。一代产品价格仅为 1999 元，加上高昂的广告费用，实际是在亏损销售。此阶段小米手机产量少，销量较低，市场占有率仅为 0.5%。对 M1 而言，技术不成熟，有待于进一步提高，如死机、不抗摔，玩游戏和充电时手机发烫等问题需要尽快解决。售后不方便：将手机寄到北京明显不是有效的售后服务，售后服务时间远超过小米承诺的服务时间。

公司在投入期主要应用目标消费者分析定位、产品开发等营销策略，将目标消费者所追求的价值观念融入产品，创造出消费者需要的产品。

1．目标消费者分析

中国智能机的高端市场一直被苹果、三星等品牌占领着。相对于中高端市场垄断占领而言，中低端市场被 OPPO、LG、步步高、酷派、魅族等各种品牌占据着。但没有一个品牌独占鳌头，这给小米手机崛起提供了绝佳机会。小米从品牌发展初期就一直秉承着“用户就是驱动力，为发烧而生”的理念。目标消费者大多年龄在 18～30 岁，经济实力不强，喜欢被尊崇、自我表达，希望找到专属交流平台。在开发时，小米手机独有无锁双系统，分区内置两个系统 MIUI、Android，“米键”“米聊”“小米”等新功能都是小米手机独具的特色。例如，小米手机研发者发现“发烧友”在平时生活之中喜欢工作游戏两不误，即使在接电话时也不能耽误打游戏的“正事”。因此，根据消费者这一特殊需求，小米手机特别强调游戏功能，边接电话边玩游戏，手机都不会卡，真正地做到不耽误“发烧友”们打游戏的“正事”。

2．低价发售策略

定位为中低端智能手机的小米，将价格定为 1 999 元，这正是面向广大经济实力不强的年轻消费群体的定价策略，采用低价渗透策略和尾数定价法，对于一个高配置智能机而言，基本没有降价空间。起初的销售价格只有微薄利润甚至是亏损经营。但是，小米公司正式发售、首轮发售和放开发售之间有很大时间间隔，这也为其争取了时间来降低生产成本，并且只采用线上销售等销售方式，也为其降低了成本。

3．渠道策略

小米手机主要采用线上销售，只要有网络，就有机会抢购到小米手机。线上订购模式主要占 80%，线下与电信运营商合作占 20%。线上订购可省渠道成本；物流和仓储是雷军的“战友企业”凡客提供的，同样可以减少开支。

4．促销策略

雷军用在业界的号召力，于 2011 年 8 月 16 日，在北京举办了第一次国产手机发布会，这一举动受到了业界和媒体及目标消费者的广泛关注。新闻发布会结束后的两周里，新闻、测评等报道一篇接着一篇，小米手机在互联网中“如雷贯耳”。发布会结束后，正式版 M1 还没有正式发售，工程机开启了小米手机热潮。但是，紧接着的却是小米手机给“发烧友”的饥饿战，让目标消费者苦苦等上几个月才可以抢购到一款小米手机。这样的模式，从小米 M1 一直延续到小米 M3。促销时，巧妙运用“发烧友”比较关注的节日，如“米粉节”、情人节、圣诞节、“光棍节”等。比如，2011 年圣诞节，在 12 月 25 到第二年 1 月 3 日，小米手机举行了 10 天促销活动，以“小米圣诞狂想曲，喜迎新春大优惠”为主题，促销对象为常常泡在 MIUI 论坛中的“发烧友”，借助圣诞节元素进行广告促销、营业推广促销、公共关系促销三种方式的促销。

5．品牌策略

小米品牌文化的建立和营销传播，不仅依靠雷军在业内的声誉，更多地依靠小米手机对“发烧友”核心需求的准确把握。小米手机借助每一款产品，建立交流平台，包括小米官网、社区、微博、微信平台，打“发烧友”王牌，进行粉丝营销，传播小米文化，让使用者转变为小米理念继承者、价值传播者，甚至下一代手机革新发起人。这一点也正是满足了目标消费者最核心的消费需求。

6．微博营销

微博等社会化媒体平台越来越受到年轻一族的认可，而微博营销以低价格、高效率著称。小米从开发到快速成长，微博营销一直发挥着巨大的作用。小米产品微博包括小米手机微博、小米手机米聊微博、MIUI-ROM 微博。

“雷军有料”，作为微博营销主力军，引起深刻关注。第一，雷军在提及小米手机性能和质量方面，会吸纳消费者一起“做米饭”，让“米粉”和“潜米粉”参与其中，亲自品尝亲手做的“饭菜”。第二，雷军在与“米粉”交流的时候，抛开空洞口号，融入“米粉”，更多地谈及“玩魔兽”、玩游戏等共同话题。第三，营造现在或曾经的中学、大学生活，唤起对美好时光的回忆。这正是“发烧友”时刻关注的话题。

微博营销伴随小米神话一路走来，也和小米手机一样会有风波和瓶颈问题。小米公司将低价发行、控制销量、前代产品降价策略、品牌策略微博营销等相结合，成功实现从导入期到成长期的转变。

二、成长期特点及营销策略

小米手机为尽快发现实际应用问题，曾在 M2 正式发售前，向核心用户提供 600 台工程机，以便用户及时反馈产品不足之处。小米手机经历了 M1、1S、青春版的更新换代，经过消费者认可和体验，提高了原产品性能，解决了技术及设计不成熟问题。不管从定性角度还是定量角度，小米手机都呈现出渐渐地从导入期过渡到成长期的趋势。

2012 年、2013 年、2014 年、2015 年小米手机销量分别高达 720 万台、1 900 万台、4 000 万台、6 490 万台。据统计，2012 年年初小米手机市场份额占据中国智能机市场的 4%；2014 年中国智能机市场中，六大品牌市场份额比重不相上下：联想占 12%，三星占 11%，小米占 10%，而紧紧尾随其后的是苹果（占 9%），华为和酷派均占 8%；2015 年小米占 15%，华为占 14.5%，苹果占 13.4%，OPPO 和 vivo 均占 8.1%。2015 年小米手机在国内销量第一，但并不具有压倒性优势。

1．产品改进策略

小米手机经过 M1、1S 换代后，进入成长期。小米手机面对同样定位在中端智能手机市场的其他品牌，为取得更大的市场份额和市场销量，在性能和设计等方面都进行了改进。M1 有米键，M2 的米键被取消。M3 相机加入进阶功能，使用者可自行调整快门，速度最慢为 2s，感光度 3 200，对于一般场景拍照来说十分轻松。更让人兴奋的是，可以自行设置白平衡及色温，这也是小米第一次在手机上实现该应用。

2．降价策略

小米手机将导入期产品进行部分降价。在推出小米 M2 的时候，将 M1 的价格直接降低到 1 299 元，这虽然可能会让购买 M1 的“米粉”产生失落感，但是小米公司在发行 2A 和 2S 的时候，不再生产 1S，官方网站直接显示缺货。这也使“米粉”赚取了一点面子。

3．微信营销

移动互联网时代，“米粉”对微信是再熟悉不过了。微信可打造自助形式的客服平台，关键词回复机制十分有效。当消费者输入普通问题的关键词时，自助服务平台会自动回复相关问题的解决方法；对于重要关键问题，如死机或重启等疑难问题，微信会直接转到人工服务台。根据小米手机专业人士分析，小米平均每天接收信息量达 30 000 条，其中在后台自动回复的约有 28 000 条，人工处理的不足 2 000 余条，不仅节约了劳动力，每年还可节约近 600 万元的信息费。

据大数据分析，小米微信营销的关键是“拉粉”策略，其中小米官方渠道“拉粉”及第三方合作平台“拉粉”最有效，二者成功率之和高达 90%。官方渠道通过直接投放广告和开展活动“拉粉”，直接将“粉丝”转成小米微信“粉丝”。据统计，在 105 万个微信“粉丝”中，约有 40%来自第三方合作平台，如腾讯、微信等。

问题：

1．就本案例来说，小米手机所处的行业生命周期阶段及其特点是什么？

2．2016 年小米手机销量开始下滑，请问小米手机营销存在什么问题？

3．能否对小米手机后期生命周期演变进行展望并帮小米手机制定未来营销策略？

牛刀小试

请选择当地著名企业的产品作为研究对象，通过调查某一产品或品牌，分析其处于哪个生命周期阶段，企业采取何种营销策略及能否取得成功，结合所学知识，你能给企业策划出更好的营销方案吗？

模块 3　开发新产品

学习目标

1. 了解新产品的种类
2. 理解开发新产品的程序

学法指导

任务一　探究新产品的种类

想一想　下列各是哪一种新产品？

（1）不同型号的自行车。

（2）某公司最近投放市场的数码相机。

（3）人参酒。

（4）照相机—全自动照相机—数码照相机。

（5）柯达公司研制的第一台数码照相机。

合作探究　新产品有四种：全新产品、换代新产品、改进新产品、仿制新产品。

重点点拨　换代新产品主要是就用途而言，改进新产品主要是就品质、性能与外形而言。

任务二　以宝洁公司成功推出汰渍洗衣粉为例，理解新产品开发的程序

案例启发　2004 年，宝洁公司的全球销售额超过了 514 亿美元，全球雇员超过 10 万人，在全球 160 多个国家和地区经营 300 多个品牌的产品，而汰渍是众多品牌中颇具传奇色彩的一个。汰渍（Tide）被称为“洗衣奇迹”，由于采用了新的配方，洗涤效果比当时市场上所有其他产品都好，再加上合理的价格，汰渍已成为全球最大的洗衣粉品牌之一了。在中国，宝洁公司最早推出的洗衣粉其实是定位为高档品牌的碧浪（ARIEL），但由于价格因素使其销量受到很大限制。宝洁公司的计划是，用碧浪满足高端市场，用本地品牌满足低端市场，两者同时占领货架。前者是形象品牌，后者是货架品牌，在这中间宝洁公司需要有一个真正的利润品牌。对于利润品牌，宝洁公司选择了汰渍。汰渍被设计成具有较强的功效、合理的成本和价格、良好的品牌形象的产品。1993 年年底，宝洁公司在中国的汰渍品牌小组成立，小组从消费者需求与习惯研究中得到的数据显示，消费者关心的前三个洗衣粉基本功能是日常清洁、去油、衣领和袖口清洁。再通过概念开发座谈会和消费者深度访问后，宝洁公司确定了两个待选概念：一个是油迹去无痕，另一个是领干净、袖无渍。在随后的概念测试阶段，由产品研究部开发配方，进行匿名产品测试。通过将品牌总体评价、功能评价、购买意向的测试分数与白猫和活力 28 比较，得出两个概念皆有上市成功可能的结论。最终品牌小组选择了“去油污”概念。然而，汰渍在“去油污”概念下销售了一段时间后，发现品牌成长并不理想，概念未能明显胜过竞争对手，未能真正打动消费者。于是汰渍品牌小组决定，全国推广暂缓，重新选择概念。汰渍品牌小组再次进行了大量调研，发现领子、袖口是消费者对他人形成印象的一个信号（signal），而当时并没有别的厂家想到这个概念。因此这次他们选择了“领干净，袖无渍”的概念。这一概念获得了很大成功，宝洁公司随后推出了柠檬汰渍来推动销量。宝洁公司先把汰渍要卖什么、要解决什么问题这些概念确定下来，再交给产品研发部门。产品只是概念的载体，如果调研后发现消费者确实需要这个产品，宝洁公司就去开发这个产品。初入中国市场，汰渍用了相当长的时间进行市场研究。为了掌握中国的水质、家庭生活条件和洗涤条件，研究人员花了数月的时间与普通家庭住在一起，观察他们真实的生活与洗涤需求。1995 年，汰渍进入中国市场，开始其策略性的发展。多年来，汰渍不断推陈出新。2002—2007 年，汰渍先后在中国市场上推出三重功效洗衣粉系列、汰渍净白去渍洗衣粉系列、汰渍 360 度全能洗衣粉及含舒肤佳皂粒的汰渍洗衣粉。

（资料来源：http://www.51kj.com.cn/news/）

案例分析

1．新产品构思

宝洁公司对汰渍洗衣粉的构思定位：____。

2．新产品构思筛选

（1）是否符合公司发展目标？

（2）是否适合公司资源状况？

3．新产品概念的形成和测试

（1）汰渍洗衣粉的概念形成。

调研显示，消费者对洗衣粉追求的前三个基本功能为____________________________。

通过概念开发座谈会与消费者访谈，确定的两个待选概念为____________________。

（2）汰渍洗衣粉的概念测试。

研发配方、匿名测试，将相关得分（功能评价、总体评价、购买意向）与白猫、活力 28 比较，得出两个概念上市均可能成功的结论，最后选定________________。

（3）汰渍洗衣粉的概念发展。

销售后发现品牌成长不理想，概念未能打动消费者，重选概念。经大量调研发现，衣领、袖口很关键，而尚无厂商针对这一缺口，因此重定概念为________________________，推出柠檬汰渍推动销量，最终成功。

4．新产品市场分析

市场分析的重点在__________、____________、___________方面。

5．新产品研制

这一阶段应注意的问题是____

____。

6．新产品试销

在试销过程中，我们要做好各种信息和数据的搜集，为今后营销决策提供依据，如表 4-3 所示。

表 4-3　搜集各种信息和数据

首次购买率	重复购买率	结　论
高	高	成功，可以上市
高	低	改进产品
低	高	加强促销
低	低	失败，淘汰

7．新产品上市

宝洁公司在 1993 年成立汰渍品牌小组，而该品牌产品于______年正式进入中国市场。

同步训练

A 组

一、单项选择题

1．对现有产品的品质、款式、特点或包装等做一定的改进而形成的新产品，就是（　　）新产品。

A．仿制　　B．改进　　C．换代　　D．全新

2．新产品开发的第一个阶段是（　　）。

A．构思　　B．形成产品概念　　C．市场分析　　D．筛选

3．日历自动手表、药物牙膏属于（　　）类型的新产品。

A．全新产品　　B．换代产品　　C．改进产品　　D．新牌子产品

二、判断题（正确的打“√”，错误的打“×”）

1．新产品应是企业向市场提供的、市场上不曾有过的产品。（　　）

2．开发新产品首先要提出目标，搜集“构思”。（　　）

3．一旦新产品的市场试销成功，则意味着新产品能迅速被消费者接受，企业能获得丰厚的利润。（　　）

B 组

一、单项选择题

1．企业提高竞争力的源泉是（　　）。

A．质量　　B．价格　　C．促销　　D．新产品开发

2．当某化妆品公司调研人员提出为妇女化妆品领域开发一系列新产品的想法，并经公司经理层进行分析决定采纳某一观念或想法时，他们下一步的工作应该是（　　）。

A．市场分析　　B．筛选　　C．试销　　D．新产品上市

3．大多数企业开发新产品是改进现有产品而非创造（　　）。

A．换代产品　　B．全新产品　　C．仿制产品　　D．最新产品

二、判断题（正确的打“√”，错误的打“×”）

1．产品研制过程就是将新产品的构思发展为用文字、图像、模式等进行具体、明确的描述的过程。（　　）

2．新产品一经上市就意味着新产品开发成功了。（　　）

3．新产品的设想主要来源于消费者的需求。（　　）

三、案例分析题

不断创新是杜邦成功的秘密

1802 年，法国移民德鲁莽·爱雷内·杜邦在美国特拉华州威明顿市附近的白兰地河畔

创建了杜邦公司。他没有想到的是，在企业走过两个世纪后，杜邦成为美国 500 强中居第 13 位的大型跨国公司，并被《幸福》杂志评为当今世界化工行业最成功、最受推崇的公司。1997 年，杜邦销售收入达 450 亿美元，盈利 41 亿美元。

在激烈的市场竞争中，企业“其兴也勃，其亡也忽”，已经司空见惯。杜邦公司为什么能在其经营的领域内长盛不衰呢？不断创新，正是杜邦公司成功的秘密所在。面对不断变化的外部环境，杜邦公司不断地进行技术创新、产品创新、制度创新，始终与市场同步前进。

回顾 20 世纪化学工业给人类生活带来的一系列巨大改变，如人造纤维、塑料、漆料、X 光胶片、合成橡胶、尼龙、特富龙、中空纤维、涤纶……这一切，可以说几乎都是由杜邦公司研究人员研究发明的，并被发展成产品陆续推向市场，在给消费者带来利益的同时，企业也获得了生存的空间。

但是，在 20 世纪初，杜邦公司也曾因管理不善而失去了其在火药市场上的优势。在股东们正为公司向何处去进行投票时，公司创始人的三个重孙出资收购了公司，并对公司进行了重组。为了创造出让公司立于不败之地的新产品，1903 年，公司在新泽西建立了东部实验室，然后又在威明顿市郊建立中央实验站，专门从事在生产火药原料纤维硝酸时发现的纤维素的化学研究。沿着这一科学发现的道路，杜邦开始了其从火药生产向多元化化工生产的转变。通过 20 世纪以来一系列重大发现和推出新产品，杜邦形成了能为自身带来滚滚财源的全球性业务和产品，如目前全世界 39 亿人每天都在使用的耐力丝牙刷，其原料主要就是由杜邦公司提供的。杜邦公司每年多达几百项的专利发明，也为只有 9.8 万名员工的杜邦公司确保其在国际商场上的强大竞争力提供了坚实的基础和保证。1997 年，杜邦公司创造了 450 亿美元的销售收入，其中 300 亿美元是由杜邦公司使用自主技术生产的产品创造的，而这其中 90%的产品是在 1997 年首次向市场推出的。

杜邦公司自创立以来，始终以“生产高质量的产品就会赢得消费者”作为自己的经营思想，在世界化工市场占据非凡的优势。然而从 20 世纪 50 年代中期开始，它的市场占有率不断下降。对此，杜邦公司组织专家进行了全国范围的市场调查分析，通过调查发现问题出在包装上。最后得出结论：论产品质量，杜邦公司好于同行，论产品包装则不如同行。于是，杜邦公司在包装上做了重大改进，很快扭转了市场销售不利的局面。

目前杜邦公司设在威明顿的中央实验站已发展成世界上规模最大、技术最先进的工业研究中心之一。但该公司总裁在与杜邦公司科学家进行广泛交谈之后认为，随着现代社会进入知识经济时代，为了确保杜邦公司作为美国工业领导者之一的地位，杜邦公司仍需继续在那些具有长期发展潜力的科学技术领域下功夫。为此，进入 20 世纪 90 年代后，杜邦公司在继续通过技术创新力争使产品生命周期再延长 30～50 年的同时，也将研究的方向转到了 21 世纪的领导产品（如生物工程、电子学）上，重点是从改善人们的生活条件出发，研究开发用于汽车制造的新材料、新型纺织材料、食品保鲜技术、改良农作物基因技术、注重环境保护的产品、蜘蛛和蝴蝶等生物仿生技术。

技术创新需要投入大量的人力和资金，按照杜邦公司的经验，开发出一个新产品并实现商业化，一般需要对 300 个想法进行实验，需用 5～7 年的时间。近年来，杜邦公司为了充分提高企业的市场竞争力，对企业的研究经费和研究人员做了充实，加大了研究经费的投入，引进了大量的科学研究人员。就中央实验站来说，研究开发经费逐年增加，目前已达数亿美元每年。

杜邦公司对技术创新和产品创新的不懈追求，使其始终在技术和产品上处于领先地位，在近两个世纪的拼搏中长盛不衰，走出了一条依靠创新求发展的道路。

（资料来源：朱华，《市场营销案例精选精析》，经济管理出版社）

问题：

1．杜邦公司的产品不断创新依赖的是什么？

2．结合以上案例，谈谈为什么不断创新是企业发展的动力。

牛刀小试

以组为单位，调查当地知名企业最近一年开发的新产品，以其中一个新产品为例分析它的开发过程、有哪些特点、目标群体是谁、上市时运用了哪些促销活动。

综合训练

一、单项选择题

1．每种产品实质上是为满足市场需要而提供的（　　）。

A．服务　　B．质量　　C．效用　　D．功能

2．美国市场营销学家里维特教授断言：未来竞争的关键，不在于工厂生产什么产品，而在于其产品所提供的（　　）。

A．核心利益　　B．特色　　C．质量　　D．附加价值

3．拓展产品组合的宽度和加深产品组合的深度的策略称为（　　）。

A．产品延伸　　B．产品大类现代化

C．扩大产品组合　　D．缩减产品组合

4．企业原来生产高档产品，后来决定增加低档产品，称为（　　）。

A．向前延伸　　B．向下延伸

C．向上延伸　　D．双向延伸

5．某企业生产的产品有冰箱、冷柜、空调三大类。其中，冰箱有4种型号，冷柜有2种型号，空调有5种型号。据此可以推知（　　）。

A．该企业产品线的宽度为3，冰箱、冷柜和空调各产品线的深度分别为4、2、5

B．该企业产品线的宽度和深度分别为3和11

C．该企业产品线的宽度和深度分别为11和3

D．该企业冰箱、冷柜和空调各产品线的宽度分别为4、2、5

6．在产品生命周期中，丰厚的利润一般在（　　）开始出现。

A．投入期　　B．成长期　　C．成熟期　　D．衰退期

7．在下面选项中（　　）不是企业针对成熟期的产品所采取的市场改进策略。

A．改变推销方式　　B．开辟新市场

C．寻找新消费者　　D．扩大产品的使用功能

8．下面选项中（　　）不是企业针对衰退期的产品所采取的策略。

A．降价策略　　B．集中策略　　C．淘汰策略　　D．重振策略

9．采用高价格、高促销费用，配合大规模的促销活动使消费者迅速了解产品，快速打开销路、占领市场，这种策略称为（　　）。

A．双低策略　　B．双高策略

C．选择性渗透策略　　D．密集性渗透策略

10．经过（　　）以后，市场需求趋向饱和，潜在的消费者已经很少，销售额增长缓慢直至转而下降。

A．投入期　　B．成长期　　C．成熟期　　D．衰退期

11．企业采用新原理、新技术、新材料制造的前所未有的新产品属于（　　）。

A．全新产品　　B．换代新产品

C．改进新产品　　　　　　　　　　D．仿制新产品

12．在新产品开发过程的第一个阶段，营销部门的主要责任是（　　）。

A．进行环境分析　　B．筛选　　C．构思　　D．市场分析

13．新产品开发的产品构思阶段，营销部门的主要责任是（　　）、激励及提高新产品构思。

A．收集　　B．调查　　C．寻找　　D．评价

14．在下列选项中，（　　）不属于新产品市场分析的内容。

A．成本分析　　B．需求分析　　C．利润分析　　D．环境分析

15．在新产品开发的过程中，（　　）环节要将新产品制作成实体样品。

A．新产品市场分析　　　　　　　B．新产品研制

C．新产品试销　　　　　　　　　D．新产品上市

二、判断题（正确的打"√"，错误的打"×"）

1．产品概念已经扩大，超越了传统的有形实物范围，思想、策划作为产品的重要形式也能向市场销售。（　　）

2．密集性渗透策略适用于市场容量很大，消费者熟悉这种产品，但对价格反应敏感，并且潜在竞争威胁较大的市场环境中。（　　）

3．新增加的产品线或产品项目可以不受产品线之间关联度的约束。（　　）

4．产品项目是指产品集中具有某些相同功能的一组产品。（　　）

5．动态的最优组合是通过及时调整产品线来实现的。（　　）

6．延长产品生命周期是通过对产品进行再开发和开拓产品新市场来实现的。（　　）

7．产品的生命周期取决于产品的品质，而不是取决于市场。（　　）

8．一种产品构思可能衍生出许多产品概念。（　　）

9．新产品就是应用新原理、新技术、新结构和新原料研制成功的前所未有的产品。（　　）

10．筛选阶段是新产品开发的基础和起点。（　　）

三、简答题

1．什么是产品组合？进行产品组合时一般应考虑哪些因素？

2．产品组合有哪几种主要策略？

3．简述企业采取向上延伸策略的原因和可能承担的风险。

4．简述成长期的市场特点及营销策略。

5．简述新产品开发过程。

6．新产品上市时应注意哪些问题？

四、论述题

试述产品生命周期理论对企业开展营销活动的启示。

项目 5

制定产品价格

思维导图

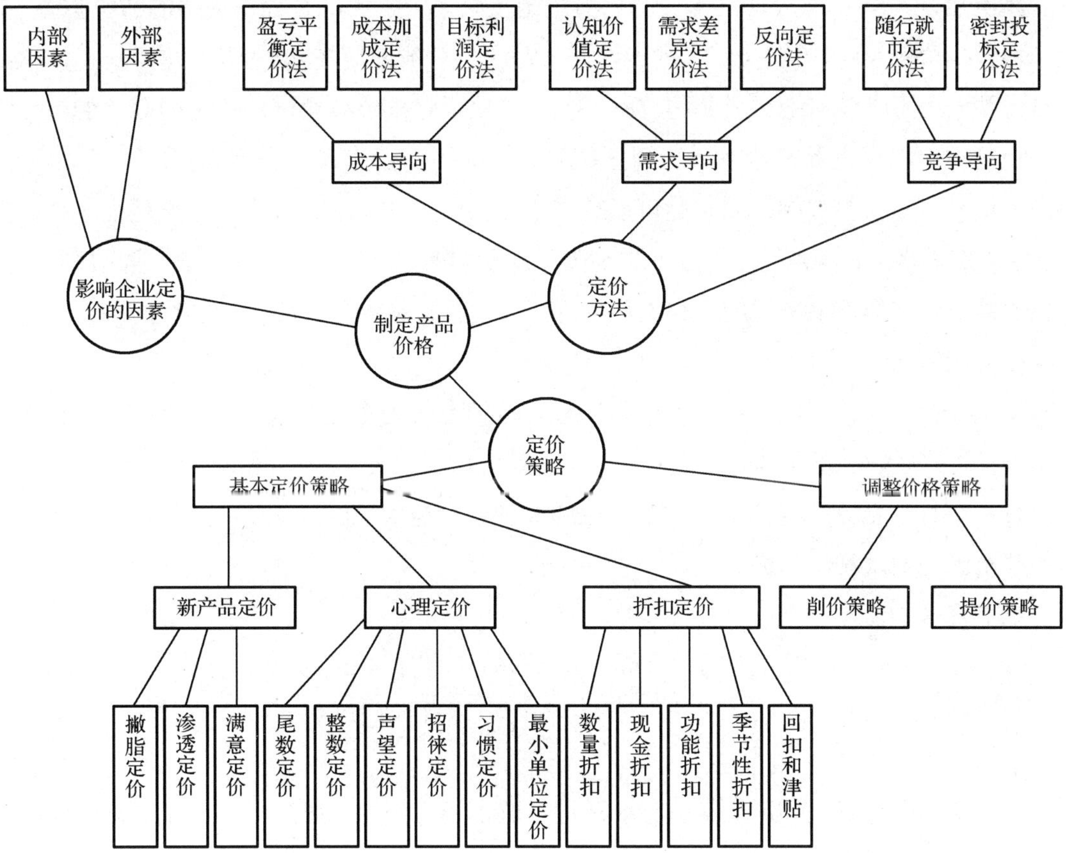

模块1　影响企业定价的因素

学习目标

1. 掌握影响企业定价的内部因素
2. 掌握影响企业定价的外部因素

学法指导

任务　初步认识“企业的定价目标”

【步骤一】了解企业的定价目标

案例启发　Swatch公司的手表战略典型地反映了定价和综合营销战略的有机结合。按照Swatch公司设计实验室负责人的说法，产品价格一般固定在40美元，这是一个简化的价格，是一个不带任何附加成分的价格。价格可以反映出该公司试图传达的商品的其他特性，使公司可以同世界其他手表厂商区别开来。公司明白无误地告诉人们：一只Swatch手表不仅是可以买得起的，而且是可以获得的；买一块Swatch公司的手表是很容易做出的决定；把价格定在40美元与定在37.5美元是不同的，它也不同于标价50美元却以八折销售的情形。就像该手表的广告和设计一样，公司把价格固定在40美元只意味着：“你不用担心会犯错误，开心点。”

案例分析　在营销组合中，价格能以最直接的方式为企业获取价值，即有利的回报。它是唯一能产生收入的因素。

合作探究　企业的定价目标是指企业通过制定一定水平的价格所要达到的预期目的。总的要求就是追求利润的最大化。

重点点拨

（1）定价目标一般可分为利润目标、市场占有率目标、稳定价格目标和企业形象目标。

（2）利润目标有三种，以获取合理利润为定价目标；以获取投资收益为定价目标；以获取最大利润为定价目标。

（3）市场占有率目标是从竞争对手那里夺取市场份额，以达到扩大企业销售市场乃至控制整个市场的能力。

（4）稳定价格目标就是通过企业产品的定价来左右整个市场价格，避免不必要的价格波动，减少企业之间因价格竞争而发生的损失。

（5）良好的企业形象是企业的无形资产。从长期发展战略来看，它是企业经营活动中最宝贵的资源。

【步骤二】探究产品定价的影响因素

案例启发　巴根思·伯格公司（Bugs Burgor）生产的伯格杀虫剂的定价是生产同类产品的公司的五倍。巴根思公司能够获得这个溢价价格是因为公司把中心放在一个对质量特别敏感的市场（旅店和餐馆）上，并向他们提供他们认为最有价值的东西：保证没有害虫而不是控制害虫。公司所提供给这个特定市场的优质服务使它能够制定出这样的价格。这样高的价格使巴根思有能力培训服务人员并支付工资，这就可以激励员工为客户提供优质的服务。因此，公司所提供的产品的价值决定了其价格，而价格又反过来为提供这种价值所必要采取的行动提供了充足的资金。

案例分析　产品定价既是科学，也是艺术，不仅要考虑成本等基本因素，而且要充分考虑消费者的接受心理和竞争因素。

合作探究　产品定价的影响因素：

（1）产品的成本；

（2）市场需求；

（3）竞争因素；

（4）其他因素。

重点点拨　其他因素包括：

（1）经济条件；

（2）消费者心理和习惯；

（3）企业或产品的形象因素。

同步训练

A 组

一、单项选择题

1．（　　）是企业经营的直接动力和最终目标。

A．市场占有率目标　　B．利润目标

C．企业形象目标　　D．稳定价格目标

2．以下不属于按市场竞争程度划分的是（　　）。

A．完全竞争　　B．不完全竞争

C．完全垄断　　D．寡头垄断

3．在钢铁、采矿业、石油化工等行业内，（　　）用得最广泛。

A．稳定价格目标　　B．利润目标

C．市场占有率目标　　D．企业形象目标

二、判断题（正确的打“√”，错误的打“×”）

1．定价策略是指企业根据市场中不同的变化因素对商品价格的影响采用不同的定价方法，制定出适合市场变化的商品价格，进而实现定价目标的企业营销战略。（　　）

2．一般来说，高需求层次的消费者对价格的敏感度强，低需求层次的消费者对价格的敏感度差。（　　）

3．获取利润是企业从事生产经营活动的最终目标，是企业经营的直接动力。（　　）

B 组

一、单项选择题

1．在实际工作中，产品的价格是按成本、（　　）和税金三部分来制定的。

A．利润　　B．消费者可接受程度　　C．购买欲望　　D．费用

2．消费者需求对企业的定价产生影响主要体现在需求能力、需求强度和（　　）。

A．需求目的　　B．需求兴趣　　C．需求层次　　D．需求态度

3．以下不属于影响企业定价的外部因素的是（　　）。

A．竞争因素　　B．政府干预　　C．消费者需求　　D．产品差异性

二、判断题（正确的打“√”，错误的打“×”）

1．当商品的市场需求小于供给时，价格应高些；反之，价格应低些。（　　）

2．最大利润目标一定会导致高价。（　　）

3．以适度利润为目标确定价格是一种兼顾企业利益和社会利益的定价目标。（　　）

三、案例分析题

沃尔玛在 1983 年用全年预算资金的 1/4 购买了一套卫星系统，使其配送中心的运行完全实现了自动化。每个配送中心面积约 10 万平方米。每种商品都有条码，由十几千米长的传送带传送商品，由激光扫描器和电脑追踪每件商品的储存位置及运送情况。到 20 世纪 90 年代，整个公司销售 8 万种商品中的 85%都是由这些配送中心供应，而竞争对手只有 50%～65%的商品集中配送。沃尔玛的送货车队可能是美国最大的，沃尔玛通常为每家

分店的送货频率是每天一次，而凯马特平均 5 天一次。透过现象看本质，要使商品价格保持较低水平，关键在于成本控制。零售商必须是低成本运作的专家，如果你的经营成本高于竞争对手，而一味坚持低价策略，那么最终竞争对手会用比你更低的价格把你淘汰出局。

（资料来源：豆丁网）

问题：

1．在本案例中，沃尔玛的定价主要考虑了哪种因素？

2．结合你在课本中所学到的知识，你认为影响企业定价的因素有哪些？

牛刀小试

实地调研：周六、周日到周边市场看看，分小组进行讨论，分析几个著名企业的定价目标及影响因素。

实训提示：全班同学以 6～8 人为一组，自然分组。分别到本市的几家超市实地参观，并进行场景模拟与展示。

模块 2　企业定价方法

学习目标

1. 掌握成本导向定价的三种方法
2. 掌握需求导向定价的三种方法
3. 掌握竞争导向定价的两种方法

学法指导

任务一　探究“成本导向定价的三种方法”

【步骤一】了解什么是盈亏平衡定价法

合作探究　盈亏平衡定价法是运用盈亏平衡分析原理来确定产品价格的方法，其要点是确定盈亏平衡点，即企业收支相抵、利润为零时的状态。

案例解析　某企业产品的单位固定成本为 40 元，单位可变成本为 12 元，该产品的价格是多少（用盈亏平衡定价法来计算）？

价格=单位可变成本+单位固定成本

=12+40

=52（元）

重点点拨

（1）产品成本是企业定价的底线。

（2）总成本=固定成本+可变成本。

（3）用盈亏平衡定价法计算出来的价格又称保本价格。

（4）此种定价法的特点是简便易用，较多应用于工业企业定价。

【步骤二】了解什么是成本加成定价法

合作探究　成本加成定价法是按照产品单位成本加上一定比例的利润制定产品价格的方法。大多数企业是按成本利润率来确定所加利润的大小的。

案例解析　某企业的产品单位成本为 40 元，拟加成率为 10%，计算产品单位售价（用成本加成定价法来计算）。

价格=产品单位成本×（1+加成率）

=40×（1+10%）

=44（元）

重点点拨

（1）成本加成定价法的优点是计算简单，容易操作，适用的范围比较广泛。

（2）成本加成定价法的缺点是定价方法不灵活，忽视了产品需求弹性的变化。

（3）成本加成定价法特别适合于销售量与单位成本相对稳定、供求矛盾不很突出的产品。

（4）制造商、中间商，以及建筑业、科研部门和农业部门经常使用该方法。

（5）采用该方法的关键是加成率的确定。

【步骤三】了解什么是目标利润定价法

合作探究　目标利润定价法又称目标收益定价法，是根据企业总成本和预期销售量，确定一个目标利润率，并以此作为定价的标准。

案例解析　某企业产品固定成本为200万元，计划销量为10万件，单位变动成本为5元，年投资额为200万元，投资收益率定为10%，该产品的销售价格是多少（用目标利润定价法来计算）？

价格=（总成本+目标利润）/总销量

=（2 000 000+5×100 000+2 000 000×10%）/100 000

=27（元）

重点点拨

（1）目标利润=投资额×投资收益率。

（2）目标利润定价法有利于加强企业管理能力，较好地实现投资回收计划。

（3）这种定价方法要求比较高，企业必须有很强的计划能力。

任务二　探究“需求导向定价方法”

【步骤一】认知价值定价法

案例启发　2009年金融风暴后业界一片惨淡，苹果公司却高居福布斯全球高绩效公司榜单。2004年以来苹果公司一直保持着两位数增长率，平均利润率近32%。从iPod到iPhone再到iPad反复证明了产品很重要、技术很重要，但商业模式更重要。一方面，苹果通过排队文化、脱销缺货、旗舰大店来造势，吊足消费者胃口；另一方面，它将软件和内容捆绑在一起，并且保证绝对的控制力，为自己创造效益。

我们来看一下iPhone 64GB版的物料成本，其中最大部分是半导体部分，它包括14纳米A9处理器，成本为25美元；64GB储存器，成本为20美元；蜂窝无线系统，成本为36美元；各种传感器成本为22美元。其他核心组件包括屏幕、相机、电池，加起来成本为73美元；而其他部件，如外壳等，成本为33美元。这意味着64GB的一部iPhone 6S整机成本为234美元。因此尽管在中国卖到了6 088元，但依然如此畅销。这其中认知价值定价法是必不可少的。

（资料来源：百度文库）

案例分析　体验是一种感受，不同的客户群有着不一样的体验需求。其实一个商品的价格值不值得要看消费者个人的价值感，越是高端商品越是如此，而苹果正好迎合了消费者这一心理需求。苹果文化中体现出的真实感觉就是使得每一款苹果产品个性鲜明且决不雷同，不会埋没在一堆平庸的设计中，这些都让目标受众有一种超脱产品之外的对公司的认可。苹果已经成为一种时尚元素和时尚符号，这种理念使得消费者不管苹果价格多贵，都愿意去购买。

重点点拨

（1）认知价值定价法的目的在于相信顾客，利用其好奇心吸引顾客。缺点是顾客定价难以准确，而且会让不自觉者钻空子。

（2）企业在运用该方法时，一定要对绝大多数顾客的素质进行正确的分析和判断。

【步骤二】需求差异定价法

案例启发 在美国，民航票价随着顾客旅行时间的不同是动态变化的。工作日航班的票价高于周末的价格；晚上和凌晨的航班的票价比白天的低；而在飞机登机前“最后1分钟”，往往可以买到惊人的折扣票价。在美国的航班上，发现邻座的机票只花了250美元，而你却花了1 500美元的事情经常发生。在美国，要乘飞机的顾客只有在买票时才知道确切的票价是多少。

（资料来源：百度文库）

案例分析 需求差异定价法又称差别定价法，是指根据销售的对象、时间、地点的不同而产生的需求差异，对相同的产品采用不同价格的定价方法。

重点点拨

（1）基于顾客差异的差别定价。

（2）基于不同地理位置的差别定价。

（3）基于产品差异的差别定价。

（4）基于时间差异的差别定价。

【步骤三】反向定价法

案例启发 提起Priceline，或许很多中国消费者并不熟悉，但经常出游的中国游客都知道在线预订网站Booking、Agoda等，而这些网站其实都隶属Priceline。而让Priceline真正独树一帜的，当属其创立的C2B的反向定价模式。资料显示，Priceline模式的原理是：产品越接近保质期使用价值就越小，从机票或酒店行业来看，临近登机或入住的实际价值变小，一旦飞机起飞或客房空置超过24点价值便会为零。而Priceline网站让消费者报出要求的酒店星级、所在城市的大致区域、日期和价格，Priceline从自己的数据库或供应商网络中寻找合适价格的房间并出售，返回一个页面告知此价格是否被接受，之后进行交易。目前“租车”“旅游保险”也包括在业务之中。

当有些商务散客既需要控制预算又有高性价比的住宿需求时，这种由消费者定价的独特模式就起到了作用。反向定价的具体操作即由客人报出城市、时间、入住酒店标准和愿意支付的价格。例如，一名商旅客人需要一家定位五星级的酒店，为此愿意支付 100 美元一夜的价码，这个产品还需要包含早餐，当商旅客人将这个信息发出后，就等待是否有商家接单，一旦接单则商旅客人在线支付，那么对于商旅客人而言，得到了性价比颇高的酒店产品。

而在让商旅客人得到实惠的同时，酒店也得到了商业价值。旅游业是一个淡旺季非常分明的行业，当淡季时或平日客房未满时，闲置的客房价值无法被体现，与其空闲，还不如将这些客房低价出售，这样既可以提升酒店入住率，也可以增加客房收益。因此，Priceline 的反向定价等于为酒店打开了吸引购买“尾单”客房的客源，将酒店客房收益率最大化。同时，商旅客人要将信用卡信息提交后才能提交购买条件，这种交易是不可反悔、不可取消的，因此对酒店而言是一笔直接交易，即便最终该客人并未入住，酒店方也已经收到了款项且无须退回。

（资料来源：搜狐网）

重点点拨

（1）反向定价法是倒推批发价格和出厂价格的定价方法。

（2）以市场需求为定价出发点。

（3）分销渠道中的批发商和零售商多采取这种定价方法。

任务三　探究“竞争导向定价法”

合作探究　竞争导向定价法是企业通过研究竞争对手的生产条件、服务状况、价格水平等因素，依据自身的竞争实力，参考成本和供求状况来确定商品价格，以市场上竞争者的类似产品的价格作为本企业定价的参照的一种定价方法，包括随行就市定价法和密封投标定价法。

重点点拨

（1）随行就市定价法是指在市场竞争激烈的情况下，企业为保存实力采取按同行竞争者的产品价格定价的方法。

（2）随行就市定价法可以避免企业之间正面的价格竞争。

（3）密封投标定价法是以投标竞争的方式确定商品价格的一种定价方法。

（4）密封投标定价法的操作程序是：招标人发出招标公告——投标人竞争投标——密封递价——招标人择优选择价格。

（5）密封投标定价法通过预期竞争者的价格来定价，适用于建筑包工、大型设备制造和政府大宗采购等。

同步训练

A 组

一、单项选择题

1．需求导向定价法包括需求差异定价法、反向定价法和（　　）。

A．盈亏平衡定价法　　B．认知价值定价法

C．密封投标定价法　　D．随行就市定价法

2．企业的定价方法有三个导向：成本导向、需求导向和（　　）导向。

A．竞争　　B．心理　　C．习惯　　D．行为

3．质量和规格相同的同种产品，虽然成本不同，但企业在定价时，并不根据成本不同定价，而是按外观和式样不同来定价。这是（　　）。

A．随行就市定价法　　B．认知价值定价法

C．目标利润定价法　　D．需求差异定价法

二、判断题（正确的打“√”，错误的打“×”）

1．成本导向定价法是以企业的成本为基础的定价方法。（　　）

2．分销渠道中的批发商和零售商多采取随行就市定价法。（　　）

3．盈亏平衡定价法多应用于工业企业定价，商贸企业一般不采用这种定价方法。（　　）

B 组

一、单项选择题

1．不以实际成本为主要依据，而是以市场需求为定价出发点，力求使价格为消费者接受的定价方法是（　　）。

A．认知价值定价法　　B．反向定价法

C．随行就市定价法　　D．目标利润定价法

2．密封投标定价法不适合于（　　）。

A．建筑包工　　B．大型设备制造

C．政府大宗采购　　D．保健品领域

3．在运用（　　）定价法时，一定要对绝大多数顾客的素质进行正确分析和判断。

A．认知价值　　B．密封投标　　C．随行就市　　D．需求差异

二、判断题（正确的打“√”，错误的打“×”）

1．需求导向定价法包括认知价值定价法和需求差异定价法。（　）

2．竞争导向定价法包括随行就市定价法和密封投标定价法。（　）

3．成本加成定价法对市场竞争的适应能力较差，但定价方法灵活。（　）

三、计算题

某企业的产品固定成本为 100 万元，计划销量为 10 万件，投资额为 150 万元，单位变动成本为 6 元，投资收益率为 10%，计算商品的价格。

牛刀小试

利用周六、周日关注一下关于投标定价的新闻，熟悉投标定价的步骤。

模块 3　企业定价策略

学习目标

1. 理解价格调整策略
2. 掌握企业定价的基本策略

学法指导

任务一　探究“新产品定价策略”

【步骤一】掌握撇脂定价策略

案例启发　爱普丽卡是日本专门生产童车的一家小公司，其产品在日本国内很畅销。1980 年，公司将产品拿到美国去销售。当时美国市场上也有各种各样的童车，价格最贵的仅为 58 美元一辆，而爱普丽卡童车到美国后，每辆定价高达 200 美元，这一昂贵的价格简直把人给吓住了，美国商人拒绝经销。

爱普丽卡公司没有被严峻的形势所吓倒，他们相信自己童车的质量，坚持不降低价格，力争在美国市场上树立自己童车的“优质、高档、名牌”的产品形象，以高价高质给美国的消费者创造良好的第一印象。他们坚信美国的消费者终会喜欢他们的产品，且有能力接受这一价格。为此，他们广为宣传，派推销员向消费者介绍产品的优良质地。经过努力，爱普丽卡童车终于在美国市场上打开销路，1981 年在美国市场上售出 5 万辆，以后销量年年上升，1985 年售出 20 万辆，获得利润 1 800 万美元。不仅如此，爱普丽卡公司还由于童车质量好，使公司在美国市场获得了认可。目前在美国许多州和大城市，爱普丽卡公司已经和丰田公司一样为人们所熟悉。

（资料来源：百度文库）

案例分析　撇脂定价策略是指在新产品投入市场时，将其价格尽可能定高，以攫取最大利润，犹如从鲜奶中撇取表面的一层油脂一样。

重点点拨

（1）对于全新产品、受专利保护的产品、需求价格弹性小的产品、流行产品、未来市场形势难以测定的产品等，可以采用撇脂定价策略。

（2）优点：迅速回笼资金，方便扩大再生产；容易形成高价、优质的品牌形象；拥有较大的调价空间。

（3）缺点：高价产品的需求规模有限；容易引起竞争；在某种程度上损害消费者权益。

【步骤二】掌握渗透定价策略

案例启发　为成功打入轿车市场，吉利采取了定位在“过渡车型”的策略，选择不进入中高档汽车市场，从低端经济型轿车做起。由于定位在中低端消费者突破购买障碍初次购车的过渡车型，吉利有效地向这部分目标消费者传达了产品的价值信息：过渡车型、价格全国最低、外形好、物美价廉、满足以车代步的愿望。

（资料来源：百度文库）

案例分析　渗透定价策略又称低价策略，是指在新产品上市初期把价定得低些，以便迅速和深入地进入市场，从而快速吸引大量的购买者，赢得较大的市场份额。

重点点拨

（1）渗透定价又称为低价策略。

（2）优点：新产品能迅速占领市场，市场占有率高；微利阻止了竞争者进入，增强了企业的市场竞争能力；低价策略，促进消费需求。

（3）缺点：利润微薄；降低企业优质产品的形象。

（4）适合产品：需求弹性大的日常消费用品。

【步骤三】掌握满意定价策略

合作探究　满意定价策略尽量降低价格在营销手段中的地位，重视其他在产品市场上更有力或有成本效率的手段。

重点点拨

（1）优点：价格较稳定，在正常情况下仍可实现企业的预期盈利目标，且不会导致过于激烈的竞争。

（2）缺点：在日益激烈的市场竞争中，有些保守和被动。

任务二　认识心理定价策略

【步骤一】掌握尾数定价

合作探究　定价时保留小数点后的尾数，使消费者产生价格低廉的感觉，还能给消费者留下定价认真的印象。

重点点拨　优点：便宜、精确，使消费者对定价产生信任感，促进销售。

【步骤二】掌握整数定价

合作探究　企业特意将产品价格定为整数，以显示产品具有一定质量。

重点点拨

（1）优点：可以满足购买者炫耀富有、显示地位、崇尚名牌、购买精品的虚荣心；方便企业和消费者的价格结算；利用产品的高价效应，在消费者心目中树立高档、高价、优质的产品形象。

（2）多用于价格较贵的耐用品或礼品，以及消费者不太了解的产品。

【步骤三】掌握声望定价

案例启发　德国的拜耳公司和我国同仁堂的药品，尽管价格较高，但是仍比一般的低价药畅销。宝洁公司将海飞丝打入中国市场时，在同类商品中定价最高，结果反而畅销。

（资料来源：百度百科）

案例分析　声望定价往往采用整数定价方式，其高昂的价格能使顾客产生“一分钱一分货”的感觉，从而在购买过程中得到精神的享受，达到良好效果。

重点点拨

（1）可以满足消费者的某些特殊欲望。

（2）适合于一些传统的名优产品、具有历史地位的民族特色产品，以及知名度高、有较大市场影响力、深受市场欢迎的驰名商标。

【步骤四】掌握招徕定价

案例启发　日本创意药房在将一瓶 200 元的补药以 80 元超低价出售时，每天都有大批人潮涌进店中抢购补药，按说如此下去肯定赔本，但财务账目显示出盈余逐月骤增，其原因就在于没有人来店里只买一种药。人们看到补药便宜，就会联想到其他药也一定便宜，促成了盲目的购买行为。

（资料来源：MBA 智库百科）

案例分析　这是适应消费者“求廉”的心理，将产品价格定得低于一般市价，个别的甚至低于成本，以吸引顾客、扩大销售的一种定价策略。

重点点拨

（1）适合于综合性百货商店、超市，甚至高档商品的专卖店所采用。

（2）注意事项：

① 降价的商品应该是消费者常用的，最好是适合于每一个家庭使用的物品，否则没有吸引力；

② 实行招徕定价的商店，经营的品种要多，以便使消费者有较多的选购机会；

③ 降价商品的降价幅度要大，一般应接近成本价或更低；

④ 降价商品的数量要适当，太多会亏损，太少又容易引起消费者的反感。

⑤ 降价商品应与因伤残而减价的商品明显区别开。

【步骤五】掌握习惯定价

合作探究　习惯定价是按照消费者的习惯价格心理进行定价的一种定价策略。

重点点拨

（1）优点：迎合了消费者的习惯，便于被接受。

（2）缺点：欠灵活。

（3）适合于在市场上长期流通且被消费者认可的商品（一般为日常消费品）。

（4）注意：用此策略定价时，企业不能轻易涨价，否则会引起消费者不满；也不能轻易降价，降价会使消费者对商品的质量产生怀疑。若企业必须对此类商品的价格进行调整时，最好及早改变其包装或更换品牌，以避开消费者的习惯价格心理。

【步骤六】掌握最小单位定价

合作探究　最小单位定价是指企业把同种商品按不同的数量包装，以最小包装单位量制定基数价格的一种定价方法。销售时，参考最小包装单位的基数价格与所购数量收取款项。一般说来，包装越小，实际的单位数量商品的价格越高。

重点点拨

（1）优点：能满足消费者在不同场合下的不同需要；利用消费者的心理错觉，使消费者误以为廉。

（2）适用范围：小商品和日用品。

任务三　了解折扣定价策略

【步骤一】了解数量折扣

合作探究　这种折扣是企业给那些大量购买某种产品的顾客的一种减价，以鼓励顾客购买更多的产品。

案例启发　沃尔玛的迅速发展，除了正确的战略定位外，也得益于其首创的折扣定价策略。每家沃尔玛商店都贴有天天廉价的标语，同一种商品在沃尔玛的价格比其他商店要便宜。沃尔玛提倡的是低成本、低费用、低价格的经营思想，主张把更多的利益让给消费者，为顾客节省每一分钱是他们的目标。沃尔玛的利润通常在30%左右，而其他零售店，如凯马特的利润在45%左右。公司每星期六早上举行经理人员会议，如果有分店报告某商品的价格在其他商店比沃尔玛低，可立即决定降价。低廉的价格、可靠的质量是沃尔玛的一大竞争优势，这样的优势吸引了一批又一批顾客。

（资料来源：东北财经大学出版社《市场营销学教程》）

案例分析

（1）数量折扣是根据代理商、中间商或顾客购买货物的多少，分别给予不同折扣的一种定价方法，数量越大，折扣越多。

（2）数量折扣分为累计数量折扣和一次性数量折扣。

（3）累计数量折扣是指代理商、中间商或顾客在规定的时间内，当购买总量累计达到折扣标准时，给予一定的折扣。

（4）一次性数量折扣是一种只按每次购买产品的数量而不按累计数量折扣定价的方法，其目的是鼓励顾客大量购买，节约销售中的劳动耗费。

重点点拨

（1）数量折扣实质是将销售费用节约额的一部分以价格折扣的方式分配给买方。

（2）数量折扣的目的是鼓励和吸引顾客长期、大量或集中向企业购买商品。

（3）数量折扣可使企业销售速度加快，资金周转次数增加，产品成本降低，从而促使企业总盈利水平上升。

（4）运用数量折扣的难点是如何确定合适的折扣标准和折扣比例。

【步骤二】了解现金折扣

合作探究　现金折扣又称付款期限折扣，是在“信用购货”的特定条件下发展起来的一种优惠策略，即对按约定日期付款的顾客给予不同的折扣优待。

重点点拨

（1）现金折扣实质上是一种变相降价赊销，鼓励提早付款的办法。

（2）采用现金折扣一般要考虑三个因素：折扣比例、给予折扣的时间限制和付清全部货款的期限。

（3）在西方国家，典型的付款期限折扣表示为“3/20，Net 60”。其含义是成交后 20 天内付款，购买者可以得到 3%的折扣；超过 20 天，在 60 天内付款不给予折扣；超过 60 天付款要加付利息。

【步骤三】了解功能折扣

合作探究 中间商在产品分销过程中所处的环节不同，其所承担的功能、责任和风险也不同，企业据此给予不同的折扣称为功能折扣。

重点点拨 功能折扣的目的是鼓励中间商大批量订货，扩大销售、争取顾客，并与生产企业建立长期、稳定、良好的合作关系。企业会对中间商经营的有关产品的成本和费用进行补偿，并让中间商有一定的盈利。

【步骤四】了解季节性折扣

合作探究 季节性折扣是指生产季节性商品的公司企业，为了调节供需矛盾，采用季节折扣的方式，对在淡季购买商品的顾客给予一定的优惠，使企业的生产和销售在一年四季都能保持相对稳定。

重点点拨

（1）季节性折扣实质上是季节性差价的一种具体应用。

（2）季节性折扣的比例，应考虑成本储存费用、基价和资金利息等因素。

【步骤五】了解回扣和津贴

合作探究 回扣是间接折扣的一种形式，它是指购买者在按价格目录将货款全部付给销售者以后，销售者再按一定比例将货款的一部分返还给购买者。

津贴是企业为特殊目的，对特殊顾客以特定形式所给予的价格补贴或其他补贴。

【步骤六】了解调整价格策略

合作探究 什么是调整价格策略？

企业对现行的价格进行调整，可采用减价或提价策略。调整价格策略分为主动调整价格和被动调整价格。

案例启发 推销怪才巧定价格

吉诺·鲍洛奇是 20 世纪六七十年代的美国食品零售业大王，他的一生给我们留下了无数宝贵的商战传奇。鲍洛奇深知，优质高档产品所带来的利润是低档产品所无法比拟的，高档高价便有所回报。所以鲍洛奇绞尽脑汁，在怎样才能使顾客对其产品形成高档产品形象上大做文章。

有一次，鲍洛奇生产的一种蔬菜罐头上市时，别的厂商同类产品的价格几乎全在每罐 4.7～4.8 角，但鲍洛奇却将价格定在 5.9 角。一下子提高了 20%！鲍洛奇向销售人员解释说，5 角钱以下的类似商品已经非常之多，顾客们已经根本感觉不到每一种商品有什么特别，并在心理上潜意识地认为它们都是平庸的商品。如果价格定在 4.9 角，顾客自然会将之划入平庸之列，而且还认为你的价格已尽可能地定高，你已经占尽了便宜，甚至产生一种受欺诈的感觉；若你的产品定价在 5 角以上，立即就会被顾客划入不同凡响的高级货一类，定价 5.9 角，既给人感觉与普通货的价格有明显的差别，从而品质也有明显差别，还给人感觉这是高级货中不能再低的价格了，从而使顾客觉得厂商很关注他们，顾客反而觉得自己占了便宜。经鲍洛奇这么一解释，大家恍然大悟，但还是有些将信将疑。后来在实际的销售中，鲍洛奇掀起了一场大规模促销行动，口号就是“让一分利给顾客”，于是更加强化了顾客心中觉得占了便宜的感觉，蔬菜罐头的销售大获全胜。这 5.9 角的高价非但没有吓跑顾客，反倒诱惑了顾客选购的欲望。

鲍洛奇是个不折不扣的营销天才，在他看来，营销从根本上就是一门艺术。一次，鲍洛奇销售严重冷门的豌豆罐头，他把许多老客户请到自己的办公室。大家一进门，见办公室里人来人往，忙碌的搬运工人进进出出地搬着豌豆罐头，各家公司的代表正在与鲍洛奇大声地争吵，把整个办公室搞得乱七八糟。当然这是事先安排好的。鲍洛奇挥舞着手中的订单站在办公桌上大声地叫喊取货人的名字。这些老客户正在犹豫不定之际，又听到其他人正纷纷议论马上就要涨价的消息。老客户们这才恍然大悟，随之也加入了抢购的队伍。就这样，不到一天，300 箱豌豆罐头一抢而空，价格比平常还要高出一截，正好应验了涨价的传言。所有的一切都在鲍洛奇的精心安排下，滴水不漏，天衣无缝。

（资料来源：doc88）

案例分析

企业利用自身的优势，主动对价格予以调整，将价格作为竞争的利器，称为主动调整价格。

价格的调整出于应付竞争的需要，即竞争对手主动调整价格，而企业也相应地调整价格称为被动调整价格。

价格调整的表现形式分为削价和提价两种。

1．削价策略原因

（1）企业急需回笼大量现金。

（2）企业通过削价来开拓新市场。

（3）企业成本费用比竞争者低，企图通过降价来掌握市场或提高市场占有率，从而扩大生产和销售量，降低成本费用。

（4）企业生产能力过剩，因而需要扩大销售，但是企业又不能通过产品改进和加强销售工作等来扩大销售。

（5）在强大的竞争者压力下，企业的市场占有率下降。

（6）政治、法律环境及经济形势的变化，迫使企业降价。

2. 提价策略原因

（1）应对产品成本增加，减少成本压力。

（2）由于通货膨胀，物价上涨，企业的成本费用提高。

（3）产品供不应求，不能满足其所有顾客的需要。

（4）利用顾客心理，创造优质效应。

3. 注意问题

（1）切忌所有商品同时提价。

（2）提价时，一定要说明提价原因的合理性。

（3）注意提价幅度。

同步训练

A组

一、单项选择题

1. 利用顾客求廉的心理，特意将某几种商品的价格定得较低以吸引顾客，采用的是（　　）。

   A. 声望定价　　B. 尾数定价　　C. 招徕定价　　D. 整数定价

2. 在折扣策略当中，（　　）并不是对所有的商品都适合。

   A. 数量折扣　　B. 现金折扣　　C. 功能折扣　　D. 季节折扣

3. 在强大竞争者的压力下，企业的市场占有率（　　）。这种情况下，企业应该考虑降价。

   A. 下降　　B. 上升　　C. 波动　　D. 不变化

4. 高价策略属于（　　）。

   A. 新产品定价策略　　B. 心理定价策略

   C. 差别定价策略　　D. 招标定价策略

二、判断题（正确的打“√”，错误的打“×”）

1．新产品上市，一般采取撇脂定价策略。（　　）

2．变相的削价形式有赠送样品和优惠券、实行有奖销售、送货上门等。（　　）

3．折扣定价策略分为数量折扣、现金折扣、功能折扣、季节折扣、回扣和津贴。（　　）

4．企业降价都是被动的。（　　）

B 组

一、单项选择题

1．某汽车制造商给全国各地的汽车经销商一种额外的折扣，以促使他们执行配件提供、免费咨询、售后服务等更多的功能。这种折扣属于（　　）。

A．数量折扣　　B．功能折扣　　C．现金折扣　　D．季节折扣

2．Intel 公司是美国占支配地位的计算机芯片制造商。当它们推出一种新产品时，定价总是比同类产品低。在销售的第一年它们可能获利很少，但很快就能打开市场，第二年、第三年就会因大量销售产品而获利。它们的定价策略是（　　）。

A．撇脂定价　　B．渗透定价　　C．声望定价　　D．整数定价

3．华联超市国庆期间对馒头、面包等食品亏价销售，以带动其他商品的销售，这种定价方法属于（　　）。

A．招徕定价　　B．整数定价　　C．尾数定价　　D．声望定价

4．（　　）是一种追求短期利润最大化的定价策略。

A．满意定价　　B．渗透定价　　C．撇脂定价　　D．招徕定价

二、判断题（正确的打“√”，错误的打“×”）

1．津贴是企业为特殊目的对特殊顾客以特定形式给予的价格补贴或其他补贴。（　　）

2．渗透定价的优点是薄利多销，不易引来较多的竞争者。（　　）

3．提价会引起消费者、经销商和企业推销人员的不满，因此提价不仅不能增加企业的利润，反而会降低企业的利润。（　　）

4．季节折扣是企业或商店为了减少库存，加速资金周转，在销售旺季采取的一种策略。（　　）

三、案例分析题

长虹公司的彩电质量好、性能先进，一直以稍高于其他国产品牌彩电的价格销售。1996

年，长虹公司计划进一步提高市场占有率。为了实现目标，途径只有两条：一是继续提高质量水平和技术水平，以质优吸引消费者；二是降低价格，使长虹彩电的价格性能比更具有竞争能力。长虹公司在继续向前者投入的同时，宣布从 1996 年 3 月 26 日起，所有向市场提供的 17～29 英寸彩电全部大幅度让利销售，降价幅度为 8%～18%，其降价行为在全国彩电市场引起极大的震动，取得了明显的市场效果。4 月，长虹彩电的市场占有率大幅度上升至 27.43%，比 1～3 月增加了 12.14 个百分点，百家商场长虹彩电的销售量达到 9 785 台，比降价前的 3 月增加近一倍，销售额居国内外品牌彩电之首。

问题：

1．长虹彩电降价的原因是什么？

2．还有哪些原因会导致企业降价？

牛刀小试

日本的倾销车

日本生产的汽车运到美国后价格比在日本本土更便宜，因而被指责为“倾销”。有人说日本厂商以低于成本的价格在美国倾销汽车，占领美国的市场，同时在日本本土用高价索取利润，补贴倾销的损失。实际上，日本的汽车，无论是日本本土的高售价，还是美国的低售价，都高于其生产成本。因此无论是在美国，还是在日本，都是卖一辆、赚一辆，没有“赔本赚吆喝”。问题是怎样定价才能多赚。在日本，价格定得较高，才能使总收益达到最大；但在美国，只有将价格定得低一点才能使总收益达到最大。显然，定价的目的是增加交易，这对生产者和消费者都是有利的。

问题：

1. 日本的汽车在美国市场上的定价策略属于新产品定价策略的哪一种？

2. 这种策略的优点有哪些？

3. 这种策略的缺点有哪些？

4. 这种策略适合哪类产品的定价？

综合训练

一、单项选择题

1. 准确地计算产品所提供的全部市场认知价值是（　　）的关键。

A. 认知价值定价法　　B. 竞争导向定价法

C. 需求差异定价法　　D. 成本导向定价法

2．为鼓励顾客购买更多物品，企业给那些大量购买产品的顾客的一种减价称为（　　）。

A．功能折扣　　B．数量折扣　　C．季节折扣　　D．现金折扣

3．企业利用消费者仰慕名牌商品或名店声望所产生的某种心理，对质量不易鉴别的商品的定价最适宜用（　　）法。

A．尾数定价　　B．招徕定价　　C．声望定价　　D．反向定价

4．非整数定价一般适用于（　　）的产品。

A．价值较高　　B．高档　　C．价值较低　　D．奢侈

5．在折扣策略中，（　　）折扣并不是对所有商品都适宜。

A．交易　　B．季节　　C．数量　　D．现金

6．在商业企业，很多商品的定价都不进位成整数，而保留零头，这种心理定价策略称为（　　）策略。

A．尾数定价　　B．招徕定价　　C．声望定价　　D．习惯定价

7．某水果市场上橘子标价 9 元/斤，如果买 10 斤以上是 7 元/斤，这是（　　）。

A．现金折扣　　B．数量折扣　　C．季节折扣　　D．功能折扣

8．在强大竞争者的压力之下，企业的市场占有率（　　），在这种情况下，企业就需考虑降价。

A．下降　　B．上升　　C．波动　　D．不变

9．企业产品定价的基本目的是（　　）。

A．获得最大利润　　B．使顾客满意

C．价格具有竞争力　　D．符合政策要求

10．某旅行社推出海南双飞六日游的旅游项目在暑假定价为 3 080 元/人，春节期间定价为 6 880 元/人，这种定价方法属于（　　）。

A．价格折扣　　B．数量折扣　　C．季节折扣　　D．现金折扣

11．中国服装设计师李艳萍设计的女士服装以典雅、高贵享誉中外，在国际市场上，一件“李艳萍”牌中式旗袍售价高达 1 000 美元，这种定价策略属于（　　）。

A．声望定价　　B．温和定价　　C．招徕定价　　D．统一定价

12．当产品市场需求富有弹性且生产成本和经营费用随着生产经营经验的增加而下降时，企业便具备了（　　）的可能性。

A．渗透定价　　B．撇脂定价　　C．尾数定价　　D．招徕定价

13．当企业有意愿和同行和平共处且自身产品成本的不确定因素又较多时，企业往往会采取（　　）定价方法。

A．反向　　B．密封投标　　C．需求差异　　D．随行就市

14．下列选项中，（　　）最好不采用撇脂定价。

A．珠宝　　B．手工制品　　C．食用盐　　D．时装

二、判断题（正确的打“√”，错误的打“×”）

1．由于价格是商品价值的表现形式，因此决定商品价格的唯一因素是价值。（　　）

2．产品成本是影响产品价格的基本因素。（　　）

3．企业定价总的要求是追求利润的最大化。（　　）

4．定价是一门科学，也是一门艺术。（　　）

5．新产品上市，一般采取撇脂定价策略。（　　）

6．在企业难以估算成本而且打算和同行和平共处的情况下，企业往往采取随行就市定价法。（　　）

7．面对激烈的市场竞争，企业为了生存和发展，在任何时候都应始终坚持只降价不提价的原则。（　　）

8．销售中的折价无一例外地遵循单位价格随订购数量的上升而下降这一规律。（　　）

9．从市场营销的实践看，当市场有足够的购买者，且对商品的需求缺乏弹性时，企业往往能成功地实施撇脂定价。（　　）

10．在市场营销实践中，有实力的企业率先降价往往能给弱小的竞争对手以致命的打击。（　　）

11．竞争导向定价法包括随行就市定价法和认知价值定价法。（　　）

12．提价会引起消费者、经销商和企业推销人员的不满，因此提价不仅不会使企业的利润增加，反而导致利润的下降。（　　）

13．会员制下的会员与非会员的价格差别是基于顾客差异的差别定价。（　　）

14．采用招徕定价的商品可以是处理品。（　　）

三、简答题

1．新产品定价有几种方法？

2．影响产品定价的内部因素和外部因素分别有哪些？

3．产品定价的三种导向分别是什么？

4．实行提价策略时要注意哪些问题？

四、案例分析题

1945 年的圣诞节即将来临时，为了欢度战后的第一个圣诞节，美国居民急切希望能买到新颖别致的商品作为圣诞礼物。

美国的雷诺公司看准了这个时机，不惜资金和人力从阿根廷购进圆珠笔专利，引进了当时美国人根本没见过的原子笔（圆珠笔），开创了圆珠笔进入美国市场的新纪元。该笔使用了一颗小的圆珠，将浓度很大的明胶型墨水释放到纸上。雷诺圆珠笔是一种简单的书写工具，并以“第一支能在水下书写的笔”进行市场宣传。为引起轰动效应，雷诺公司积极宣传圆珠笔的新奇特性：“圆珠笔是人类用笔史上的一种创造，它的流利与灵巧完全改变了传统钢笔的呆板形象……”从而引发购买热潮，一些经销商闻风而至。雷诺公司在短时间内就把笔生产出来，并趁第一颗原子弹在日本爆炸的新闻热潮，将圆珠笔取名原子笔。

在给新产品定价时，公司的专家们着实费了一番心思。他们进行了认真的研究分析，考虑到这种产品在美国首次出现，无竞争对手，第二次世界大战后市场物资供应缺乏，购买者求新好奇，追求礼物新颖等因素，最好是采用新产品定价策略，把产品价格定得大大高于产品的成本，用高价来刺激消费者购买，且能把推出这种新产品的市场销售利润尽可能多地捞到手。当时公司研制和生产出来的原子笔成本每支 0.50 美元，雷诺公司以每只原子笔 10 美元的价格卖给零售商，零售商又以每只 20 美元的价格卖给消费者。尽管价格如此昂贵，原子笔却由于其新颖、奇特和高贵而风靡全国，在市场上十分畅销。雷诺公司在初次推出新型圆珠笔时便卖出了 10 000 支。半年时间，雷诺公司生产原子笔投入 2.6 万美元，却获得 15.6 万美元的丰厚利润。之后竞争者见原子笔获利甚厚，蜂拥而至，原子笔价格不断下降，此时雷诺公司又把每只笔的价格降至 0.70 美元，给了竞争者有力一击。

问题：

1．在本案例中，雷诺公司采用了新产品定价策略中的哪一种定价形式？

2．该定价策略的优缺点是什么？

五、课堂实训

将学生进行分组，教师制作商品标签，各组组长抽取标签，根据所抽到的商品，结合本章所学知识，小组合作学习，为商品选择一个最适合的定价策略并进行报价及简要分析。

项目 6

遴选分销渠道

思维导图

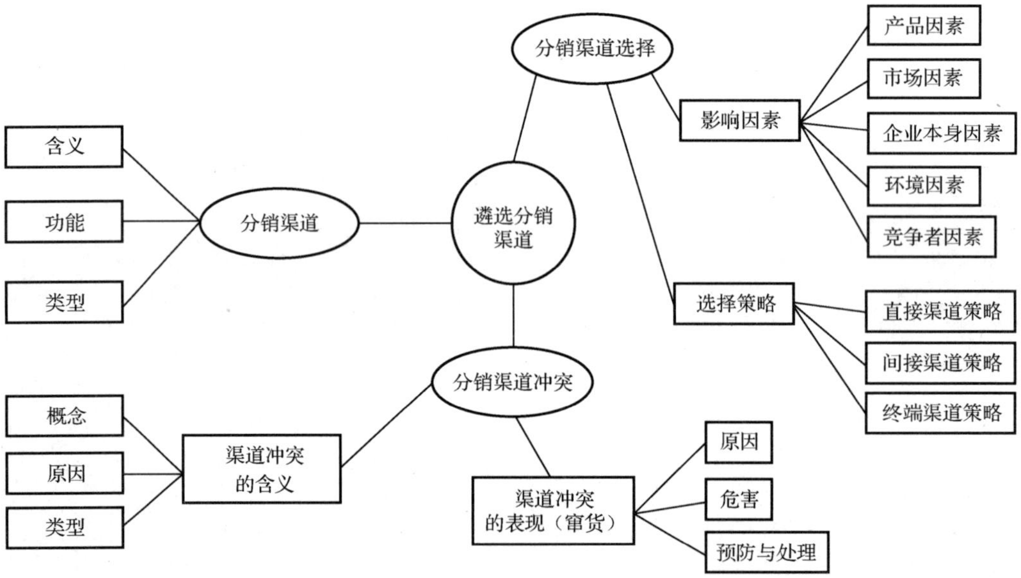

模块 1　分 销 渠 道

学习目标

1．掌握分销渠道的含义

2．理解分销渠道的功能

3．掌握分销渠道的类型

学法指导

任务一　探究“分销渠道的含义”

【步骤一】掌握分销渠道的含义

案例启发　原来在日本，打火机一般都在百货商店或附近卖香烟的杂货店里出售，但日本丸万公司在十几年前推出瓦斯打火机时，却把它交由钟表店销售。如今，在日本到处都是卖打火机的钟表店，这在以前是根本没有的现象。钟表店一向被认为是卖贵重物品的高级场所，在这里卖打火机，人们一定会视它为高级品。在暗淡的杂货店、香烟店里，上面蒙着一层灰尘的打火机和摆在闪闪发光的钟表店中的打火机，这两者给人的印象天壤之别。丸万公司采取在钟表店销售打火机的方式收到了惊人的效果。

合作探究　在钟表店销售打火机，使打火机的销售渠道发生了重大变化，从原来的由生产者直接到消费者，变成了生产者到钟表店（分销商）再到消费者。其中，钟表店作为分销商在分销过程中取得了商品的所有权，帮助企业完成了商品所有权的转移，增加了商品的销售量，提高了商品的销售效率。

建立开发一个有效的、畅通的分销渠道对企业具有重要的意义。在商品从企业向消费者转移的过程中，企业以不同的分销渠道销售同一种商品，其成本和利润往往相差很远。因此在激烈竞争的市场上，选择快捷的分销渠道，成了企业最复杂和最富有挑战性的问题。

课堂思考

（1）供应商、企业、批发商、零售商、银行、经纪人、代理商、顾客，谁是分销渠道的成员？

（2）零售商与代理商在实现商品实体转移的过程中的区别是什么？

重点点拨 分销渠道是指商品和劳务从生产者向消费者移动时，取得这种商品和劳务的所有权或帮助转移其所有权的所有企业和个人。渠道是产品及其所有权转移的通道，渠道的起点是生产者，终点是消费者。分销渠道是相互依存的组织和个人的集合。

【步骤二】理解分销渠道的功能

案例启发 华龙集团董事长范现国对市场现状进行了分析后，果断决定避开大中城市超市中的高档面锋芒，把产品准确定位在 8 亿农民和 3 亿工薪阶层的消费群上。首先立足于农村和中小城镇，然后随着市场占有率的提高和覆盖面的扩大，再进军中高档面市场，即采用农村包围城市，最后夺取城市的战略。

首先，建立渠道。华龙集团制订了营销 600 行动计划，在长江以北地区建立 600 个高质、面广、点密、固定的经销商，为保华北、战东三、进华东、闹中原的“四大战役”打下坚实的基础。它还运用 ABC 法开展市场调查，筛选确定实力大、信誉好、网络广的高质量经销商。

其次，百万富翁造星计划。从 1998 年开始，华龙集团提出实施百万富翁工程，即通过 2～3 年的合作，在经销商中造就 100 名百万富翁。现已有 30 多名经销商跨入百万富翁行列。华龙集团同全国 600 个经销商建起了联合、联利、联心，厂商共走长期、长远、长久合作的“双赢”之路。伯乐相马的示范作用让全国各地的大经销商趋之若骛，大量的资金利润源源不断地划到华龙集团的账上。利用这些资源，华龙集团的生产线增加到了 50 多条，年生产能力 32 亿包，有效满足了日益扩张的终端市场的需求。

最后，设计分销政策。开展富有创意的促销活动，是华龙集团保证产品畅销不衰的关键。华龙集团在保证每包方便面只赚 1 分钱的前提下，最大限度地实施品牌推广，回馈经销商和消费者。

合作探究 华龙集团与渠道中各成员之间形成了互利互惠、合作双赢的关系，成功实现了所有权的转移，调节了生产者和消费者之间的矛盾，完成了信息的传递和流动资金的调节。分销渠道的功能主要有：

（1）实现所有权的转移；

（2）调剂余缺，平衡供需；

（3）简化交易，提高效益；

（4）实现信息的传递和流动资金的调节；

（5）有利于企业开拓市场，增进销售。

任务二　分销渠道的类型

【步骤一】 按照商品在销售过程中是否经过中间商这一环节，可将分销渠道划分为直接分销渠道和间接分销渠道。

案例启发　山西康美集团是生产方便面、饮料、果糖、饼干、淀粉糖、儿童食品的企业。一开始，产品销售采取“一点辐射法”，即企业把产品直接销往市场。随着企业生产规模的扩大，企业选择了在全国各地设立数十个办事处、总经销处的“多点辐射法”，制定了《奖励用户方案》，根据年销售额的多少确定奖励等级，极大地调动了经销商的积极性。康美集团变“一点辐射法”为“多点辐射法”，扩大了销售，提高了企业产品的市场占有率，增加了效益。

案例分析　山西康美集团在其发展的前期采用的是直接渠道，后期采用的是间接渠道。

【步骤二】 按商品流通过程中介入的中间商数量，间接分销渠道可分为长渠道和短渠道。

（1）短渠道包括直接渠道和一阶分销渠道。价格较高的家用电器、个人计算机、名牌服装、汽车和其他贵重商品多采用间接渠道中的短渠道。

（2）长渠道包括二阶和二阶以上的分销渠道。一般来说，绝大多数日用品、食品饮料、普通服装、标准零件都通过长渠道来分销。

【步骤三】 按商品流通过程中同一层次中间商的数量，间接分销渠道分为宽渠道和窄渠道。

（1）宽渠道主要是分销日用消费品。

（2）窄渠道主要是分销专业性强的产品。

同步训练

A 组

一、单项选择题

1．许多耐用消费品和选购品企业使用的渠道模式是（　　）。

A．生产者→零售商→消费者　　B．生产者→批发商→零售商→消费者

C．生产者→代理商→零售商→消费者　D．生产者→代理商→批发商→消费者

2．下列产品中不能采用较长分销渠道的是（　　）。

A．花生　　B．自行车　　C．鲜鱼　　D．电视机

3．直接向最终消费者提供商品的中间商是（　　）。

A．经销商　B．代理商　C．批发商　D．零售商

4．生产者通过某地许多批发商来销售自己的产品，其渠道类型属于（　　）。

A．直接渠道　B．短渠道　C．宽渠道　D．窄渠道

5．没有中间商介入的分销渠道是（　　）。

A．直接渠道　B．间接渠道　C．一级渠道　D．二级渠道

6．下列说法不正确的是（　　）。

A．配送渠道是产品及其所有权转移的通道

B．营销渠道的起点是生产者

C．营销渠道的终点是消费者

D．商品在流通领域的转移，是商品所有权转移和商品实体转移的统一

7．市场范围广，购买者众多的产品，可选择（　　）。

A．直接渠道　B．短渠道　C．宽渠道　D．窄渠道

8．连接企业与市场，沟通产品与顾客的桥梁是（　　）。

A．资金　B．信息　C．广告　D．分销渠道

9．下列说法不正确的是（　　）。

A．分销渠道是商品实体和商品所有权从生产领域向消费领域转移的必经之路

B．营销渠道是企业完成其产品（服务）交换过程，实现价值，产生效益的重要载体

C．当渠道结构变化时，分销渠道的功能的结合方式会发生变化，所承担的工作总量也发生变化

D．经销商和销售代理商都不拥有商品所有权

10．分销渠道调节生产者和消费者之间的矛盾，主要表现在（　　）。

A．中间商起着蓄水池的作用，以此来调节生产和消费之间的矛盾

B．产品通过分销渠道最终到达消费者手中，对生产企业而言，商品价值得到了实现

C．代理商和批发商都建有自己的仓库，并且常年维持一定数目的库存量，通过产品调拨来解决货物紧缺和滞销的问题

D．不同地域的居民在消费习惯、兴趣爱好和价值观念等方面不尽相同，企业可通过分销渠道来调节各地市场上不同品种、规格的产品，以满足社会需求

11．在商品分销过程中，下列说法不正确的是（　　）。

A．经过环节或层次越多，分销渠道越长

B．一层渠道就是直接渠道

C．随着渠道层次的增加，将大大提高生产者控制分销过程获得市场信息的难度，并可能导致流通加价过高

D．渠道长度决策的关键点是选择适合自身特点的渠道类型，权衡利弊得失，尽力提高经营的效率和效益

12．下列适合选择窄渠道销售的是（　　）。

A．荣元牌面粉　　B．市场范围广、购买者众多的产品

C．用户专业化或数量有限的产品或服务　　D．格力空调

二、判断题（正确的打“√”，错误的打“×”）

1．分销商介入渠道交易能够减少交易次数，因此使用的分销商越多，渠道效率就越高。（　　）

2．商品在流通领域的转移，可看作商品所有权转移与商品实体转移的统一。（　　）

3．分销渠道的起点是生产者，终点是消费者或用户。（　　）

B 组

一、单项选择题

1．当顾客人数较多时，生产者倾向于利用每一层次都有许多中间商的（　　）。

A．长渠道　　B．短渠道　　C．宽渠道　　D．直接渠道

2．接受用户订货（如网上订购）是一种（　　）。

A．直接渠道　　B．间接渠道　　C．长渠道　　D．宽渠道

3．分销渠道所涉及的是商品实体和商品（　　）从生产向消费转移的整个过程。

A．使用权　　B．支配权　　C．所有权　　D．不确定

4．企业的商品利用中间商销售给消费者所用的渠道称为（　　）。

A．直接渠道　　B．间接渠道　　C．短渠道　　D．长渠道

5．分销渠道的宽度是指（　　）。

A．中间环节的多少　　B．生产厂家的多少

C．同一层次中间商的多少　　D．不同层次分销点的多少

6．工业用机械应该采用（　　）。

A．长渠道　　B．短渠道　　C．宽渠道　　D．间接渠道

7．分销渠道的基本功能是（　　）。

A．收集与传播信息职能　　B．实现产品实体的转移

C．风险承担　　D．调节生产者与消费者的矛盾

8．直接销售渠道主要用于分销（　　）。

A．日用消费品　　B．生产资料

C．耐用消费品　　D．消费资料

9．在产品从生产者转移到消费者的过程中，任何一个对产品拥有所有权或帮助转移商品所有权的机构叫作一个（　　）。

A．市场营销渠道　　B．分销渠道

C．渠道层次　　D．渠道流程

10．长渠道和短渠道的划分标准是按照商品在销售过程中（　　）来划分的。

A．经过流通环节或层次的多少　　B．是否经过中间环节

C．同一层次中间商数量的多少　　D．商品用途的不同

11．零层渠道通常叫作（　　）。

A．直接渠道　　B．分销渠道　　C．零售商　　D．渠道流程

12．一层渠道在消费者市场上通常是（　　）。

A．批发商　　B．零售商　　C．销售代理　　D．佣金商

13．在生产资料市场中，（　　）在分销中占主导地位。

A．直接渠道　　B．间接渠道　　C．中介渠道　　D．多层渠道

二、判断题（正确的打“√”，错误的打“×”）

1．一种产品在流通过程中要完成的职能一定会随着渠道长短的变化而增加或减少。（　　）

2．生产日用小商品企业通过许多批发商和零售商将其产品推销到广大地区，送到众多消费者手中，这种产品企业宜选择较宽分销渠道。（　　）

3．零层渠道也称为直接渠道或一层渠道。（　　）

4．间接渠道在生产资料市场分销中占主导地位。（　　）

牛刀小试

请选择一种熟悉的商品描述一下它的分销渠道选择类型。

模块2 分销渠道选择

学习目标

1. 理解影响分销渠道选择的因素
2. 掌握分销渠道选择策略

学法指导

任务一 影响分销渠道选择的因素

【步骤】莲花味精的渠道类型

案例启发 莲花味精厂是我国最大的味精生产基地，1999年实现净利润16 856万元，比1998年同期增加67.9%。莲花味精是我国食品市场中的名牌产品，在市场中具有较高的品牌认知度和市场占有率。然而作为调味品，其市场需求是消费者对食品需求的派生和延伸。尽管每家每户都需要，但是消费者的购买频率低，每次购买的数量也相对较小。基于其产品特性，企业没有必要采用直接建立销售网络体系的高成本销售方式，因此企业必须寻找和开辟更适合产品销售特点的销售渠道。

在实践中，莲花味精选择各地有较强分销能力的食品批发企业作为销售代理，通过代理公司将产品摆放在包括便利店、超市、仓储式商店及各类食品商店的货架上，并由此将莲花味精送上了千家万户的餐桌。其决策的依据如下：

（1）作为一种派生需求，消费者一般是在出售食品，特别是副食品的商店中购买味精。因此，企业必须选择出售包括副食品在内的各类食品商店作为销售场所。

（2）作为购买频率较低、数量较小，但又是消费者经常需要的商品，消费者对购买味精等调味品的便利性要求较高，即希望在需要时可以方便地购买。这就要求企业应该具有较高密度的销售网点，能够最大限度地接近消费者并为其提供便利。

（3）从整体上来看，除少数大型百货企业和连锁企业具有一定规模外，大多数零售企业，特别是经营副食品的各类零售商店，其销售规模和经营实力都比较小，没有能力和渠道从生产企业获得稳定的货源，进货渠道主要是依赖当地的各种食品批发公司。因此，企业在进入和占领市场时，需要借助于具有较强分销能力的食品批发公司，通过食品批发公司及其分销系统来达到企业的市场目标。

在实际操作中，莲花味精制定了“借船出海”的销售渠道策略，即在各个区域市场中选择一些具有较强分销能力的食品批发公司，并与之建立起地区销售总代理关系，利用批发公司的既有销售渠道迅速进入和占领市场。例如，在北京及华北地区市场，莲花味精的总代理是北京朝阳副食品批发公司，它是北京及周边地区最大的食品批发企业，其年销售额近 20 亿元，在北京及周边地区市场有较高的市场信誉和较好的销售网络体系。这使莲花味精迅速在北京及华北地区市场站稳了脚跟，取得了十分突出的销售业绩。

案例分析　企业生产的莲花味精属于日常消费品，消费者购买具有就近购买、追求便利、购买频率低和购买数量小的特点，同时企业还要考虑面临的外部环境和竞争者的因素。在综合考虑以上因素的基础上，企业选择的渠道类型是间接渠道、长渠道和宽渠道。

重点点拨　分析莲花味精厂选择影响渠道类型的因素。

（1）产品因素。根据莲花味精产品因素选择的渠道类型如表 6-1 所示。

表 6-1　根据莲花味精产品因素选择的渠道类型

影响莲花味精的产品因素	选择的渠道类型
价格低	采用长渠道、宽渠道
体积小和质量小	采用长渠道、宽渠道
产品日用消费品品种多、需求量大、挑选性强	采用长渠道
产品理化特性属于易破、易坏、易腐烂商品	采用短渠道
技术含量低	采用长渠道、宽渠道
产品属于通用、标准件	采用长渠道、宽渠道
产品的生命周期处于成长期、成熟期	采用长渠道、宽渠道

（2）市场因素。根据莲花味精面对的市场因素选择的渠道类型如表 6-2 所示。

表 6-2　根据莲花味精面对的市场因素选择的渠道类型

影响莲花味精的市场因素	选择的渠道类型
市场大	宜采用长渠道、宽渠道
市场的地理位置分散	宜采用长渠道
消费者购买求方便习惯	宜采用长渠道、宽渠道
交易量小，一般是零星购买	宜采用长渠道、宽渠道

归纳总结　影响分销渠道选择的因素主要有：

（1）产品因素。

（2）市场因素。

（3）企业自身因素。

（4）环境因素。

（5）竞争者因素。

任务二　分销渠道选择策略

【步骤一】选择直接渠道策略

讨论分析　以下企业采用的渠道策略是什么？

（1）班尼路旗下的几大品牌在全国大中城市都开有大型旗舰店。

（2）2015 年 3 月，东阿阿胶获得直销牌照，计划在某些地区开展直销业务。

（3）华为荣耀系列手机利用互联网在网上销售。

重点点拨　以上三家企业都没有经过中间商进行商品的销售，它们选择的是直接分销渠道策略，即生产厂家根据自己的商品、市场的特点及企业经营目标与实力的特点，通过自营店铺销售、无店铺销售、电子商务等形式开展直接销售。

合作探究　选择直接渠道策略的主要形式。

（1）自营店铺销售，主要包括企业投资建立、全资购买现存商店、购买现存商店的部分股权和租赁店铺四种形式。

（2）无店铺销售，主要包括直复营销、直销和自动售货机。

（3）电子商务。

【步骤二】选择间接渠道策略

案例启发　日本的爱普生公司是如何选择中间商的？

日本的爱普生公司（Epson）是生产计算机打印机的一家大型企业。在公司准备扩大其产品线时，公司总经理杰克·沃伦对现有的中间商有些不满意，也对他们向零售商店销售其新型产品的能力有一些怀疑，他准备秘密招聘新的中间商以取代现有的中间商。为了找到更适合的中间商，沃伦雇用了一家招募公司，并给他们这样的指示：

（1）寻找在经营褐色商品（如电视机等）和白色商品（如冰箱等）方面有两层次（从工厂到分销商，再到零售商）分销经验的申请者。

（2）申请者必须具有领袖风格，他们愿意并有能力建立自己的分销系统。

（3）他们每年的薪水是 8 万美元底薪加奖金，公司提供 375 万美元帮助其拓展业务，他们每人再出资 25 万美元，并获得相应的股份。

（4）他们将只经营爱普生公司的产品，但是可以经销其他公司的软件。

（5）每个中间商都配备一名培训经理并经营一个维修中心。

招募公司在寻找候选人时遇到了很大的困难。虽然，他们在《华尔街日报》上刊登广告（没有提及爱普生公司）后收到了近 1 700 封申请书，但大多数不符合爱普生公司的要求。于是，招募公司通过黄页得到了一份中间商的名单，再通过电话联系，安排与有关人员见面。在做了大量的工作之后，招募公司列出了一份最具资格的人员名单。沃伦与这些人员一一见面，并为爱普生的 12 个配销区域选择了 12 名最合适的候选者，替换了现有的中间商，并支付了招募公司 25 万美元的酬金。

由于招募是暗中进行的，因此原有中间商对此事一无所知。当杰克·沃伦通知他们须在 90 天内完成交接工作时，中间商感到非常震惊。他们与爱普生公司共事多年，只是没有订立合同。但是，沃伦必须更换中间商，因为他认为现在的中间商虽然干了很多年，但是缺少经营爱普生新产品和拓展新渠道的能力。

讨论分析 爱普生公司选择中间商都考虑了哪些因素？

合作探究一 中间商及其类型

中间商是指处于生产者与消费者之间，参与商品交换、促进购买行为发生和实现的具有法人资格的经济组织和个人。

（1）经销商。经销商是指从事商品流通业务并拥有商品所有权的中间商。他们在买卖过程中取得商品的所有权，并承担一定的经营风险，包括批发商和零售商。

（2）代理商。代理商因不拥有商品的所有权，相比经销商来说，承担的经营风险要小得多。

企业选择长渠道与短渠道最根本的区别是有没有批发商的参与。如果只通过零售商分销，那么就是短渠道。而经过批发商将商品批发给零售商，再由零售商销售的渠道就是长渠道。

合作探究二 选择中间商需要考虑的因素

（1）中间商的市场范围。

（2）中间商的产品政策。

（3）中间商的地理位置。

（4）中间商的产品知识。

（5）中间商的预期合作程度。

（6）中间商的财务状况及管理水平。

（7）中间商的政策和技术。

（8）中间商的服务能力。

归纳总结 企业选择中间商时，要全面考察中间商的实力、行销意识、市场能力、管理能力、口碑、合作意愿，以及是否对市场有信心等因素，企业只有找到最恰当的中间商并与之有效合作，才能顺利实现产品所有权的转移，实现厂商双赢。

【步骤三】选择渠道终端策略

案例启发 OPPO、vivo 为什么能在全球智能手机白热化竞争中异军突起，其成功的奥秘是什么？

OPPO、vivo 凭什么赢？从总体上看，OPPO、vivo 的人才厚度、技术创新水平、系统管理能力与苹果、三星、华为等世界级领先企业相比还有较大差距，还不在一个量级上，但 OV 阵营对消费者需求的深刻理解力，以用户为导向的极致的产品设计力，以及其终端网络的覆盖力、影响力和有效管控力却在一定程度上超越了华为及其他手机品牌。OV 赢在构建了一个真正用户导向的、简单极致的、伟大的终端网络系统。具体来说主要包括以下几个方面。

第一，战略聚焦、目标客户群的定位简单精准。

OPPO、vivo 的目标客户群定位不杂乱，清晰而聚焦，主要针对 80 后和 90 后的年轻打工族、年轻学生，尤其是针对年轻女性，这一细分市场看似小众、碎片、低端，但在三、四线及以下市场则集聚了巨大的市场潜力，是智能手机需求的高增长点。这一群体普遍喜欢追星、看综艺、爱攀比、喜八卦，从众心理强，有独特的情感和简单时尚的产品诉求。

第二，深刻理解消费者需求，将产品做到简单极致。

OV 的产品设计不是技术创造需求导向，而是彻头彻尾的用户需求导向，产品设计完全基于对用户需求的深刻理解而不是基于拥有何种技术设计每一款产品，这使其使每一款产品都有鲜明的卖点。

例如，抓住用户快速充电的需求，OPPO R9 的广告语为“充电 5 分钟，通话 2 小时”，卖点很简单，就是快速充电。又如，抓住用户美颜自拍的需求，OPPO 在国内最早推出了自拍美颜概念的手机，满足了年轻女性的最大的价值诉求——不是将我拍得有多清楚，而是将我拍得有多漂亮。美颜过后，人人都有明星范儿，年轻女性消费者爱美之心得到了极大满足。再如，抓住用户追求外观时尚但又掏不起钱买苹果等高端产品的需求，OPPO 大部分产品的外观设计均酷似 iPhone，极大地满足了消费者的虚荣心。手里拿的是不是苹果手机不重要，重要的是像苹果手机，代表时尚和潮流。同时 OV 的产品线单一，它将每一款产品都做成爆款，都做到足够规模，实现单一产品的规模成本优势，从而提升了盈利能力与盈利水平。

第三，以“人民战争”，蓝绿海洋漫灌洗脑，打造强大的终端网络竞争力。

OV 将中国式深度分销做到了极致，实现了终端网络体系全覆盖。在小米等企业大谈互联网模式、去渠道中间环节的时候，OPPO 和 vivo 正利用它们庞大的代理商模式，通过门店、服务中心、体验中心渗透到从一线到四线的所有城市，甚至是五、六线城镇。

两家公司的线下店如孪生兄弟般成双成对地出现在中国的大街小巷、乡村小镇，只要看到 OPPO 门店，不出 50 步必有 vivo，可以说 OPPO、vivo 的市场已经覆盖到了 4 级到 6 级市场。一般 3 级市场是主流手机品牌市场人员覆盖的一个边际点，到了 4 级就无法覆盖了。4 级主要是城镇，拥有 3.5 亿人口，恰恰是消费品的决定性市场，同时城镇向下对农村消费具有极强的吸附、引领和引爆作用。

4 级市场相当于整个消费市场巨人的“腰”，对上支撑，对下引爆，OV 以占领 4 级市场为核心，实现了从 1 级到 6 级的终端渠道全覆盖。例如在整个江苏，通过对市县级及县以下级别的手机市场进行调研发现，OV 阵营组合几乎占据了 80%的户外广告资源和店面展示资源，对于一般消费者而言，目之所及皆是蓝色（vivo）和绿色（OPPO）的海洋。置身其中，让你感觉 OV 就是智能手机唯一的代表，买智能手机就是要买 OV，同时 OV 通过利益共享机制，将线下曾经被边缘化的大小商户，以及线上被边缘化的传统纸媒等渠道打通，建立了“统一战线”，发动终端“人民战争”。这种全覆盖漫灌洗脑式的人民战争模式，使有点盲目而从众心理的这一目标消费群体没有别的选择。可以说 OV 就是把深度分销做到了极致。

第四，标准化的终端促销、服务与体验，将用户现场体验做到极致。

有个朋友在华为的一个省级市场主管营销，如果问他们为什么要向 OPPO 终端学习。他会说：“没办法，现在三、四线城市我们根本进不去，进卖场之前做调研，58%的客户回答听说华为不错，想买华为手机；但是出了卖场，大多都买了 OPPO，把华为忘了。”因为 OPPO 对卖场一线人员的培训很到位，消费者从进店、观察、体验、咨询、对比产品、议价到成交，所有的环节都是流程化、标准化管理。

第五，利益共享机制形成良性渠道组织生态，实现渠道有效管控和成本领先优势。

全覆盖终端网络所面临的难题是投资大，庞大的人员成本和价格难以控制。OPPO、vivo 独特的终端商业模式避开了这些陷阱。

首先 OPPO 的终端合作伙伴主要来自步步高过去的经销商和员工，文化认同感强，通过交叉持股方式形成利益共同体和自主经营体，OPPO、vivo 依托步步高渠道，由下而上搭建渠道体系，从县镇家电市场开始设专柜、专卖店，渐渐做成 FD 省代。

OPPO、vivo 的省级代理公司多数由前员工与这两家公司各出资 50%组建，同时许多代理商持有生产厂 OPPO、vivo 的部分股份。一级代理自主经营，直接对接终端零售商。如果市场前景广阔，一线代理则进一步衍生出二级代理。一级代理、二级代理与更下一级的地市级的经销商（俗称地包商）有些又成立合资公司，互相交叉持股。

这种层层交叉持股方式形成的利益共享机制，使渠道与厂商同舟共济。而对厂商来说，OPPO、vivo 并没有承担大量的投资风险和人员费用风险，输出的是产品与服务。可以清晰看到，OV 是用轻资产驾驭了一个具有庞大重资产和重人员的终端网络体系，实现了集约化管理与分布式自主经营相结合。渠道商与零售商只要跟定 OPPO，一心一意卖 OPPO 的产品就能挣钱，这块地盘又归你，渠道商和零售商就愿意对终端做长期投入，自觉不打价格战，不窜货。

小组讨论 OPPO、vivo 在选择终端渠道系统时考虑的因素有：OPPO、vivo 对目标客户群的定位简单精准，即“80”后和“90”后年轻打工族、年轻学生，尤其是针对年轻女性，市场需求面广、需求量大；OPPO、vivo 深刻理解消费者需求，将产品做到简单极致，即充电时间短、外观设计时尚酷似 iPhone 和自拍美颜概念等特点，符合消费者购买心理，使其购买欲望强烈；OPPO、vivo 终端网络覆盖面广、竞争力强；OPPO、vivo 标准化的终端促销、服务与体验，将用户现场体验及服务做到极致；OPPO、vivo 利用利益共享机制形成良性渠道组织生态，实现渠道有效管控和成本领先优势，如员工持股、企业参股的形式，让企业与中间商、企业与员工之间形成利益共享机制。

重点点拨　终端销售点是指商品离开流通领域，进入的消费领域发生地。对于消费品而言，它是零售地点；对于生产资料而言，它是送货站。终端销售点是企业实现自己经营目的的前沿阵地，企业产品能否最终销售出去，以及能否最终实现理想的经济效益，都直接与终端销售点的选择和经营有关。以上案例中，OPPO、vivo 手机在选择渠道终端的时候综合考虑了目标市场位置、购买力、购买习惯和购买心理的特点，同时又分析了自身实力及竞争者的因素，最终决定选择了恰当的分销渠道策略。

归纳总结一　影响选择渠道终端策略的因素

（1）根据消费者收入和购买力水平来选择。

（2）根据目标顾客出现的位置来选择。

（3）根据顾客购买心理来选择。

（4）根据竞争需要来选择。

（5）根据销售方式来选择。

讨论分析　生产以下产品的企业可选择的终端渠道策略是什么？

（1）毛巾或一次性产品选择的渠道策略是______________________。

（2）著名国际品牌女装选择的渠道策略是______________________。

（3）一般纺织与服装产品选择的渠道策略是______________________。

重点点拨　企业根据自身和市场环境的现状和变化趋势，可采取不同的渠道终端决策。企业在确定渠道终端网点的数量时，一定要综合考虑企业、市场和竞争者的情况，为企业决策恰当的分销渠道策略。

一般而言，毛巾或一次性产品需要大量进行分销，于是选择的渠道策略是普遍分销策略；著名国际品牌女装因要保持产品独一无二的优势、满足顾客彰显地位身份的心理，可选择的渠道策略是独家分销策略；一般纺织与服装产品因需要满足部分顾客的需求，企业可选择的渠道策略是选择性分销策略。

归纳总结二　可选择的渠道终端策略

（1）独家分销策略。

（2）普遍分销策略。

（3）选择性分销策略。

同步训练

A 组

一、单项选择题

1．特别适合于购买频率不高的选购品零售商店是（　　）。

A．专业商店　　B．百货公司　　C．超级市场　　D．特级市场

2．中间商最欢迎的分销形式是（　　）。

A．普遍分销　　B．独家分销　　C．选择分销　　D．合作分销

3．影响分销渠道的因素不包括（　　）。

A．产品因素　　B．市场因素　　C．宗教信仰　　D．中间商特性

4．下列说法不正确的是（　　）。

A．单价较低、市场较广的产品可采用多环节的间接分销渠道

B．鲜活易腐品可采取长渠道销售

C．定制品一般选择直接销售渠道

D．为尽快把新产品投入市场，扩大销路，生产企业一般选择直接销售渠道

5．下列可选择直接销售渠道的是（　　）。

A．用户集中的标准品

B．购买批量大的产品

C．消费者的潜在需求多、市场范围大、需要中间商提供服务的产品

D．发货限额低的产品

6．下列说法正确的有（　　）。

A．如果生产企业能为中间商提供的服务水平高，中间商乐于销售该产品，生产企业可选择直接销售渠道

B．生产企业在销售能力、储存能力和销售经验等方面具备较好的条件，应选择直接销售渠道

C．中小零售商数目多、竞争激烈，不经批发商而选择短渠道销售可以获得较好的经营效益

D．经济萧条时，生产企业应尽量减少流通环节，控制和降低产品的最终价格

7．“海澜之家”男性服饰选择的分销渠道是（　　）。

A．较长且宽　　B．较短且宽　　C．较长且窄　　D．较短且窄

8．下列说法不正确的是（　　）。

A．企业资金雄厚，可以选择直接销售渠道，也可以选择间接销售渠道

B．企业资金薄弱，则选择间接销售渠道

C．生产企业在销售力量、储存能力和销售经验等方面具备较好的条件时，应选择直接销售渠道

D．发货限额高低对生产企业选择分销渠道没有直接影响

9．在经济萧条时，生产企业一般选择短渠道，这说明（　　）影响企业选择分销渠道。

A．产品因素　　B．生产企业因素

C．环境特征　　D．竞争者因素

二、判断题（正确的打“√”，错误的打“×”）

1．小而轻且数量大的产品，可考虑采取间接分销渠道。（　　）

2．如果商品消费地区分布比较集中，适合采用直接销售渠道。（　　）

3．如果消费者的潜在需求多、市场范围大，需要中间商提供服务来满足消费者的需求，宜选择直接分销渠道。（　　）

4．消费者对不同消费品的不同购买习惯，会影响企业选择分销渠道。（　　）

5．发货限额低，有利于直接销售；发货限额高，则有利于间接销售。（　　）

6．确定中间商数目即确定渠道宽度。（　　）

7．普遍分销策略的重心是着眼于市场竞争地位的稳固，维护本企业产品在该地区的良好信誉。（　　）

8．采用独家分销形式，因缺乏竞争，顾客的满意程度可能会受到影响；同时会强化经销商对厂家的反控制能力。（　　）

B 组

一、单项选择题

1．消费品中的便利品（饮料、牙膏、洗衣粉、报纸、电话卡等）、工业品中的一般原材料（小五金、小工具等），以及不宜长期存放的商品（鲜花、水果、肉制品、鲜奶等）更合适（　　）。

A．独家分销　　B．普遍分销　　C．选择分销　　D．合作分销

2．不属于直接分销渠道模式的是（　　）。

A．有些制造商采取邮购方式，将其产品直接销售给最终消费者

B．制造商通过电视、电话将其产品直接销售给最终消费者

C．农民在自己农场门口开设门市部，或者在城市市场上摆货摊

D．某制造商通过自己的直接代理商将产品销售给最终用户

3．生产和经营名牌、高档消费品和技术性强、价格较高的工业品的企业多采用（　　）。

A．广泛分销　　B．独家分销　　C．普遍分销　　D．选择性分销

4．地理位置比较集中的产品，选择的分销渠道类型是（　　）。

A．长渠道　　B．宽渠道　　C．窄渠道　　D．短渠道

5．如果消费者一次性购买数量大，可以采用的分销渠道是（　　）。

A．长渠道　　B．宽渠道　　C．窄渠道　　D．短渠道

6．刚刚投入市场的新产品，如能取得中间商的良好合作，可以采用的分销渠道是（　　）。

A．间接渠道　　B．宽渠道　　C．窄渠道　　D．直接渠道

7．有效期短、储存条件要求高或不易多次搬运的产品，应采取的分销渠道是（　　）。

A．间接渠道　　B．宽渠道　　C．窄渠道　　D．直接渠道

8．定制品宜采用的分销渠道是（　　）。

A．间接渠道　　B．直接渠道　　C．窄渠道　　D．宽渠道

9．制造商尽可能多地通过批发商、零售商推销其产品，这种市场策略是（　　）。

A．选择分销　　B．独家分销　　C．大量分销　　D．普遍分销

10．制造商在某一地区通过选择5家实力雄厚的中间商分销其产品，这种分销策略属于（　　）。

A．普遍分销　　B．选择分销　　C．独家分销　　D．区域分销

二、判断题（正确的打“√”，错误的打“×”）

1．一般来说，生产者要尽量避免和竞争者使用一样的分销渠道。（　　）

2．在影响分销渠道选择的因素中，决定渠道选择的最终因素是营销成本和效益的计算。（　　）

3．在经济萧条时，生产企业的策略看点只能是控制和降低产品的最终价格，因此会尽量减少流通环节，避免使用长渠道。（　　）

4．生产企业在销售力量、储存能力和销售经验等方面具备较好的条件，则应选择间

接分销渠道。（　　）

5．企业资金薄弱，必须依赖中间商进行销售和提供服务，最好选择间接分销渠道。（　　）

6．消费者是商业流通的最终环节，商品分销渠道的出口。（　　）

7．随着人们收入水平的提高，超级市场已逐渐成为城市居民购买食品和日用品的主要场所。（　　）

8．普遍分销重心是控制市场、控制中间商，或者是彼此充分利用对方的商誉和经营能力。（　　）

9．普遍分销渠道管理相对于独家经销和选择性分销来说成本较高。（　　）

10．对购买频率低、消费偏好明显、市场竞争激烈的高级耐用消费品，渠道控制十分重要。（　　）

三、案例分析题

a 公司是一家知名的跨国建材企业，其产品进入中国已有 8 年，每年的销量都在快速提高。张琦是 a 公司的区域销售经理，而该区域就在工厂周围地市。靠着地理优势和勤奋，他的业绩增长在公司 6 个销售部中一直排名第一，而在工厂所在地 s 市，更是杀得竞争对手片甲不留。但现在糟糕的是，经销商的脾气越来越大了，因为其产品利润率在降低，总利润额也在降低。

a 公司一直严格奉行总部制定的“三不”政策（不直销、不赊账、重点城市不设总代理），因此 a 公司在 s 市有 6 家直接供货的一级经销商，公司有一视同仁的返利政策，每月月底兑现。由于张琦的有意扶植和经销商自身的努力，经销商王老板用两年时间做到了 s 市排名第一位的大户，其销量占全 s 市产品总销量的 1/3，自然也获得了较满意的利润。

凭借其价格优势（可获得 a 公司的最大返利），王老板在 s 市内外发展了 10 家分销商。一段时间里，王老板甚至只需坐在家里为分销商做做订单，钱就进了腰包。不过，舒服的日子只过了一年。从 2000 年开始，另外五家经销商也突然“开窍”，经常把他们各自的小订单合在一起由某一经销商向 a 公司下单，再均分从 a 公司获得的返利。这样一来，他们轮流坐庄也获得了与王老板同样的价格。

这种变化，让张琦喜忧参半：①a 公司产品的销量快速增加了；②经销商竞相杀价，产品的利润率逐年下降；③几乎所有 a 公司的竞争对手都退出了 s 市。

王老板从 2000 年年底开始，就强烈呼吁张琦实行总代理制，否则其销售难以维系。其他经销商也向张琦叫苦，a 公司产品好卖却不赚钱。在年底的销售经理会议上，张琦把这个实行总代理还是维持现状的问题提出来与其他区域销售经理、销售总监进行讨论。

主张维持现状者的理由是：①名牌产品利润趋近于零是正常现象；② a 公司产品主要依靠各建材市场的个体经营户进行销售，难以形成统一的市场价格，多级分销不现实；③竞争对手进不来，经销商别无选择，抱怨归抱怨，最终还是要卖 a 公司的产品。

主张总代理制者的理由是：① a 公司产品的市场优势只是暂时的，如果利润率继续降低，尤其是总利润降低，必然导致一部分经销商大力推销二线品牌的产品；②加强对分销价格和零售价格监控，可以形成一个大家获利的价格体系；③至少总代理将会对 a 公司忠心不二。这个主张与“三不”政策明显抵触，因此未被公司采纳。

主张改良者的方案是选择 2～3 个有潜力的经销商，将某一类产品的总经销权分别交给他们，这样主要的经销商都会有一种或几种产品的总经销权，从而获利。但是这些非主流产品的销售量毕竟不大，经销商们不感兴趣，这个主张即被搁置。

讨论来讨论去，五年了，依然是维持现状，而大经销商王老板终于发出了最后通牒，若 a 公司不改变政策将不再销售 a 公司的产品。

（资料来源：http://www.themanage.cn /201011/ 391471.html）

问题：

1．该公司选择的分销渠道策略有哪些？其中，“主张维持现状”“主张总代理制”“主张改良”三种观点分别代表的是哪种类型的分销渠道策略？

2．普遍分销的特点是什么？

3．如果你是企业的决策者，你会选择哪一种方案？为什么？

牛刀小试

通过上网或实际调查，了解硬终端与软终端的区别，为什么现在许多企业重视渠道软终端建设？

模块 3　分销渠道冲突

学习目标

1．了解分销渠道冲突的概念

2．理解分销渠道冲突的根本原因

3．掌握分销渠道冲突的基本类型

4．理解造成窜货的原因及危害

5．掌握窜货的预防和处理对策

学法指导

任务一　探究“分销渠道冲突含义”

【步骤一】分销渠道冲突的根本原因

案例启发

（1）一家百货商店男士衬衫部同时销售某厂家的三种品牌衬衫，该部门的目标是提高销量获得返利，至于卖出哪个品牌的衬衫无所谓。而对于厂家来讲，其特定品牌的销售量和市场占有率决定其“生死存亡”，其品牌销售观与零售商有着天壤之别。若厂家感到零售商无视其品牌形象的推广，零售商的行为就会被视为对其所定目标的阻碍，由此也就埋下了目标冲突的种子。

（2）一硬木地板制造商印制了自认为精美的四色宣传册以展示其产品在豪华家居中的功用。这些册子原打算发给光顾商店的顾客，但当数以千计的宣传册连同展示的地板一同送达一个大型家具零售中心时，零售商非但没有拿出这些册子，反倒将大部分册子压成用于装退货的纸盒的材料。

（3）出版社和分销商之间为了自身的经济利益，都希望把自己的存货水平控制在最低。而存货水平过低又会导致分销商无法及时向客户提供产品而引起销售损失，甚至很可能使客户转向竞争对手。同时更有可能出现的情况是，分销商的低存货水平往往会导致出版社的高存货水平，从而影响出版社的效益。此外，存货过多还会产生产品过时或过剩的风险。因此，存货水平不合理很容易产生渠道冲突。

（4）出版社与最终用户建立直接购销关系，这些直接用户通常是大客户。出版社是不愿将与大客户交易时的部分利润分给渠道中间商的，出版社更愿意直接交易而把余下的市场领域交给渠道中间商，甚至希望他们自己再去开发新的大客户。

（5）出版社希望中间商先付款、再发货，而中间商则希望能先发货、后付款。尤其是在市场需求存在不确定因素时，中间商更希望采用代销等方式来降低其经营过程中的风险，而这种方式增加了出版社的资金占用，加大了其财务费用支出。换句话说，这时就是渠道中间商占用出版社的资金。当双方在争占对方资金时冲突就会产生。

案例分析　以上案例中产生渠道冲突的原因分别为厂商追求目标不一致、商家不满足促销要求、存货水平之间的矛盾、大客户原因和争占对方资金。

重点点拨　分销渠道冲突是指渠道成员之间因利益关系产生的种种矛盾和不协调。渠道冲突是一种直接的、受个人情感因素影响的、以对手为中心的渠道成员之间的争执、敌对和报复行为。分销渠道的选择策略是企业针对自身、产品和市场特点，根据竞争者选择的渠道情况，结合环境的因素，在综合考虑各渠道商的经营特点及实力的基础上，完成分销渠道选择，因此，不可避免地会存在渠道冲突。

归纳总结　分销渠道冲突产生的根本原因

（1）目标不一致。

（2）利益不一致。

（3）分工不明确。

（4）沟通障碍。

（5）渠道成员的市场直觉差。

【步骤二】分销渠道冲突的基本类型

分组讨论

（1）诺基亚手机在各个手机卖场和购物商场都有销售，手机卖场之间、购物商场之间及手机卖场和购物商场之间压价销售或不按规定提供售后服务产生的冲突。

（2）因“家乐福”超市把百事可乐展柜放在超市一进门的重要位置，导致与可口可乐公司发生摩擦。

（3）美国的李维斯牌牛仔裤原来通过特约经销店销售，当它决定将西尔斯百货公司和彭尼公司也纳为自己的经销伙伴时，特约经销店表示了强烈的不满。

重点点拨　在诺基亚手机经营者之间产生的矛盾是处在同一层次的零售终端之间为了增加销量、抢占市场产生的矛盾，这类渠道冲突属于水平渠道冲突；可口可乐公司为了保证对市场的占有率与渠道下游的零售终端卖场产生渠道冲突，这类渠道冲突属于渠道上下游之间的冲突，称为垂直渠道冲突；美国的李维斯牌牛仔裤在原来渠道的基础上新增了渠道类型，因不同渠道之间存在厂商之间的利益差别，因此产生了在同一企业中新旧渠道之间的冲突，这类渠道冲突属于不同渠道之间的冲突。

归纳总结　分销渠道冲突的类型如表 6-3 所示。

表 6-3　分销渠道冲突的类型

类　型	含　义	原　因	措　施
水平渠道冲突	在同一渠道模式中，同一层次中间商之间的冲突	大多是生产企业没有对目标市场的中间商数量、分管区域做出合理的规划，使中间商为各自的利益互相倾轧	企业缓和并协调这些矛盾
垂直渠道冲突	在同一渠道中不同层次企业之间的冲突	1. 越来越多的分销商采取直销与分销相结合的方式销售商品，这就不可避免地要同下游经销商争夺客户，大大挫伤了下游渠道的积极性 2. 当下游经销商不满意目前所处的地位时，就会向上游渠道发起挑战	生产企业必须从全局着手，妥善解决垂直渠道冲突问题，促进渠道成员间更好地合作
不同渠道间的冲突	生产企业建立多渠道营销系统后，不同渠道服务于同一目标市场时所产生的冲突	随着顾客细分市场和可利用的渠道不断增加，越来越多的企业采用了多渠道营销系统	生产企业要重视引导渠道成员之间进行有效的竞争，防止过度竞争，并加以协调

任务二　分销渠道冲突的表现（窜货）

【步骤一】了解窜货的含义

案例启发　A 市某啤酒厂生产的瓶装啤酒，在本地市场售价为 2.6 元/瓶，经销商从啤酒厂的批发价为 2.3 元/瓶。该啤酒厂为了扩大销售，决定开拓距 A 市 100 千米的 B 市市场。但 B 市也有啤酒生产厂，且 B 市啤酒市场竞争比较激烈，所以 A 市啤酒厂决定在 B

市销售的啤酒批发价格为 2.0 元/瓶，市场零售价为 2.4 元/瓶。该计划实施不久，A 市啤酒厂发现了一重大问题，即市场出现了窜货行为。这种窜货行为严重干扰了啤酒厂的日常运营。

原来，该计划实施不久，A 市经销商就和 B 市经销商达成私下交易，即 A 市经销商不再从啤酒厂批发啤酒，转而从 B 市经销商处批发 A 市啤酒厂的啤酒，批发价为 2.1 元/瓶，然后回到 A 市销售。这样 B 市经销商不损失一兵一卒，每瓶就能获利 0.1 元，而 A 市经销商能以更低的价格获得商品。由于 A 市距 B 市仅有 100 千米，把运费加到每瓶啤酒的价格中，仍远低于从啤酒厂的批发价，因此有更大的利润空间。利益因素导致了 A 市啤酒厂的啤酒由 A 市运到 B 市，瞬间又被运回到 A 市进行销售，不仅 B 市消费市场没有打开，总体销售量没有提高，而且市场也被扰乱了。

案例分析 以上案例中 A 市某啤酒厂的产品因在 A 市和 B 市所执行的价格政策不一致，致使企业的经销商基于利益的原因，发生了 B 市经销商从厂家进货后，再转手卖给 A 市经销商的情况。这样产品就由 B 市窜货到 A 市，A 市经销商和 B 市经销商这种行为严重扰乱了两地的市场秩序，导致两地啤酒市场的价格体系混乱，使该啤酒企业蒙受巨大损失。

重点点拨

（1）窜货的根本原因：商品流通的本质是从低价区向高价区流动，从滞销区向畅销区流动。

（2）窜货的本质：渠道成员对利益的无节制追求。

（3）窜货的形式：倒货、倾销。

（4）窜货的条件：

① 规模、数量较大，从批发环节上危及原渠道成员的正常市场组织和经营活动。

② 价格，以低价格或高价格直接扰乱原渠道成员目标市场既有的价格体系。

归纳总结 窜货是指经销商违反与生产厂家约定的销售渠道地区进行跨区域经销的一种现象，又称为倒货、跨区销售。

【步骤二】造成窜货的原因

案例启发 刘某是一家食品厂的营销经理。为了扩大产品销量，提高经销商的积极性，他出台了新的奖励政策，进一步提高了给经销商的销量返利奖励。刘某为每个经销商制定了 3 个不同的年销量指标，即底线任务、中档任务和冲刺任务。完成的年销量指标越高，返利的百分比越大。从刘某的返利政策来看，如果经销商只完成 200 万元的底线任务，则只能拿到 2 万元的返利；如果完成 300 万元的冲刺任务，则可拿到 15 万元的返利。

在刘某如此的返利奖励诱导下，经销商就是削尖了脑袋也要把销量提高上去。于是，为了完成更高的销量任务，经销商不惜采用各种手段，如有的经销商大肆向其他地区窜货。

刘某为了制止窜货，对一些违规的经销商三令五申，并以扣除返利进行威胁，但根本不管用，因为厂家的铺货底款扣在经销商手里。于是，窜货和低价倾销愈演愈烈，不断升级，原来一直遵守秩序的经销商也被迫卷入，价格越卖越低，经销商的差价利润也越来越薄。不到一年，价格就已接近“卖穿”。

案例分析

（1）经销商利益至上是这次窜货的主要原因。一些经销商、业务员为获取最大份额的年终奖励，拼命做销售。当本地市场无法满足销量时，就会越区销售。厂家促销时由于价格相对便宜，经销商会大量进货，待活动结束后，再以相对较低的价格将产品抛向市场，这也容易造成窜货。

（2）企业不合理的渠道政策是这次窜货的祸根。刘某的返利政策可以很好地提高经销商销售的积极性，但因企业政策的制定、执行和控制不到位也会引发经销商的窜货行为，如企业盲目给经销商定销售目标、过度重视硬指标（销售量、回款率、市场占有率）而忽视了软指标（品牌知名度、客户忠诚度），以及企业渠道激励不当等。

合作探究　窜货的原因有：

（1）价格体系混乱。

（2）销售结算便利。

（3）销售目标过高。

（4）渠道成员激励不当。

（5）市场推广费用使用不当。

（6）其他原因。

任务三　窜货的危害分析

案例启发

（1）当杰西诺（DESINO）公司宁波片区经理接到李国华的电话时，大约有数十个江口镇的消费者正围在李国华的旁边，几乎就要打起来了。作为杰西诺公司当地唯一指定的经销商，李国华还来不及向消费者解释，情况就已经变得很糟了。因为消费者听不进无力的口头解释，他们只问：“为什么同样一件产品，在门店买只需 100 元，在你这买却需要 150 元。”直到杰西诺公司片区经理赶到现场，代表厂家承诺在 24 小时之内给予解决，聚集的人群才陆续散去，这件事情过后李国华开始思考新的发展途径。

（2）同样一件商品，消费者在这个商店花 100 元买了，而后在另一个商店看到只需 70 元，他一定会有吃亏上当的感觉。如果消费者是以 70 元买了别处标价 100 元的商品，他可能会想：“我买的会不会是假货或次品呢？”

（3）在销售区域格局中，由于不同市场发育不均衡，会造成甲地的需求比乙地大，甲地货供不应求，而乙地却销售不旺的情况。为了应付企业制定的奖罚政策，乙地经销商会想方设法完成销售份额，通常会将货以平价甚至更低价转给甲地区的经销商。为此，企业将咽下苦果，销售假象使乙地市场面临在虚假繁荣中的萎缩，给竞争品牌乘虚而入的机会，而重新培育市场要付出巨大代价，乙地市场可能因此而牺牲掉。

案例分析 以上案例中的现象带来的不良后果是：

（1）打击了经营杰西诺企业产品的经销商的积极性。

（2）混乱的价格损害了杰西诺这一产品的品牌形象，消费者失去对该品牌的信任与支持。

（3）导致杰西诺生产厂家利润下滑的同时，使其市场占有率降低，并丧失竞争优势，最终影响企业的决策分析。

合作探究 窜货的危害有：

（1）扰乱市场价格。

（2）导致生产厂家利润下滑，并影响企业的决策分析。

（3）打击经销商积极性，引发渠道冲突，殃及整个渠道关系。

（4）以低价为特征的“窜货”为假冒伪劣者提供了空间，影响消费者的消费信心。

（5）影响渠道控制力和企业形象，降低品牌忠诚度。

任务四 窜货的预防和处理对策

【步骤一】窜货的预防

案例启发 某轮胎厂商的轮胎营销渠道系统中有 A～F 六个小的辖区，每个辖区内由一个轮胎营销渠道成员负责本区销售，但由于地理位置、产业结构等经济状况的差异，致使 B 区和 D 区非常特别。B 区执行轮胎厂商规定的较低的价格政策，属于低价区；D 区执行轮胎厂商规定的较高的价格政策，属于高价区。在这样的轮胎营销渠道系统中，如果各辖区内的轮胎营销渠道成员严格遵守轮胎厂商规定的轮胎营销渠道及价格政策，这一市场将得到健康发展。但如果 A 区内经销商为了追求非正常的利润，就会向 B 区低价窜货，然后又向 D 区高价窜货，如图 6-1 所示。前者属于追求销量，以获取轮胎厂商以不同销量级差给予的不同奖励或返利，低价窜货试图获取非正常利润，风险较大。后者属于直接获取非正常利润的窜货，风险较小。但无论哪种窜货，都将破坏轮胎厂商的轮胎营销渠道及价格政策，引起轮胎营销渠道间的冲突，因此都应该予以积极规避。

案例分析 因 A 区经销商的倾销和倒货行为，致使在 B、D 两个地区发生了窜货，请帮助企业分析应如何规避以上的窜货行为。

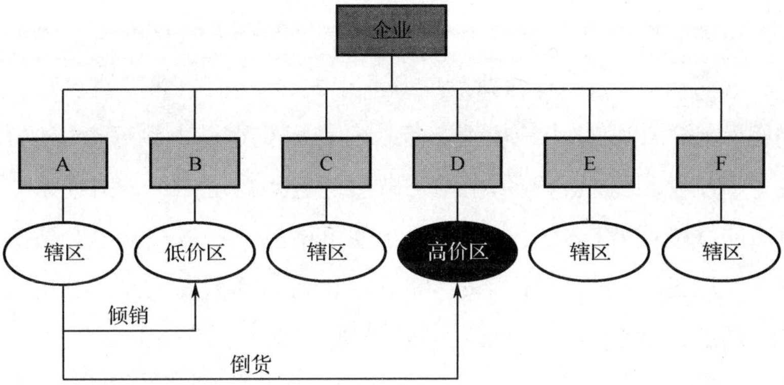

图 6-1　A 区经销商的窜货行为

重点点拨

（1）设置合理的销售目标。过高容易引发降价竞争，造成倒货；过低调动不了经销商的积极性。确定一个恰当的利润空间是防范窜货的重要措施。

（2）在包装上加以区别，如发往 ACEF 地区的轮胎包装均为浅青绿色，在 B 地区包装为黄色，在 D 地区包装为蓝色。采取子品牌策略，在统一品牌下再赋予商品一个新的名字，以示区别，如案例中 ACEF 地区的轮胎发货名均为“固步Ⅰ”，在 B 地区可以叫“固步Ⅱ”，在 D 地区可以叫“固步Ⅲ”，这就从根本上杜绝了窜货问题。再者，企业还可以通过文字标识区别，如印刷“专供××地区销售”字样来控制窜货行为的发生。

（3）完善治理体系，加大监控力度。生产企业在销售公司应设立专门的治理机构，配备专门的治理人员，明确责任和权利，加大监管力度，从源头上杜绝窜货问题。企业可以制定一套完善并切实可行的规章制度，从制度层面上控制窜货问题；加大检查力度和处罚力度，一旦发现窜货行为，要迅速查清事情的来龙去脉，及时进行惩罚。

合作探究　窜货的预防措施有：

（1）选择好经销商。

（2）创造良好的销售环境。①制订科学的销售计划；②合理划分销售区域。

（3）制定完善的销售政策。①完善价格政策；②完善促销政策；③完善专营权政策。

【步骤二】采取有效的窜货处理对策

案例启发　一瓶辣酱支撑了贵州经济增长

中国卖得最火的辣酱名叫“老干妈”。这瓶千家万户厨房必备、各地商店、超市货架上必不可少的辣酱的创始人如今已有成千上万的粉丝。她就是陶华碧，来自中国西南贫穷山区贵州。

别小看这瓶辣酱，正是它支撑了中国一个身处贫困省行列的省份取得全国名列前茅的经济增速。在当今中国整体经济减速的形势下，贵州省的 GDP 增速傲人，成为全国亮点。

现款现货，经销商要先打款才发货，现金流充足的令人瞠目结舌。老干妈口味的各种特色菜遍布大小饭店。这个小小辣酱背后的商业模式让人深思!老干妈的商业模式是怎样实现局部垄断的呢？她的市场奇迹让快消品行业看得云里雾里，到底老干妈有什么撒手锏?今天一起来看看，从中也可以看到那个温情背后的老妈妈是如何铁血统治一个市场的。

老干妈背后的残酷商业模式之一——真正的价格战——稳住一个合适的价格，竞争对手根本杀不进来。以老干妈的主打产品风味豆豉和鸡油辣椒为例，其主要规格为210g和280g，其中210g规格锁定8元左右的价位，280g占据9元左右价位（不同终端价格有一定差别），其他主要产品根据规格不同，大多也集中在7～10元的主流消费区间。基于老干妈的强势品牌力，其他品牌只能选择价格避让。例如，李锦记340g风味豆豉酱定价在19元左右，小康牛肉酱175g定价在8元左右，要么总价高，要么性价比低，都难与老干妈抗衡。这就造成了整个调味酱行业定价难，低于老干妈没利润，高过老干妈没市场。老干妈的价格一直非常稳定，坚守价格定位，价格涨幅微乎其微，不给对手可乘之机。在老干妈本身强势的品牌力下，竞争对手们，要么为了低价导致低质，要么放弃低端做高端，而佐餐酱品类又很难支撑高端产品。

老干妈公司的创始人陶华碧自从企业创办以来，全部依靠现金流运转，不积压货品。而陶华碧不贷款、不融资的底气，很大程度上来源于公司数十亿元的现金流。从艰辛起家时几十元的零散采购，到如今超过千万元的采购额，老干妈坚持现款现货的原则，就连收购农民的辣椒也不例外。因此，老干妈的公司账目也格外简单。这就使得成为老干妈的省级代理门槛非常高。老干妈的经销商林先生说："要给总公司一两千万元的保证金，证明你有这个实力做代理。"

案例分析 以上案例中老干妈辣酱为了预防窜货的发生，使用的是统一的价格和缴纳一定的保证金的策略。

合作探究 有效的窜货处理对策有：

（1）制定合理的奖惩措施。①交纳保证金；②对窜货行为的惩罚进行量化。

（2）建立监督管理体系。①把监督窜货作为企业制度固定下来，并成立专门机构或部门，由专人明察暗访经销商是否窜货；②利用社会资源进行防窜货；③采取抽奖、举报奖励等措施防窜货；④把防伪防窜货结合起来，利用消费者和专业防窜货公司协助企业防窜货。

（3）减少渠道拓展人员参与窜货。①建立良好的培训制度和企业文化氛围；②内部监督渠道拓展人员。

（4）培养和提高经销商忠诚度。

同步训练

A 组

一、单项选择题

1．某地区经营 A 企业旅游产品的中间商，认为同一地区经营 A 企业旅游产品的另一家中间商在定价、促销和售后服务等方面过于激进，抢了他们的生意，这属于（　　）。

A．水平渠道冲突　　B．垂直渠道冲突

C．不同渠道冲突　　D．其他冲突

2．某旅游批发商抱怨旅游生产企业在产品价格方面控制得太紧，留给自己的利润空间太小，这属于（　　）。

A．水平渠道冲突　　B．垂直渠道冲突

C．不同渠道冲突　　D．其他冲突

3．某旅游景区既向旅游者直接销售旅游门票，同时又请旅行社代理销售其门票。当二者的销售对象相同时，就会发生渠道冲突，这属于（　　）。

A．水平渠道冲突　　B．垂直渠道冲突

C．不同渠道冲突　　D．其他冲突

4．麦当劳的某些特许专卖店指控其他专卖店用料不实，损害了公众对麦当劳的总体印象，这属于（　　）。

A．水平渠道冲突　　B．垂直渠道冲突

C．不同渠道冲突　　D．渠道系统竞争

5．生产者通过低价来追求迅速发展与经销商通过高价来追求盈利而引致冲突，其原因在于（　　）。

A．目标不一致　　B．角色的权力不明确

C．感知不同　　D．互相依赖程度

6．渠道成员通过有意或无意的市场行为所触发的存在于公司渠道系统外部及内部的各种矛盾的总称是（　　）。

A．分销渠道　　B．分销渠道冲突　　C．合伙　　D．合作

7．同一渠道中不同层次企业之间的冲突是（　　）。

A．水平渠道冲突　　B．垂直渠道冲突

C．不同渠道之间的冲突　　　　D．渠道上游冲突

8．同一渠道模式下，同一层次中间商之间的冲突是（　　）。

A．水平渠道冲突　　　　B．垂直渠道冲突

C．不同渠道之间的冲突　　　　D．渠道上游冲突

9．在某些情况下，生产企业为了推广自己的产品，越过一级经销商直接向二级经销商供货，使上下游渠道间产生矛盾，这属于（　　）。

A．水平渠道冲突　　　　B．垂直渠道冲突

C．不同渠道之间的冲突　　　　D．渠道上游冲突

10．为刺激经销商的销售，企业会采取多种方法来支持经销商，其中，采用账期和铺底的方式，都会很轻易引起市场价格混乱，所以，企业最好不要采用这两种办法。为了规避窜货，可以选择（　　）。

A．稳定价格体系

B．坚持以现款或短期承兑结算

C．加强市场调研，制定合理的销售目标

D．通过协议约束渠道成员的市场行为

11．从结算手段上控制成员因利润提前实现或短期内缺少必要的成本压力而构成的窜货风险，建立严格有效的资金占用预警与控制机制是（　　）。

A．稳定价格体系　　　　B．坚持以现款或短期承兑结算

C．加强市场监管　　　　D．加强市场调研，制定合理的销售目标

12．自 2004 年开始，诺基亚将其在中国的渠道拓展为在总代理模式的基础下，加入省级直控分销的混合渠道模式，又称 FD。按照诺基亚与渠道商的约定，所有的货物都分区销售，经销商之间不能交叉销售，一旦发生，诺基亚就会对其收取“窜货罚款”，这属于（　　）。

A．稳定价格体系

B．坚持以现款或短期承兑结算

C．加强市场调研，制定合理的销售目标

D．通过协议约束渠道成员的市场行为

二、判断题（正确的打“√”，错误的打“×”）

1．各级批发价的价差是渠道冲突的诱因。（　　）

2．水平渠道冲突指的是在同一渠道模式中，同一层次中间商之间的冲突。（　　）

3．垂直渠道冲突是指在同一渠道中不同层次企业之间的冲突。（　　）

4．不同渠道间的冲突在某一渠道降低价格或降低毛利时，表现得尤为强烈。（　　）

5．完全没有渠道冲突和客户碰撞的制造商，其渠道的覆盖与市场开拓肯定有瑕疵。（　　）

B 组

一、单项选择题

1．1996 年夏天，格力电器最大的一位经销商（占格力电器销量的 10%以上）囤积了大批空调，正悄悄低价倾销，他的货倾销范围近 10 个省。格力集团总裁董明珠发现后立即对此经销商停止供货，解除双方的关系，以上冲突属于（　　）。

A．水平渠道冲突　　B．垂直渠道冲突

C．不同渠道冲突　　D．渠道系统竞争

2．国美在进军天津和沈阳市场的时候，受到传统家电商场联合抵制所产生的冲突属于（　　）。

A．水平渠道冲突　　B．垂直渠道冲突

C．不同渠道冲突　　D．渠道系统竞争

3．某水泥厂业务员小李开发了一个新客户老张，水泥合同供应到岸价格为 325 元 / 吨。该区王某利用各种机会接近老张，最后按照 320 元 / 吨的到岸价抢走了业务员小李的合同。经销商的这一行为导致了业务员小李和经销商之间的冲突，以上冲突属于（　　）。

A．水平渠道冲突　　B．垂直渠道冲突

C．不同渠道冲突　　D．其他冲突

4．某产品由于在武汉、南京的价格差额较大，引起了地区间的窜货，扰乱了武汉市场产品的销售，这属于（　　）。

A．垂直渠道冲突　　B．水平渠道冲突

C．不同渠道冲突　　D．渠道系统竞争

5．厂商和渠道成员之间不愉快的合作经历，造成渠道成员打击报复，形成恶意的低价或高价窜货，这属于（　　）导致窜货。

A．价格体系混乱　　B．销售结算便利

C．过高的销售目标　　D．其他原因

6．窜货的危害不包括（　　）。

A．窜货打破了市场价格体系，影响渠道控制力和企业形象

B．窜货促进了商品销售由低价区向高价区流动

C．窜货损害了品牌形象，使先期投入无法得到合理回报

D．窜货影响了销售人员的积极性，影响销售业绩

7．从结算手段上控制成员因利润提前实现或短期内缺少必要成本压力而构成的窜货风险，建立严格有效的资金占用预警与控制机制，企业对渠道的控制属于（　　）。

A．稳定价格体系　　B．坚持以现款或短期承兑结算

C．加强市场监管　　D．加强市场调研，制定合理的销售目标

8．2000年，湖北“区域性销售公司”看到自己在湖北地盘上如日中天，便背信弃义，向格力电器“叫板”。双方的矛盾焦点是“湖北公司”要求在代理格力的同时还代理其他品牌，对此格力电器自然不能答应，于是“湖北公司”把货低价倾销到了周边省市，这种窜货行为属于（　　）。

A．同区窜货　　B．水平窜货　　C．跨区窜货　　D．垂直窜货

9．经销商向辖区以外的地区倾销产品最常用的方法是降价销售，低于厂家规定的价格，能够引起窜货，其危害是（　　）。

A．扰乱市场价格

B．导致生产厂家利润下滑，并影响企业的决策分析

C．打击经销商积极性

D．降低消费者忠诚度

10．娃哈哈集团专门成立了一个反窜货机构，巡回全国，严厉稽查经销商的窜货和市场价格违规行为，严格保护各地经销商的利益，这种对窜货的管理办法属于（　　）。

A．加强市场调研，制定合理的销售目标

B．通过协议约束渠道成员的市场行为

C．加强市场监管

D．稳定价格体系

11．窜货乱价在于目前厂商与渠道成员之间的（　　）。

A．单纯的买卖经销关系　　B．代理批发关系

C．代理关系　　D．资本关系

12．不少国内企业缺乏市场调研意识，盲目向渠道成员增加销售指标，导致渠道成员

为了完成下达的指标，不惜采取不正当手段，容易诱导或逼迫渠道成员走上窜货的道路，其窜货的原因是（　　）。

A．价格体系混乱　　B．销售结算便利

C．过高的销售目标　　D．渠道成员激励不当

13．引起窜货的其他原因不包括（　　）。

A．厂商和渠道成员之间的不愉快合作经历

B．市场推广费用使用不当

C．厂商内部销售人员擅自改变资源配置方向

D．厂商没有兑现自己的承诺，造成渠道成员的打击报复

14．要从根源上解决窜货问题，以下因素不包括（　　）。

A．窜货主体　　B．窜货环境

C．窜货诱因　　D．窜货商品

15．关于合理划分销售区域的说法不正确的是（　　）。

A．保持每一个经销区域经销商密度合理

B．保持经销区域布局合理，避免经销区域重合

C．保持经销区域均衡

D．尽可能多地选择新经销商

16．制定完善的销售政策，以下因素不包括（　　）。

A．完善价格政策　　B．完善促销政策

C．完善产品政策　　D．完善专营权政策

17. 合同有效执行的条件，也是企业提高对窜货经销商威慑力的保障的措施是（　　）。

A．保证金　　B．取消优惠政策

C．罚款　　D．取消经销权

18．利用社会资源进行防窜货不包括（　　）。

A．利用政府“地方保护行为”　　B．内部监督渠道拓展人员

C．采取抽奖、举报奖励等措施　　D．把防伪防窜货结合起来

二、判断题（正确的打“√”，错误的打“×”）

1．一般来说，渠道短会增加企业对渠道的控制力；销售网点多，则增加产品的辐射面和销售量。（　　）

2．渠道一体化是解决渠道冲突的根本方法。（　　）

3．批发商与零售商之间不会发生渠道冲突。 （ ）

4．窜货的本质是对利益的无节制追求。 （ ）

5．下游经销商不满意目前所处的地位，向上游渠道发起了挑战，这种冲突属于水平渠道冲突。 （ ）

6．经销商越过分销商直接对终端销售商品的行为属于水平窜货。 （ ）

7．以低于厂商规定的某区域的市场价格向辖区之外的市场窜货属于“倒货”行为。 （ ）

三、案例分析题

1．小小商业城内的激烈竞争

一天，杭州片区经理黄经理又一次只身来到位于市中心的萧山商业城检查。萧山商业城是浙北地区最大的批发市场之一，在全省排第二位，仅次于义乌小商品批发市场。商业城以副食品批发为主，有摊位二三千家。1997 年，公司有 6 家一级批发商盘踞在这里。1998 年，在商业城一些势力较强的国营二级批发商的要求下，公司将一级批发商数目扩大至 10 家。这 10 家经销商的经营规模参差不齐，年销售额从三四百万元至二三千万元不等。

1998 年年中销售旺季之时，10 家批发商在这块不大的地盘展开了激烈的竞争。为了争取更多的二级批发商，各家批发商纷纷打出自己的王牌——降价。送货上门、运费垫付、分期付款等优惠条件固然有其吸引力，但总不如调拨价上优惠来得实惠。加之很大一部分二级批发商和零售商完全看价格选择批发商进货，并不具备稳定性和忠诚度，这就加剧了一级批发商之间的价格战。于是小小的商业城内不再平静，一时间硝烟弥漫。一些忍无可忍的批发商向公司控诉，希望公司采取措施予以制止。

问题：导致渠道冲突的原因是什么？此渠道冲突属于哪种类型？

2．“格美大战”

2004 年 2 月 17 日，成都国美电器召开发布会，通告了成都当地空调经销商将执行国美电器“空调大战”的计划，并明确表示国美将出资 200 万元用于这次活动。随即，成都国美电器为了在空调销售旺季到来之前抢占先机，于 2 月 24 日对几乎所有品牌的空调进行了大幅度的促销。其中，在未经格力电器同意的情况下，国美电器擅自将格力电器一款零售价为 1 680 元的挂机降为 1 000 元，一款零售价为 3 650 元的柜机降为 2 650 元，降幅高达 40%，为所有品牌空调降幅之首。因此，格力电器向成都国美电器正式发函，要求国美电器“立即终止低价销售行为”。成都国美电器方面则坚持说这是商家的一次正常促销活动，坚持继续降价。在交涉未果后，格力电器决定正式停止向成都国美电器供货。

3 月 9 日，国内家电连锁业老大国美电器向各地分公司下发了一份“关于清理格力空调库存的紧急通知”，要求各地分公司将格力空调的库存及业务清理完毕。格力电器总部则反击称，如果国美电器不按照格力电器的游戏规则处事，格力电器将把国美电器清除出自己的销售体系。于是，斗争升级。

3 月 11 日，国美电器在全国卖场清理格力空调，而格力电器的说法则是退出国美电器，双方决裂。同时格力电器加强了与苏宁等大型家电零售连锁企业的合作。

此后，格力电器便在自身渠道——“股份制区域性销售公司模式”上下足了功夫。格力电器建立销售公司是利用经销商的资本帮助自己建设渠道，简称格力模式。首先就是通过增资扩股，加强了对各地分公司的控制力度，通过分公司再加强对专卖店的控制力度，最为核心的一点就是在销售政策上的连环策略。同时，格力电器还为渠道商提供更好的服务，包括店面装修、导购培训、服务培训。于是格力电器就在全国拥有了很多店面整洁、漂亮、统一，服务规范、周到的专卖店，这是格力电器为了应对家电大卖场疯狂开店所布下的一张天网。

2005 年 2 月 24 日，格力电器公布了 2004 年年度报告。报告显示，2004 年格力电器实现销售收入 138.32 亿元，比 2003 年增长 37.74%，实现净利润 4.20 亿元，比 2003 年增长 22.74%，净资产收益率达 17.24%。

问题：此次“格美大战”属于渠道冲突中的哪种类型？产生此类冲突的根本原因是什么？

牛刀小试

上网查询至少三家企业的防窜货措施。

综合训练

一、单项选择题

1．在北京地区格力电器拥有 1 200 多家一级经销商，格力电器在北京地区的渠道属于（　　）。

A．宽渠道　　B．窄渠道　　C．一级渠道　　D．直接渠道

2．企业不通过流通领域的中间环节，采用产销合一的经营方式，这属于（　　）。

A．直接渠道　　B．间接渠道　　C．宽渠道　　D．窄渠道

3．邮购销售、上门推销、前店后厂等形式，都是企业采取（　　）进行销售的具体表现。

A．间接渠道　　B．双重渠道　　C．直接渠道　　D．宽渠道

4．企业资金薄弱则必须依赖中间商进行销售和提供服务，只能选择（　　）。

A．零渠道　　B．一级渠道　　C．多级渠道　　D．间接渠道

5．在渠道设计中，如果中间商选择困难、利用成本高、服务水平又不好时，企业往往选择（　　）。

A．零渠道　　B．一级渠道　　C．多级渠道　　D．宽渠道

6．对保存期短，易于腐烂变质和易碎的商品，应尽可能采用（　　）。

A．长渠道　　B．短渠道　　C．宽渠道　　D．窄渠道

7．如果顾客经常小批量购买，企业除通过自设门市部出售外，多采用（　　）为其供货。

A．直接渠道　　B．间接渠道　　C．宽渠道　　D．窄渠道

8．分销渠道的宽度是指（　　）。

A．中间商总数　　B．批发商总数

C．零售商总数　　D．同一层次中间商数目

9．制造商尽可能多地通过批发商、零售商推销其产品，这种市场策略是（　　）。

A．选择分销　　B．独家分销　　C．大量分销　　D．普遍分销

10．在渠道宽度中，（　　）经常出现的弊病是市场覆盖面小，顾客接触率低。

A．独家分销　　B．直接销售　　C．选择性分销　　D．普遍分销

11．当时在武汉，格力电器有四家经销商，本来做格力都能赚钱，但从 1997 年他们展开了“内斗”，竞相向湖北及周边市场低价倾销。其中两家已经奄奄一息，另外两家也元气大伤，再斗下去四家都只能死路一条，这属于渠道冲突中的（　　）。

A．垂直渠道冲突　　B．水平渠道冲突

C．多渠道冲突　　D．渠道系统冲突

12．某空调制造商与其批发商在服务、物流、价格和促销等方面发生冲突，这种冲突称为（　　）。

A．垂直渠道冲突　　B．水平渠道冲突

C．多渠道冲突　　D．渠道系统冲突

13．同一层次的企业为了争夺同一目标的销售而进行的竞争称为（　　）。

A．水平渠道冲突　　B．水平渠道竞争

C．垂直渠道冲突　　D．渠道系统竞争

14．白加黑集团把销往山东、河北的产品外包装分别采用盒装、袋装进行地区区分，这种防窜货措施属于（　　）。

A．商标差别化　　B．渠道扁平化

C．包装差别化　　D．约束合同化

15．（2011 年山东高考题）某企业推出一种专利产品，针对极少数专门用户，该企业最适合采用（　　）。

A．普遍分销　　B．选择分销　　C．独家分销　　D．大量分销

16．（2011 年山东高考题）关于分销渠道的选择，下列说法正确的是（　　）。

A．企业本身资金雄厚，可自由选择分销渠道

B．生产企业规定的发货限额高时，有利于间接销售

C．经济萧条时，应尽量增加流通环节，延长销售渠道

D．从微观环境看，企业大多使用与竞争对手相同的分销渠道

17．（2011 年山东高考题）下列渠道冲突属于水平渠道冲突的是（　　）。

A．连锁店总部与各分店之间的冲突

B．某产品的制造商与零售商之间的冲突

C．玩具批发商与制造商之间的冲突

D．同一地区麦当劳各连锁分店之间的冲突

18．下列各项中，属于普遍分销渠道优点的是（　　）。

A．渠道管理成本相对较高　　B．节省费用

C．市场竞争程度低　　D．市场覆盖率高

二、判断题（正确的打“√”，错误的打“×”）

1．分销渠道最佳形式是直销，分销成本最低。（　　）

2．分销渠道是产品从制造商转移到零售商所经过的各个中间商连接起来形成的通道。（　　）

3．一般来说，生产者市场多采用的是短渠道或直接渠道，消费者市场多采用的是长渠道或宽渠道。（　　）

4．长渠道、短渠道的划分是根据产品从生产者向消费者转移的过程中是否有中间商参与。（　　）

5．在确定分销渠道中间商数目时，只可以采用密集性分销策略和选择性分销策略。（　　）

6．分销渠道的途径是由各批发商组成的。（　　）

7．百货商店是指规模较大，能够满足顾客对时尚商品多样化选择需求的零售业态。（　　）

8．垂直渠道冲突也称渠道上下游冲突。（　　）

9．渠道管理是指制造商为实现公司分销的目标而对现有渠道进行管理，以确保渠道成员之间相互协调和通力合作的一切活动。（　　）

10．企业为满足消费者的需求变化而开发新产品，若利用原有渠道难以迅速打开销路和提高竞争能力时，也可增加新的分销渠道，以实现企业营销目标。（　　）

三、简答题

1．（2010 年山东高考题）蒙牛集团在决定选择何种分销渠道前，对奶制品的种类和竞争对手等各种因素进行综合分析，做出了正确选择。请列出影响分销渠道选择的因素。

2．导致渠道冲突的根本原因有哪些？

3．影响选择渠道终端策略的因素有哪些？

4．窜货的危害有哪些？

5．简述窜货的预防和处理对策。

四、案例分析题

一桩罕见的啤酒窜货案

龙岩，是福建省的一个地级城市，地处福建省西部，也称为“闽西”，它是闽粤赣三省的交通要冲和物质集散地。就是这么一个小城市，2000 年却成为国内许多啤酒品牌互相交锋的战场，其啤酒的年销量竟然超过了比它大得多的漳州。它不但吸引了惠泉、贝德等本地品牌的竞争，就连深圳的金威、广州的珠江及青岛啤酒等国内强势品牌几乎都以各自的渠道进入该市场参与竞争。

事情的起因是这样的，王某是×啤酒龙岩区域经理，该品牌虽然没有惠泉的名声响，但在龙岩的实际啤酒销量却要超过惠泉，王某因此成了公司的红人。×啤酒经销商张老板，由于其具有在当地独一无二的销售网络，在龙岩的啤酒行业是举足轻重的人物，被当地工商税务和政府部门列为重点标兵。王某也以搞好客情关系为由，与张老板的关系非常密切。

在一次酒过三巡之后王某对张老板说，如果张老板今年的销量突破 500 万元（虚拟数字）的话，公司将额外奖励他一辆别克轿车。王某的许诺，其实也是事出有因。2000 年年初公司的营销副总黄某，曾在一次销售会议上说过这样的话，尽管后来没有专门出过文件，但大部分区域经理都知道有这个奖励，而张老板，也对王某的话深信不疑。经过他的努力，2000 年的实际销量做到了 550 万元。

年终开经销商大会的时候，张老板就跟王某要奖励，王某也向新任的营销副总黄某提出该要求，但黄某以没有这个奖励政策为由拒绝给张老板奖励。三天后，经销商会议结束，张老板非但没有拿到该得的别克轿车，原先说好的返利指标也没有达到。于是张老板直接找到黄总，在协商未果的情况下与黄总直接发生冲突。在与众经销商签订第二年经销合同时，张老板拒绝签字，并当着众多经销商之面，公开提出退出×啤酒。

事后王某被黄总以随意许诺经销商奖励政策为由调离龙岩，王某一气之下干脆辞职转而进入竞争对手的企业。一个刚进入啤酒行业不久的新业务员许某接手龙岩。许某在一个月遍访全市而找不到合作对象的情况下，通过同学关系，找到原张老板下游的一个二级经销商，极力怂恿他承担起整个龙岩的总经销商。

张老板怨气难消，在经过周密的计划和安排下，使出了一个报复×啤酒的计划。首先，他自己出资，以另一家企业要给职工发福利为由，买下漳州经销商手中 2/3 的啤酒，并将这些啤酒，运到龙岩，通过自己的强大销售网络，以低于原价 20%的价格进行倾销；同时又如法炮制，将龙岩的×啤酒运到漳州及临近的三个地区大肆倾销。其次，故意将大批×啤酒囤积在露天仓库，雨淋暴晒了两个月，然后再将这些过期失效的啤酒倾销到指定地区。

一时间，×啤酒总部就接连接到各地经销商和区域经理的告急电话，这边的经销商埋怨遭到其他地区的冲货，那边的经销商哭诉企业产品质量有问题，遭到工商部门查封，零售商要求退货……整个窜货事件波及龙岩和漳州相近的 5 个城市和地区，影响之大，范围之广，业内少见！此事造成经销商怨气冲天，区域经理暗暗叫苦，公司总部也是急得团团转。

由于×啤酒拒绝与张老板妥协，张老板在该市的啤酒行业内放出风声，谁要是敢经销×啤酒，我就要他彻底破产！后来一个小经销商，在×啤酒的利诱下，开始做×啤酒，张老板就利用他在工商税务部门的关系，以工商突击检查为名，对一些销售×啤酒的零售终端进行检查，并处罚了几个零售商，理由是×啤酒瓶盖生锈，啤酒内有异物，时效过期等。迫于压力，零售商纷纷拒绝销售×啤酒，经销商也感觉事态严重，适时退出了×啤酒，转而经销惠泉啤酒。在经过两个多月的折腾后，×啤酒在龙岩、漳州和其他 3 个地区的经销网络全部瘫痪，企业遭受了史无前例的重创。

问题：

1．这次造成张老板窜货的原因是什么？

2．分析以上渠道冲突的类型属于哪种？

3．请分析 X 啤酒在龙岩、漳州和其他 3 个地区的经销网络全部瘫痪，企业遭受史无前例的重创的原因有哪些？

4．企业为减小损失，解决该问题的办法有哪些？

项目 7

确定促销组合

思维导图

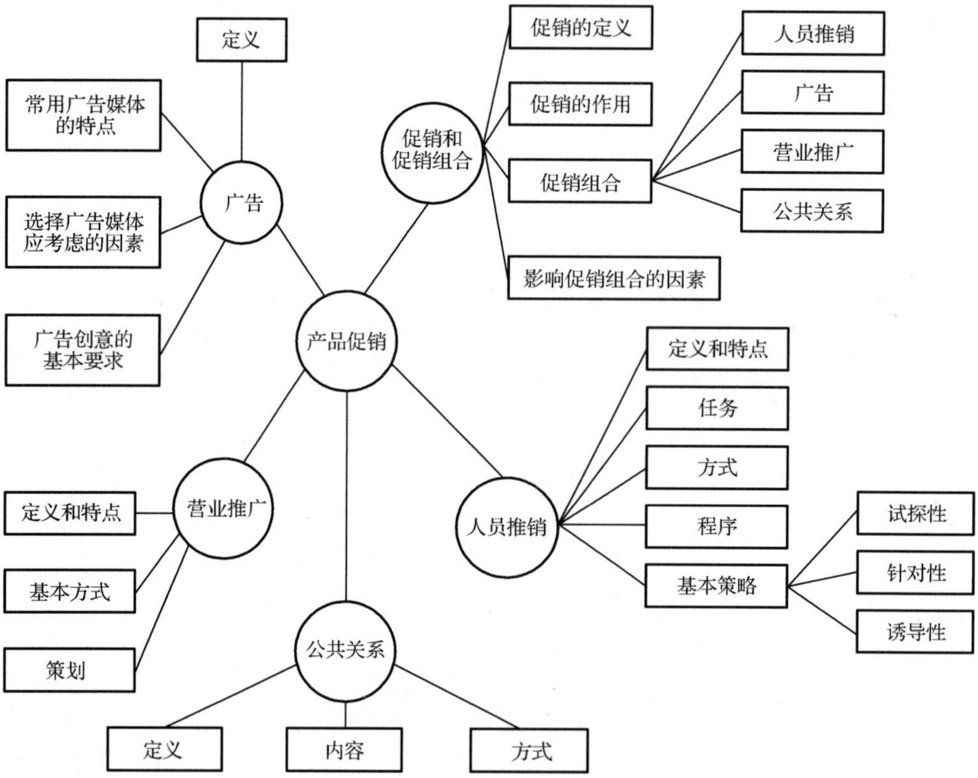

模块 1　促销和促销组合

学习目标

1. 了解促销的含义与作用
2. 理解促销组合的含义和构成
3. 掌握影响促销组合的因素

学法指导

任务一　探究“什么是促销和促销组合”

【步骤一】了解促销的定义与作用

案例启发　屈臣氏是长江和记有限公司旗下屈臣氏集团以保健及美容为主的一个品牌，在中国 200 多个城市拥有超过 1 000 家店铺和 3 000 万名会员，是中国目前最大的保健及美容产品零售连锁店。屈臣氏主要以传统节日促销活动为主，非常注重情人节、万圣节、圣诞节、春节等重要节日，促销主题多式多样。例如，“说吧，说你爱我吧”的情人节促销，“圣诞全攻略”“真情圣诞真低价”的圣诞节促销，“劲爆礼闹新春”的春节促销，还有以“春之缤纷”“秋之野性”“冬日减价”“10 元促销”“SALE 周年庆”“加一元多一件”“全线八折”“买一送一”“优惠券折扣”“60 秒疯狂抢购”“买就送”等为主题的促销活动。

（资料来源：百度文库）

合作探究　促销的定义。

企业通过各种方式将产品信息传达给消费者，引起其兴趣和关注，激发他们的购买欲望，促使他们购买。

重点点拨

（1）促销活动的实质是一种沟通、说服活动。

（2）一般来说，这种信息传递方式可分为两类：一是单向传递；二是双向传递。

感悟案例　促销的作用。

（1）提供信息，沟通关系。

（2）激发欲望，扩大需求。

（3）突出特点，树立形象。

（4）形成趋势，稳定销售。

【步骤二】探究“什么是促销组合”

案例启发　上海某化妆品厂在开拓全国市场时，成功地运用了促销组合策略。

该企业针对两种促销对象，设计了两种类型的促销组合。①以最终消费者为对象的促销组合，其基本策略是以塑造产品形象为目标的广告宣传活动，并辅之以一定的零售点营业推广活动。②以中间商为对象的促销组合，其基本策略是以人员促销为主导要素，配合以交易折扣和耗资巨大的年度订货会为主要特征的营业推广活动。

该企业在制定两种促销组合策略的基础上，对促销组合的几个方面都做了十分广泛而深入的工作。在广告方面，投资巨大，广告内容制作精良。除聘请著名影星参与外，还把强化企业整体形象作为重点，同时利用中国驰名商标的优势，强调“国货精品”“中华美容之娇”的品质。在广告媒体的选择方面，因其目标市场是国内广大中低收入水平的消费者，而电视在他们日常生活中占有重要地位，因而把 70%的费用用于电视广告，20%的费用用于制作各种形式的城市商业广告和霓虹灯、广告牌，其余 10%的费用用于其他形式的广告媒体。

在人员推销方面，全厂产品的销售任务由销售科全面负责。推销人员的工作实行地区负责制，每一省区配 1～3 名推销人员。此外，还派出营业员进驻全国各大百货商店的联销专柜，提高推销主动性。

在公共关系方面，每年投入 120 万～150 万元。其主要公关活动有召开新闻发布会、举办和支持社会公益活动等，如赞助“全国出租车优质服务竞争”，特别是针对女性对文艺活动的偏好等特点，赞助华东地区越剧大奖赛。

在营业推广方面，该企业对零售环节采取一些常规性的推广活动，创新不大。对批发环节则集中了主要精力，主要包括两类手段：①经常性手段，如价格折扣、促销津贴等；②即时性手段，如每年都举办隆重的订货会，既显示企业强大的实力，又进行了感情投资，融洽工商关系。

（资料来源：百度文库）

合作探究 1　促销组合的定义。

促销组合是指企业在促销活动中，把人员推销、广告、营业推广和公共关系有机地结合起来，综合运用，最大限度地发挥整体促销效果，激励和诱导目标市场消费者购买行为的一种策略。

重点点拨

（1）促销组合体现了现代市场营销理论的核心思想——整体营销。

（2）促销组合由人员推销、广告、公共关系、营业推广四种基本的促销方式构成。

对比分析 促销组合各构成要素的优缺点对比如表 7-1 所示。

表 7-1 促销组合各构成要素的优缺点对比

促销方式	优 点	缺 点
人员促销	直接沟通信息，反馈及时，可当面促成交易	占用人员多，费用高，接触面窄
广告宣传	传播面广，形象生动，节省人力	只能对一般消费者进行宣传，难以立即促成交易
公共关系	影响面广，信任程度高，可提高企业知名度和声誉	花费力量较大，效果难以控制
营业推广	吸引力大，激发购买欲望，可促成消费者当即采取购买行动	接触面窄，有局限性，有时会降低商品身份

合作探究 2 影响促销组合的因素。

（1）促销目标。

（2）产品类型。

（3）企业的促销策略。

（4）购买准备过程阶段。

（5）产品生命周期。

（6）经济前景。

重点点拨 影响促销组合的因素分析如表 7-2 所示。

表 7-2 影响促销组合的因素分析

影响因素	具 体 情 况	促 销 组 合
促销目标	迅速增加销量、扩大企业的市场份额	更多地使用广告和营业推广
	树立企业形象	宣传报道、公共关系
产品类型	消费品	以广告促销为主，辅以公共关系和营业推广，人员推销相对较少
	生产资料	以人员推销为主，配合公共关系和营业推广，而广告相对使用较少
企业的促销策略	“推动”策略	人员推销作用大
	“拉引”策略	广告作用大
购买准备过程阶段	知晓阶段	广告、营业推广、公共关系
	了解和喜欢阶段	广告、人员推销
	偏好和确信阶段	人员推销、广告
	购买阶段	人员推销、营业推广
产品生命周期	投入期	广告、公共关系、营业推广、人员推销
	成长期	广告和公共关系仍需加强，营业推广可相对减少
	成熟期	增加各种营业推广活动，削弱广告
	衰退期	营业推广，少量广告
经济前景	通货膨胀时	加强营业推广，减少广告；在促销中特别强调产品价值；提供咨询服务

同步训练

A 组

一、单项选择题

1．企业通过各种方式将产品信息传达给消费者，引起其兴趣和关注，激发其购买欲望，促使其购买的行为是（　　）。

A．促销　　B．促销组合　　C．营业推广　　D．公共关系

2．促销活动的实质是一种（　　）活动。

A．传递　　B．沟通、说服　　C．销售　　D．买卖

3．企业通过派出推销人员或委托推销人员亲自向顾客介绍、推广、宣传企业的产品，以促进产品的销售，这种促销方式是（　　）。

A．人员推销　　B．广告　　C．公共关系　　D．营业推广

4．企业在促销活动中采用“推动”策略，此时作用最大的促销方式是（　　）。

A．人员推销　　B．广告　　C．公共关系　　D．营业推广

5．（　　）促销方式影响面广，信任程度高，可提高企业知名度和声誉。

A．人员推销　　B．广告　　C．公共关系　　D．营业推广

6．在产品生命周期的（　　），促销组合应增加各种营业推广活动，削弱广告。

A．投入期　　B．成长期　　C．成熟期　　D．衰退期

7．在促销生产资料商品时，应以（　　）为主。

A．人员推销　　B．广告　　C．公共关系　　D．营业推广

二、判断题（正确的打“√”，错误的打“×”）

1．现代促销被认为是一种单向传递信息的沟通活动。（　　）

2．“推动”策略的促销对象是一般消费者。（　　）

3．针对消费品的促销应以广告促销为主，辅以公共关系和营业推广，人员推销相对较少。（　　）

B 组

一、单项选择题

1．企业在促销活动中，把人员推销、广告、营业推广和公共关系有机地结合起来，

综合运用，最大限度地发挥整体促销效果，激励和诱导目标市场消费者购买行为的一种策略是（　　）。

A．促销　　B．促销组合　　C．营业推广　　D．公共关系

2．促销组合体现了市场营销理论的核心思想——（　　）。

A．顾客需求　　B．社会营销　　C．整体营销　　D．大市场营销

3．企业以付费的形式，通过一定的媒介向广大目标顾客传递信息的有效方法是（　　）。

A．人员推销　　B．广告　　C．公共关系　　D．营业推广

4．（　　）促销方式吸引力大，能够激发消费者购买欲望，可促成消费者当即采取购买行动。

A．人员推销　　B．广告　　C．公共关系　　D．营业推广

5．企业在促销活动中采用“拉引”策略，其主要的促销对象是（　　）。

A．中间商　　B．零售商　　C．制造商　　D．消费者

6．在顾客的购买阶段，促销方式应以（　　）为主。

A．人员推销　　B．广告　　C．公共关系　　D．营业推广

7．（　　）促销方式只能对一般消费者，难以立即促成交易。

A．人员推销　　B．广告　　C．公共关系　　D．营业推广

二、判断题（正确的打“√”，错误的打“×”）

1．“拉引”策略的促销对象是中间商。（　　）

2．通货膨胀时期，人们对价格十分敏感，企业可加强营业推广，减少广告。（　　）

3．在成熟期应增加人员推销，削弱广告。（　　）

三、案例分析题

北方一家企业刚刚上市一种玉米食用油，为更好地在南方地区进行新产品推广，该企业进行了一系列的促销活动。首先，在该区域投放大量广告，动用了电视广告、公车广告、户外媒体广告、POP 张贴等广告资源；其次，通过各大超市、经销商进行商品推销，宣讲通路促销政策及相关行销支持，并根据经销商、零售点不同的促销要求，有针对性地进行营业推广，保证通路的畅通性。该企业的促销组合在促销方式上兼顾了经销商、零售点及消费者各方面的需求，使新产品在南方地区成功打开销路。

问题：

1．该企业玉米食用油的促销对象是谁？

2．该企业采用了哪些促销方式？这些促销方式有哪些优缺点？

牛刀小试

市场诊断 某大型涂料生产企业，推出了一种新的墙面漆。该产品原料及工艺均来自德国，产品通过ISO 9001和ISO 14001质量认证，并获得了国家环境保护协会的环保标志，可以说产品的质量和效果没有任何问题。在定价上，该产品走高价位路线。产品的消费群分为两类：一是家庭型消费，目标消费群锁定在28～36岁且收入较高的白领阶层；二是工程用，如酒店装饰。企业为该产品准备了上千万元的启动资金，准备在产品的品牌上多下功夫。产品上市初期经过2个月的准备，已经把货铺到城市的80多家主要终端。基于上述的资源和准备状况，企业决定在都市主流媒介进行全方位的广告宣传，主要在收视率较高的地方电视台，以及读者群较大的地方性晚报、早报、新闻报等发布广告。然而，大量的促销活动过后，销售效果并不好。

请分析，该涂料生产企业的促销组合策略有何问题？

（资料来源：百度文库）

模块2 人员推销

学习目标

1. 了解人员推销的定义与特点
2. 了解人员推销的任务
3. 了解人员推销的程序
4. 掌握人员推销的基本策略

学法指导

任务一 探究“什么是人员推销”

【步骤一】了解人员推销的定义和特点

案例启发1 一对夫妇带着孩子打算购买一张儿童床，在某商场儿童家具的销售区域驻足向某品牌的直销员刘云询问。刘云以亲切的态度进行了恰当说明后，发现孩子很喜欢自己家的产品，这对夫妻也有购买意向，于是她抓住时机发动热情攻势。刘云指着一张纯色实木的床问："你们看看这张床的大小符合你们的要求吗？"妈妈摇摇头，说颜色太单一了，想买一张色彩鲜艳的床给孩子。刘云又选择一款主打的公主系列的床给孩子和妈妈看，孩子很喜欢，但是妈妈似乎有些犹豫。刘云察觉到这一点，进一步询问这款床还有什么不满意的地方，妈妈表达了想要第二个孩子的打算与家中卧室空间有限的顾虑，这时刘云再次选择了一款双层床介绍给这一家人，最后促成了销售，顾客很满意。

合作探究 推销的定义。

人员推销是指企业通过派出销售人员，说服和诱导潜在顾客购买某种产品和服务，从而满足顾客需求并实现企业营销目标的活动过程。

课堂思考 人员推销的信息传递是双向的还是单向的？

案例启发 2 硅藻泥是目前比较流行且时尚环保的一种装修材料。为了对该产品进行推广，厂家在某商场设了样板间，并派人员进行促销活动。推销员刘强工作认真，仔细地寻找和识别潜在顾客。一位年轻的妈妈看了样板间的展示之后说："样式没有壁纸多，价格也比涂料高。"刘强听了，耐心地向顾客讲解了众多装饰材料之间的优势与劣势，强调对一个家庭来说，环保才是最重要的。顾客又看了一下产品，依然犹豫不决，主要是考虑价格上有点昂贵。这时刘强将公司的促销活动拿给这位女士，建议她抓住这样的促销机会，将安全环保的家装材料带回家。最后，这位女士同意购买，刘强拿到了第一笔订单。

重点点拨 人员推销的特点。

（1）人员推销有较强的针对性。

（2）人员推销具有较大的灵活性。

（3）人员推销可以培养感情，建立销售人员与顾客间的友谊。

（4）人员推销直接接触顾客，可以有效搜集市场信息，双向沟通。

（5）人员推销在相信和购买阶段起着极其重要的作用。

（6）人员推销常用于竞争激烈的情况，企业需要耐心说服顾客，解答疑难问题，并根据顾客需要，进行定制式营销，才能取得较好的销售成效。

【步骤二】确定人员推销的任务

案例启发 某办公用品企业采取人员推销的方式向各单位推销一种打印机。该企业的推销员小王通过网络及朋友介绍，找到了几家潜在客户的电话和地址。小王并没有急于上门推销，而是准备好了几台自己公司的打印机。小王带着产品逐个去拜访，进行自我介绍后将公司产品进行了展示，并强调可以先试用一段时间，如果感觉不满意随时可以退货。

大部分客户都接受了小王的建议，将产品留在自己公司试用。过了一段时间后，小王又分别打去电话，针对客户对产品使用的情况进行了回访，大多数客户对产品表示满意，于是小王就成功地将产品推销了出去。

合作探究 人员推销的任务。

（1）挖掘和培养新顾客。

（2）沟通信息。

（3）推销商品、满足顾客需要。

（4）提供服务。

任务二 选择某商品进行人员推销（如电话卡、电脑等）

【步骤一】选择人员推销的方式

（1）推销员对单个顾客。

（2）推销员向采购小组介绍推销产品。

（3）推销小组向采购小组推销产品。

（4）会议推销，如洽谈会。

（5）研讨会推销。

【步骤二】规划人员推销的程序

重点点拨

（1）寻找顾客。

① 鉴定潜在客户：潜在客户必须具备有需要、有购买能力、有购买决策权、有接近的可能性、有使用能力 5 个条件。

② 选择方法：个人观察、访问、查阅资料、广告开拓等。

（2）事前准备。列出你应做的准备。

① 客户的情况方面：生产状况、资金状况、需要什么、谁参与决策购买、购买者的性格特征及购买风格，还要彻底了解本企业产品的各方面情况和企业的方针。

② 推销方法方面：私人拜访、电话访问或信函访问。

③ 销售战略方面：准备好样品、说明材料，以及应变语言。

（3）接近。

① 确定接近目标：给对方一个好印象；验证在预备阶段所得到的全部情况，为后面的谈话做好准备。

② 选择接近方法：如推销品接近、赞美接近、问题接近、求教接近，等等。

③ 选择最佳的接近方式和访问时间。

（4）介绍。确定说服的主要方法，如针对顾客的心理，灵活地运用提示或演示等方法。

（5）应付异议。选择应付异议的方法：询问处理法、补偿处理法、预防处理法和延期处理法等。

（6）成交。选择成交的方法，如提出选择性决策、提出建设性决策、提供价格优惠、提供便利服务、提供某种保证或汇集优点及利益等。

（7）事后跟踪。认真执行订单中的承诺，如交货期、安装和维修等。

合作探究

（1）介绍阶段是推销过程的核心。

（2）化解顾客异议是推销洽谈的重要组成部分。

（3）达成交易是访谈的直接目的。

【步骤三】确定人员推销的基本策略

案例分析

案例一：甘道夫是全球唯一一位年销售额过 10 亿美元的人寿保险代理人。他刚开始干保险时就告诫自己，每年都要跟踪拜访所有客户一次。有一次，一位大学生从他那里买了一万美元的人寿保险，后来他去了佛罗里达，任州参议院侍从。甘道夫一直保持一年至少跟他联系一次。有一次，在州参议员的家庭鸡尾酒会上，一位客人病发晕过去，这位侍从曾受过心肺复苏训练，救了他的命。而这位病人恰好是全美首富之一。过了几年，这位商人打算借一大笔钱投资房地产。这位侍从就打电话给甘道夫："我知道你在保险业做得很大，能帮我的老板一个忙吗？他要贷款两千万搞一个房地产项目，你能否帮他与你的一个客户搭个桥？"甘道夫答应了，给几家保险公司打电话，安排了其中一家与这个商人见面。时隔不久，商人邀请甘道夫到他的游艇上做客，当天下午，甘道夫卖给他 2 000 万美元的保险为这笔贷款做担保。

（资料来源：百度文库）

案例二：在某友谊商店里，一对外商夫妇对一只标价 8 万元的翡翠戒指非常感兴趣。售货员做了一些介绍之后说："某国的总统夫人也曾对它爱不释手，只是因为价格有些贵而放弃购买。"这对夫妻听了之后，欣然买下。

（资料来源：百度文库）

案例三：保险推销人员与顾客的谈话。

西蒙内尔在一家食品批发公司做冰激凌推销员时，曾结合自己的特点，并充分考虑顾客的需求和思考方式，别出心裁地自制了一种推销用具——推销相簿。西蒙内尔在记事本里贴上几年来在这里批发食品的上百家零售店的彩色照片。记录着这些零售店的冰柜、橱窗、门面等一系列的变化，还贴有零售店老板及家人、售货员的照片，并附有他们的留言。

在交易过程中，他经常把相簿拿给客户欣赏，并尽心尽力地回答客户提出的各种问题，生意不知不觉就做成了。这本“推销相簿”在西蒙内尔的成功史中扮演了非常重要的角色。

问题 上述三个案例分别体现了哪种推销策略？

重点点拨

（1）试探性策略：“刺激—反应”策略，是指推销人员利用刺激性的方法引发顾客的购买行为的策略。

（2）针对性策略：“配方—成交”策略，是指通过推销人员利用针对性较强的说服方法，促成顾客发生购买行为的策略。

（3）诱导性策略：“诱发—满足”策略，是指推销人员运用能激起顾客某种欲望的说服方法，唤起顾客的潜在需求，诱导顾客采取购买行为的策略。

同步训练

A 组

一、单项选择题

1．人员推销的首要任务是（　　）。

A．寻找企业新顾客　　B．沟通信息

C．推销商品　　D．提供服务

2．人员推销程序的第一步是（　　）。

A．事前准备　　B．寻找顾客　　C．接近　　D．介绍

3．（　　）策略的关键是要促使顾客产生强烈的信任感。

A．试探性　　B．刺激性　　C．诱导性　　D．针对性

4．关于人员推销的特点，下列说法错误的是（　　）。

A．针对性强　　B．用于竞争不激烈时

C．双向沟通信息　　D．灵活性大

二、判断题（正确的打“√”，错误的打“×”）

1．人员推销与其他促销方式相比，有较强的针对性。（　　）

2．人员推销是一种单向信息沟通。（　　）

3．产品售出后意味着整个推销过程的终止。（　　）

B组

一、单项选择题

1. 人员推销的根本任务是（　　）。

A. 寻找企业新顾客　　B. 沟通信息

C. 推销商品　　D. 提供服务

2. 推销过程的中心是（　　）。

A. 接近阶段　　B. 介绍阶段　　C. 应付异议　　D. 成交

3.（　　）策略的关键是要引起顾客的积极反应，激发顾客的购买欲望。

A. 试探性　　B. 针对性　　C. 诱导性　　D. 刺激性

4. 推销访谈的直接目的是（　　）。

A. 介绍商品　　B. 应付异议　　C. 达成交易　　D. 事后跟踪

二、判断题（正确的打“√”，错误的打“×”）

1. 通过推销人员利用针对性较强的说服方法，促成顾客购买行为的发生的策略是“刺激—反应”策略。（　　）

2. 良好的服务是推销成功的保证。（　　）

3. 寻找顾客即寻找可能购买的顾客，包括有支付能力的现实购买者和未来可能成为企业产品购买者的消费者。（　　）

三、案例分析题

王女士正在某化妆品专柜选购化妆品，导购员小李发现王女士的皮肤比较干燥，便主动接近王女士，并向王女士推荐了补水、保湿效果特别好的一款热销系列产品，王女士对产品非常满意，只是觉得价格有些偏高。

问题：

1. 小李采用了哪种人员推销的基本策略？

2. 如果你是小李，你将如何处理王女士的价格异议？

3．人员推销的特点有哪些？

牛刀小试

推销模拟训练

题目：把鞋子卖给非洲客户。

目的：1．训练学生的营销思维。

2．训练学生在最困难的情况下如何设计推销策略，如何传递使人信服的信息。

程序：1．每4人一组。

2．分小组了解、研究相关情况，制定相应的推销策略。

3．选出两个小组的代表，一个模拟推销员，一个模拟非洲客户进行推销模拟。

模块3　广　　告

学习目标

1．了解广告的定义与作用

2．理解常用广告媒体的特点

3．理解选择广告媒体应考虑的因素

4．理解广告创意的基本要求

学法指导

任务一　探究“广告的定义及作用”

【步骤一】了解广告的定义

合作探究　广告的定义。

狭义的广告又称为商业广告，是指由商品经营者或服务提供者承担费用，通过一定媒介和形式，以劝说的方式向目标市场推销产品、服务或观念的活动。

企业广告的目的：传播经济信息从而达到促销的目的。

课堂思考

（1）不用付费的是不是广告？

（2）企业广告的目的是什么？

【步骤二】 总结广告的作用

案例分析　vivo 手机最近几年受到消费者热捧，这与公司的广告运营宣传有着非常大的关系。vivo 手机为众多主流的卫视台、黄金档的广告位、综艺节目冠名，找了国内外众多一线当红明星为其代言，疯狂地把广告砸过去，形成一种洗脑式的传播。自 2011 年以来，vivo 的广告几乎占据了国内所有收视率较高的电视节目，如《快乐大本营》《天天向上》《非诚勿扰》《中国达人秀》等。不难看出，vivo 的电视广告并不分散，而是集中在最热的综艺节目上，使观众有了其广告铺天盖地的印象。

合作探究　广告的作用。

（1）传递信息，诱导消费。

（2）介绍商品，引导消费。

（3）树立形象，促进销售。

任务二　选择某种产品（如药品、数码相机、剃须刀、儿童饼干、高档女装、汽车导航仪等），为其进行广告设计

【步骤一】 确定广告媒体

合作探究　搜集报纸广告、杂志广告，留意身边的广播广告、电视广告、户外广告、销售现场广告和新媒体广告，比较其各自的特点。

归纳总结　各类广告的优缺点如表 7-3 所示。

表 7-3　各类广告的优缺点

媒　体	优　点	缺　点
报纸	覆盖面广，读者广泛而稳定； 传播信息迅速及时，且可供人们反复阅读； 信息易于长期保存，可反复刊登，加深人们的印象； 制作简单，方便灵活，费用低廉	受版面限制大，表现形式单调，易被读者忽视； 时效短，表现力差
杂志	专业领域分布广泛； 广告的目标明确，宣传针对性强； 广告制作精良，有极大的吸引力； 能长期保存，阅读率高	读者面较窄，专业杂志只适合专业性的广告； 出版周期长、时效性差； 制作比较复杂，费用相对比较高
广播	语言和音响效果的传播不受时空限制； 传播速度快，灵活性极强； 传播的对象广泛，针对性强； 可以多次重复，加深人们的印象	声音传送信息，表现力差； 声音转瞬即逝，难以记忆和保存

续表

媒　体	优　点	缺　点
电视	覆盖面广，促销作用明显； 声形并茂、画面优美、表现手法丰富； 信息传送不受时空限制，具有强制力	制作、播出费用较高； 电视信息不易被保留； 目标观众不易选择，针对性差； 反复播放同一内容的广告也会产生逆反心理
户外	广告形象生动，反复诉求效果强； 有利于加深消费者对产品和企业形象的印象； 传播主题鲜明，能吸引消费者的注意	地点选择有一定的限制； 修改难度较大； 不易长期保持鲜明整洁的形象
销售现场	设计独特、主题鲜明、富有艺术感染力； 增加购物气氛，美化环境，推销作用强	如使用不当，会产生陈旧、单调、拥挤、零乱的感觉，有损商品和企业的形象
新媒体	传播速度快、覆盖面广、时效性强，具有一定的交互性，形式多元化，跨越了时空的界限	权威性薄弱，受众的信任度偏低，广告信息易被过滤

案例启发　大宝是北京三露厂生产的护肤品，在国内化妆品市场竞争激烈的情况下，大宝不仅没有被击垮，而且逐渐发展成为国产名牌。在日益增长的国内化妆品市场上，大宝选择了普通工薪阶层作为销售对象。既然是面向工薪阶层，销售的产品就一定要与他们的消费习惯相吻合。一般来说，工薪阶层的收入不高，很少选择价格较高的化妆品，而他们对产品的质量也很看重，并喜欢固定使用一种品牌的产品。因此，大宝在注重质量的同时，坚持按普通工薪阶层能接受的价格定价。其主要产品“大宝 SOD 蜜”市场零售价不超过 10 元，日霜和晚霜也不超过 20 元。其价格同市场上的同类化妆品相比占据了很大的优势，本身的质量也不错，再加上人们对国内品牌的信任，大宝很快争取到了消费者。许多消费者不但自己使用，也带动家庭其他成员使用大宝产品。大宝还了解到，使用大宝护肤品的消费者年龄在 35 岁以上者居多，这一类消费者群体性格成熟，接受一种产品后一般很少更换。这种群体向别人推荐时，又具有可信度，而化妆品的口碑好坏对销售起着重要作用。大宝正是靠着群众路线获得了市场。

在广告宣传上，大宝强调广告媒体的选择一定要经济而且恰到好处。因而选择了中央电视台二套节目播出，理由是二套的广告价格较一套便宜许多，还可以套播。大宝赞助了大宝国际影院和大宝剧场两个栏目。这样加起来，每日在电视上能见到七八次大宝的广告，如此高密度、轰炸式的广告，为大宝带来了较高的知名度。

广告的成功还在于广告定位与目标市场吻合。大宝曾经选用体育明星、影视明星做广告，但效果不是很好。后来大宝一改化妆品广告的美女与明星形象，选用了戏剧演员、教师、工人、摄影师等实实在在的普通工薪阶层，在日常生活的场景中，向人们讲述了生活和工作中所遇到的烦恼，以及用了大宝护肤品后的感受。广告的诉求点是工薪阶层所期望解决的问题，于是，“大宝挺好的”“想要皮肤好，早晚用大宝”“大宝，天天见”等广告词深深植入老百姓的心中。

问题

（1）大宝为什么会主要选择中央二套节目投放广告，而不选择中央一套或地方电视台？

（2）大宝如果选择广播广告效果会好吗？

归纳总结 选择广告媒体应考虑的因素如下：

（1）注意广告传播的对象。

（2）注意产品的销售范围。

（3）注意广告媒体的影响力。

（4）注意广告的费用。

（5）注意商品的特性。

【步骤二】广告创意策划

案例启发

脑白金

说起脑白金，估计连三岁孩童也能唱出来“今年过节不收礼，不收礼呀不收礼，收礼只收脑白金，脑——白——金”。脑白金是一种普通的保健食品，其功效屡遭专家质疑、媒体批评和消费者非议。然而，就是这样一个产品，靠着这样的广告，竟然风靡全国，创造了销售的奇迹，成为时尚的礼品。

脑白金不仅创造出了一种作为礼品来消费的保健品的概念和与之相对应的新兴市场，而且还通过同样新颖独特的广告战略作为支撑，将这种新概念进行推广，从而彻底抢占了这一新市场，将竞争者远远地甩在后面，

脑白金的广告策略是追求最有效的途径、最合适的时段、最优化的组合，不求全但求到位。在市场启动期，脑白金基本以报媒为主，选择某城市的 1～2 家报纸，以每周 1～2 次的大块新闻软文，集中火力展开猛烈攻势，随后将十余篇的功效软文轮番刊登，并辅以科普资料作证。这样的软文组合，一个月后就收到了效果，市场反响强烈，报媒为产品开道，大大唤醒了消费者的需求，刺激引导了购买欲望。与此同时，脑白金也在终端做了些室内广告，如独创的产品大小模拟盒、海报、POP 等，在媒体中最值得研究的是那本《席卷全球》小册子。

在成长期，脑白金的媒体重心则向电视广告转移。电视广告每天滚动播出，不断强化产品印象，广大中老年人有更多的机会接触电视，接受产品信息。脑白金电视广告分为三

种版本。一为专题片，二为功效片，三为送礼片。三种版本广告相互补充，组合播放，形成了铺天盖地的态势，产生了不同凡响的传播效果。在产品成熟期，脑白金每天播放八部专题片。一般在黄金时段、亚黄金时段播放一次，视具体情况而定。脑白金的送礼广告，更趋向于黄金时段，强调组合使用、系列性，但时间上要错开。

问题：

（1）脑白金是如何把产品与受众的情感联系起来的？

（2）从广告的创意、音乐、人物等方面来分析以上创意是如何向我们表现广告主题的。

合作探究 广告创意的基本要求。

（1）表现广告的主题。

（2）能引人注目。

（3）独特新颖。

（4）简明易懂。

（5）传达情感。

同步训练

A 组

一、单项选择题

1．覆盖面广，信息迅速及时，但时效短，表现力差的广告媒体是（　　）。

A．报纸　　B．杂志　　C．广播　　D．电视

2．语言和音响效果的传播不受时空限制，灵活性极强，针对性强但难以记忆和保存的是（　　）。

A．报纸　　B．杂志　　C．广播　　D．电视

3．广告创意的核心是（　　）。

A．表现广告主题　　B．引人注目　　C．独特新颖　　D．简明易懂

4．实现广告目标的第一步是（　　）。

A．表现广告主题　　B．引人注目　　C．独特新颖　　D．简明易懂

5．广告的基本作用是（　　）。

A．传递信息　　B．诱导消费　　C．介绍商品　　D．树立形象

二、判断题（正确的打“√”，错误的打“×”）

1．广告是一种开放式的大众传播活动，通常将其理解为付款式宣传。（　　）

2．付费的宣传是广告，不付费的宣传不是广告。（　　）

3．凡是以说服的方式所进行的公开宣传，都可以称为广告。（　　）

B 组

一、单项选择题

1．日本丰田的广告集中在男士们每天必看的报纸上，或在公路旁和街头。很少在电视上做广告。影响广告媒体选择的因素是（　　）。

A．注意产品销售的范围　　B．注意广告传播的对象

C．注意广告媒体的影响力　　D．注意广告的费用

2．传播速度快、覆盖面广、时效性强，具有一定的交互性，形式多元化，跨越了时空的界限的广告媒体是（　　）。

A．报纸　　B．新媒体　　C．广播　　D．电视

3．具有设计独特、主题鲜明、富有艺术感染力，增加购物气氛，但会产生陈旧、单调、拥挤、凌乱的感觉的广告媒体是（　　）。

A．报纸　　B．杂志　　C．销售现场　　D．电视

4．可以传播声、形、乐，具有视、听、读综合效果的最佳广告媒体，现代生活不可缺少的信息交流工具是（　　）。

A．报纸　　B．杂志　　C．广播　　D．电视

5．制作成本最高的广告媒体是（　　）。

A．报刊　　B．杂志　　C．广播　　D．电视

二、判断题（正确的打“√”，错误的打“×”）

1．介绍商品是广告最基本的作用。（　　）

2．报纸作为一种广告媒体最早出现在 18 世纪中期。（　　）

3．广告创意必须以广告主题为核心，紧扣广告主题。（　　）

三、案例分析题

2004 年 11 月 18 日，北京梅地亚中心高朋满座，高潮迭起，被视作“中国经济晴雨表”的中央电视台黄金段位广告招标会隆重举行。

“3.851 5 亿元，成交！”主持人一声令下，宝洁公司最终成为 2005 年度新标王，成为

本次招标会上最大的赢家。这是央视招标 11 年来，标王首次被外资企业夺得，也是首次被日化企业夺得。

据悉，此次宝洁公司“所中之标”包括央视《焦点访谈》后最为昂贵的一个标段。除了宝洁公司外，标会现场也不乏隆力奇、联合利华、高露洁、丝宝等其他日化精英的身影。

宝洁公司大中华区媒介总监庞志毅告诉《中国品牌》，这是他第一次参加这样的投标活动。但是尽管是第一次，宝洁公司在招标会开始之后争夺黄金时段广告资源的意图还是让在场的企业感到了压力。招标会上，短短一个上午，宝洁公司虽然举牌次数不多，但是共取得了 5 个时段的标的，中标额近 2 亿元。

（资料来源：新浪网）

问题：

1. 宝洁公司以 3.851 5 亿元的费用支出成为 2005 年度央视的标王，试分析企业这一做法的原因及目的。

2. 电视广告与其他媒体广告相比有哪些优缺点？

牛刀小试

【模拟实训】

题目：为某产品设计系列杂志广告。

目的：培养学生的广告创意与策划能力。

步骤：1. 每个学习小组选择一种产品（如香水、手机、化妆品等）并为其设计一个新品牌。

2. 确定一个广告主题。

3. 设计广告视觉图。

4. 向其他组的同学展示广告，并进行说明。

模块 4　营 业 推 广

学习目标

1. 了解营业推广的定义和特点
2. 掌握营业推广的基本方式
3. 了解营业推广策划

学法指导

任务一　探究“什么是营业推广”

【步骤一】了解营业推广的定义

案例启发　2000 年左右，联想集团面临 PC 行业市场的低迷，决定全面启动液晶电脑市场，寻求新的增长点。蓝色光标公司执行了液晶电脑前后 4 个阶段全部的营业推广工作：发布跌破万元的液晶电脑上市信息，召开首次消费者 IT 发布会，与全球六大液晶显示巨头签约联盟，掀起全民液晶风暴。

（资料来源：百度文库）

问题：本案例中所采用的是哪一种促销方式？请对此种促销方式谈谈你的看法。

合作探究　营业推广是一种刺激消费者迅速购买和经销商大批经营的短期促销方法。其对象为消费者和经销商。营业推广的功能是刺激消费者迅速购买和经销商大批经营。

【步骤二】了解营业推广的特点

案例启发　滴滴打车是一个中国知名的打车平台，被称为手机“打车神器”，是备受用户喜爱的“打车”应用。目前，滴滴已从出租车打车软件，成长为涵盖出租车、专车、快车、顺风车、代驾及大巴等多项业务在内的一站式出行平台。从平台运营开始，滴滴打车就推出了一系列的营业推广策略：①滴滴打车与微信支付开展活动，微信支付客户立减 10 元，司机立奖 10 元；②双方推出第二轮营销，将返现额度减为 5 元；③双方开启第三轮补贴活动，补贴总额达 10 亿元。如此大规模的补贴，滴滴完全是在烧钱，公司处于亏欠状态。如此举措的目的就是要培育市场，培养用户习惯。如此大规模的补贴力度，相当诱人，急速推广，抓住客户。后期，该平台在 App 主界面插入广告，收取广告费；同时还收集客户的地理定位信息，在对客户信息掌握的程度方面又上了一个巨大的台阶。当消费者养成习惯，滴滴拥有庞大的用户群之后，它开始向出租车公司收取费用。而且，客户的支付习惯也为公司带来了不菲的利润。

课堂思考

（1）分析滴滴打车在运营推广之初大规模进行补贴的意义。

（2）滴滴打车的营业推广为公司带来了哪些效果？

合作探究 营业推广的特点。

（1）营业推广促销效果显著。

（2）营业推广是一种辅助性促销方式。

（3）营业推广若使用不当会有贬低产品之意，使用时要注意选择恰当的方式和时机。

任务二 选择某种消费品（如口香糖、饮料、洗发水等），为其进行营业推广策划

【步骤一】掌握营业推广的基本方式

案例分析

农夫山泉新饮料的上市策划案 ——茶π

针对消费者的促销

农夫山泉在一些公共场所，如广场、学校、超市门口等人流量较多的地方，开展促销活动。同时，它还配发宣传单，做大量的宣传，突出产品的特性。农夫山泉通过该促销方式，加大产品的知名度，提升广大消费者对该产品的认识，具体方式如下。

（1）试饮：对参与互动活动的消费者赠送一瓶饮料。

（2）抽奖：集盒上剪角，或者买一箱附抽奖券。

（3）赠奖：集盒上剪角即送小瓶装赠品。

（4）在人口流动大的社区设立产品展示柜。

针对经销商的促销

（1）活动简述：经销商进货达到一定数量后给予直接的价格折扣或赠品。进货越多价格折扣或赠品也相应越多。

（2）活动目的：刺激经销商对新产品的采购，建立必要的库存，以备产品向下游客户的持续推动。

（3）活动地点：各个大中型卖场。

（4）操作要点：确定参加促销活动的客户范围、时间及产品。

（5）设定不同的级别、不同规模和出货量的经销商应有不同的折扣额度。

针对推销人员的促销

（1）活动简述：推销人员推销到一定数量后给予相应的提成，提成随着推销数量的增多而提高。推销最多的人还可以得到一定奖金，并可以去旅游。

（2）活动目的：提高推销人员的积极性，提高销售数量。

（资料来源：百度文库）

合作探究

（1）针对消费者的营业推广方式如表 7-4 所示。

表 7-4　针对消费者的营业推广方式

内　容	特　点	形　式	适　用	注　意
赠送样品	推出新产品、占领新市场时常用的一种有效方式	直接邮寄、街头分送、媒体分送、店内赠送		样品应让消费者认识到其利益
折价券（优惠券、折扣券）	持有者凭券在限定期限内购买商品时可以低于商品标价购买商品的一种凭证	折价券可直接邮寄、附在其他商品中、随广告附送	购买频率高或一次购买量较大的商品	
特价	以低于常规价格出售的一种方法，对刺激短期销售效果较好	单列减价 1、组合减价		不要给顾客留下处理滞销产品或库存的印象
产品陈列或示范	展示产品的性能与特长，打消顾客疑虑	利用有利位置进行橱窗陈列、柜台陈列或流动陈列； 进行操作使用示范		
交易印花	顾客购买商品后，将所发的印花集到一定张数后，便可换取赠品或享受优惠折扣	积分卡的形式操作，分一次性或几次累计消费到一定金额后领取贵宾卡，长期享受折扣优惠		
随货赠品	指消费者买 A 商品送 B 商品	包装内、包装上、包装外	早期被商品供应厂商所使用	

（2）针对中间商的营业推广方式如表 7-5 所示。

表 7-5　针对中间商的营业推广方式

内　容	特　点	形　式	适　用	注　意
销售折扣	对长期合作或销售努力的中间商给予一定的折扣	批量折扣、现金折扣、季节折扣		
资助奖励	生产企业为鼓励中间商经营本企业产品，采用资金奖励或补贴形式	经销补贴（当中间商第一次订货或大量订货时，给予购买补贴）； 展品补贴（免费赠送橱窗、柜台中的陈列样品）； 广告津贴、清货津贴和降价津贴等		
赠品		赠送有关设备。向中间商赠送陈列商品、销售商品、储存商品或计量商品所需要的设备，如货柜、冰柜、容器和电子秤等； 广告赠品	一些日常办公用品和日常生活用品	上面都印有企业的品牌或标志

续表

内　　容	特　　点	形　　式	适　　用	注　　意
节日公关	邀请中间商参加，以加强彼此的合作	集中举办各类招待会、免费旅游等活动		在节日来临之际
业务会议	举行多方参加的购销业务会议，在短期内集中订货，促成大量交易			每年在销售旺季来临之前
代销	对新产品、进行市场渗透的产品和企业滞销的产品开展代销业务对企业利益最大	企业寻找合适的代理商； 企业委托经销商开展本企业产品销售的代理业务	企业的任何商品都可以代销	

（3）针对推销人员的营业推广方式如表 7-6 所示。

表 7-6　针对推销人员的营业推广方式

内　　容	特　　点	形　　式
销售红利	以鼓励推销人员多推销商品	事先规定推销人员的销售指标，对超指标的推销人员按比例提取一定的红利
推销竞赛	用以鼓励推销员，调动推销人员的积极性	在推销人员中发起销售竞赛，对推销产品有功的人员或销售额领先的推销人员给予奖励
特别推销金	以鼓励其努力推销本企业的产品	企业给予推销人员一定的现金、礼品或本企业的产品

【步骤二】营业推广的方式策划

案例分析　炎炎夏日，酷暑难耐，是很多商品的销售淡季。很多商品便借机进行促销活动，以便达到淡季不淡、反季节销售或增加销量的目的。总之，各个厂家在市场淡季的时候，谁也不敢偷懒。

胡姬花品牌食用油是山东省食用油中的知名品牌，虽然在国内排不到前几名，但凭借公司的雄厚实力和不良好质量，在食用油市场一直有稳定的表现。青岛市是公司的重点市场，自进入淡季以来，销售一直没有起色。一进入 6 月，公司领导便考虑在大的卖场进行一次统一的促销活动，以便提升销量。经过客户走访，特别是促销主管极力建议，认为胡姬花是名牌不错，但美誉度一直比不上第一品牌，因此在商超直接面对消费者促销时，关键是真正的让利和实惠，这样销量肯定会大幅增长。

通过申请和走访市场，活动方案正式形成。

活动时间：6 月 27—28 日，周六、周日两天。

活动地点：青岛市所有大型卖场。

活动内容：现场对消费者进行促销，针对销售最好的品种 5 升装花生油进行让利促销。

（1）对 5 升装花生油进行特价销售，价钱从原来的每桶 79.9 元优惠到每桶 73.5 元。

（2）每购买 5 升装花生油一桶，赠送 900 毫升装花生油一瓶。

（3）现场进行抽奖活动，每购买一桶 5 升装花生油均有一次抽奖机会，奖品从笔记本电脑到 900 毫升装小瓶油不等，中奖率为 47%。

同期的另一品牌 5 升装花生油销售价格为 85 元一桶，而胡姬花这么大的促销力度，不信没人买！

周六上午，家乐福山东路店，9:00 正式营业后，顾客陆陆续续到来，但是能走到最后靠里的胡姬花展架前的人稀稀疏疏，尽管促销员大声招揽，临时促销员也很尽力地吆喝，但展架前的人一直很少，直到上午 10:30，只销售 20 桶，和往常周六销售 15 桶的数量相比，几乎没有多大效果。最终的销售量说明活动效果不好，原来期望的活动效果并没有达到。

这次活动已经基本宣告失败。

（资料来源：天极网）

分组讨论

（1）本次促销活动使用的营业推广的方式有哪些？

（2）本次促销活动失败的原因是什么？

（3）从头到尾来审视这次促销活动，教训异常深刻，我们更能意识到活动规划的重要性。如果需要改善应在哪些地方做好本次促销活动？

合作探究　为保证营业推广活动取得预期的效果，事先必须进行周密策划。

（1）确定推广目标。

① 对消费者的推广目标是鼓励其试用和反复购买。

② 对中间商的推广目标是鼓励其大量推销本企业产品，吸引他们经营企业的新商品和维持较高的存货水平。

③ 对推销人员的推广目标是鼓励他们大力推销新产品、寻找新客户，激励他们推销过季或积压的产品。

（2）制定推广方案。

① 激励幅度：即确定激励的经济有效限度。激励强度不够，不能引起刺激对象的较大反应，达不到预期目标；反之，若激励幅度过大，不仅会影响企业经济效益，而且会适得其反，引起逆反心理和逆反行为。

② 推广对象：根据企业的营销目标和促销目标，合理确定推广对象的范围和条件。

③ 推广方式：综合考虑市场类型、营销目标、竞争环境，以及各种推广方式的资金和效率等，从中选择适当的方式。

④ 推广途径。

⑤ 推广期限：时间过短，许多可能的消费者还未来得及购买，活动即已结束；若持续时间太长，会给消费者造成变相降价的印象，从而失去吸引力，甚至会引起消费者对产品质量的怀疑。

⑥ 推广时机：考虑产品所处的生命周期阶段、竞争状况及消费者购买习惯等因素。

⑦ 推广预算：一是成本累加法，即将各环节预计的成本费用相加得出该次推广的总费用预算；二是比率法，确定企业促销总费用，然后按一定百分比进行分配，确定企业推广总费用。

（3）方案的测试、实施和评估等。

（4）营业推广方案的实施。要密切注意市场的变化，以便根据实际情况对推广方案进行及时调整。

（5）营业推广方案的评估。一是要看这次推广的经济效益；二是要看对消费者态度等方面的影响。

同步训练

A 组

一、单项选择题

1．对于消费者而言，企业推出新产品、占领新市场时常用的有效方式是（　　）。

A．折价券　　B．赠送样品　　C．特价　　D．交易印花

2．适用购买频率高或一次购买量较大的商品的营业推广方式是（　　）。

A．折价券　　B．赠送样品　　C．特价　　D．交易印花

3．以低于常规价格出售的一种方法是（　　）。

A．折价券　　B．赠送样品　　C．特价　　D．交易印花

4．对中间商采用的营业推广方式是（　　）。

A．折价券　　B．赠送样品　　C．赠送设备　　D．交易印花

二、判断题（正确的打“√”，错误的打“×”）

1．代销是针对消费者的营业推广方式。（　　）

2．营业推广是一种辅助性促销方式。（　　）

3．推销竞赛是针对中间商的一种营业推广方式。（　　）

B组

一、单项选择题

1．下列不属于针对推销人员的营业推广方式是（　　）。

A．销售红利　　B．销售折扣　　C．推销竞赛　　D．特别推销金

2．对消费者的推广目标通常是（　　）。

A．了解市场，促进产品试销对路　　B．大力推销新产品、寻找新客户

C．鼓励其试用和反复购买　　D．帮助企业与各界公众建立良好关系

3．拥有黄金陈列位置的牙膏无人问津，而陈列在倒数第二层货架的黑人牙膏却备受青睐。原来，捆绑在黑人牙膏上的一辆小小的玩具车，成为现场小朋友和大人们关注的焦点。为了得到这辆玩具小车，孩子们简直成为黑人牙膏的“义务导购员”。他们把大人往黑人牙膏货架前拉，吵着嚷着一定要大人买黑人牙膏。以上使用的营业推广方式是（　　）。

A．折价券　　B．赠送样品　　C．随货赠品　　D．交易印花

4．生产企业给予中间商的广告津贴属于（　　）。

A．销售折扣　　B．资助奖励　　C．赠品　　D．节日公关

二、判断题（正确的打“√”，错误的打“×”）

1．买 A 商品送 B 商品，这是针对中间商的营业推广方式。（　　）

2．经销补贴是针对推销人员的营业推广方式。（　　）

3．营业推广若使用不当会有贬低产品之意。（　　）

三、案例分析题

免费赠送是一种促销方法，就其实质而言是一种销售促进策略。日本万事发公司就是利用这一方法一炮打响的。在相当长的一段时间内，万事发香烟的销路打不开，公司面临倒闭的威胁，于是公司决定以“免费赠送”进行促销。公司老板在各主要城市物色代理商，通过代理商向当地一些著名的医生、律师、作家、影星、艺人等按月寄赠两条该牌香烟，而每过一段时间，代理商就会再寄去表格，征求他们对香烟的意见。半年左右，万事发香烟赢得了一些较有身份和影响的顾客。接着万事发利用这些名人做广告，宣传该牌香烟都是有身份的高贵人士所用，那些有点身份的人当然会来购买，而那些没有多少财富或名气的人碍于心理或面子的驱使，也会买该牌香烟。这样，万事发香烟很快拥有了众多的顾客。

不仅日本万事发，美国企业巨人西屋电器公司也曾从这种方法中获益。西屋电器公司

曾经开发了一种保护眼睛的白色灯泡，为了打开销路，采取了免费赠送策略，两周后再派人到使用的用户家中收集使用意见。在反馈意见中，有86%的家庭主妇认为，这种灯泡比别的灯泡好，感觉眼睛比较舒服；78%的主妇认为，这种灯泡光线质地优良。于是，西屋电器公司以此作为实验性广告资料，将用户的评论意见公之于众，立即引起了消费者的注意，西屋电器公司的白色灯泡一下子成为畅销品。

（资料来源：百度文库）

问题：

1．万事发公司和西屋电器公司为什么采取免费赠送策略？

2．你认为免费赠送产品的方法有哪些？试列举。

3．结合本案例谈谈免费赠送对企业产品被消费者接受的作用。

牛刀小试

观察本地区某商场或品牌开展的营业推广活动，看看该活动是如何设计的？其策划、组织、实施的效果如何？有哪些成功点和不足点？请搜集相关资料、进行分析后与其他同学交流。如果此次营业推广活动由你策划，你会怎么做？

模块5　公共关系

学习目标

1. 了解公共关系的定义
2. 理解公共关系的内容
3. 掌握公共关系的方式

学法指导

任务一　探究“什么是公共关系”

【步骤一】了解公共关系的定义

案例启发　广东格兰仕公司在数年前就已经研发出可与世界名牌产品相比，而价格仅为其一半的微波炉，但他们并没有急于抢占市场，而是首先投入了大量的人力、财力并运用媒体力量在全国范围对微波炉的使用特性、产品优势及维护保养知识做细致、系统的介绍，并编制了 500 多例微波炉菜谱，仔细介绍微波炉的烹调技巧，还派出“格兰仕小姐”到全国市场做现场演示，甚至还通过“听众热线”、咨询电话等形式与顾客做深层次的沟通，使微波炉这一新产品为人们所熟悉和接受，使格兰仕微波炉不仅在国内市场的占有率稳步上升，还远销 50 多个国家和地区。

合作探究　公共关系的定义。

公共关系是一个企业或团体为了适应环境的需要，争取社会各界的理解、信任和支持，树立企业或团体的良好信誉和形象而采取的一系列活动。

【步骤二】了解公共关系的基本内容

案例启发　安利（中国）的公共关系。

（1）宣传型。安利（中国）有自己的网站，如“安利中国”“安利人”等，还有自己内部的刊物，如《安利新姿》等，这些直接向人们展示了安利的发展历程、产品展示、营销活动、新闻看板和企业风采等。另外，安利（中国）十分注重搞好和媒体的关系，借助各类评选、媒介事件、公益活动引起媒介的关注。安利（中国）作为一个优秀的跨国公司经常出现在《光明日报》《经济日报》《人民网》《商务周刊》等媒体上。尽管安利（中国）极少在媒体上打广告，但以这种正面形象出现在媒体的报道中，更能增强企业的宣传力度。

（2）公益型。进入中国以来，安利（中国）积极开展各项公益活动，如 2002 年公司做出郑重承诺，在未来 5 年内，安利（中国）计划植树 100 万棵，让有安利店铺的地方就有一片安利人培植的树林或认养的绿地。

（3）服务型。安利（中国）把顾客放在第一位，最大限度地维护消费者的利益。安利（中国）有周到的售前和售后服务系统，有独特的“保退”政策，都是为消费者热心服务的体现。

（资料来源：阿里巴巴咨询）

合作探究　公共关系的基本内容。

（1）公共关系可以帮助企业建立起良好的内部和外部形象。

（2）公共关系是企业收集信息、实现反馈，从而帮助决策的重要渠道。

（3）在现代社会环境中，企业是在包括消费者、职工、股东、政府、金融界、协作者及新闻传播媒介在内的各方面因素组成的社会有机体中实现自身运转的。

（4）任何企业在发展过程中都可能出现某些失误。

（5）公共关系还包括及时分析监测社会环境中政策、法令、社会舆论、公众志趣、自然环境和市场动态的变化，向企业预报有重大影响的近期或远期发展趋势；预测企业重大行动计划可能产生的社会反应等。

（6）产品促销虽然不是公共关系直接的、主要的工作内容，但从企业的最终目标来看，产品促销应成为公关促销的潜在的根本目的。

任务二　公共关系策划

案例启发　玉兰油香氛活肤沐浴乳是宝洁公司著名护肤品牌玉兰油旗下的美体沐浴产品。玉兰油品牌一向代表女性娇美的面容与和谐的心理，2000 年玉兰油香氛活肤沐浴乳的面世更为玉兰油的品牌形象带来了清新丰富的色彩。

玉兰油香氛活肤沐浴乳于 2000 年 7 月在全国范围推出，随即引发了媒体、消费者对沐浴新理念的兴趣与关注。一时间，美体沐浴与心灵沐浴的“梦浴”成为女性的新追求，光滑滋润的肌肤与自然和谐的心态成为这一追求的最高境界。据有关媒体监控报告，玉兰油香氛活肤沐浴乳的见报率在 7 月、8 月、9 月及 12 月远远超出其他品牌，成为该类别产品中的翘楚。春夏换季，通常是各类沐浴品牌争相展示，博取消费者广泛认可的最佳商机。2001 年春夏，一场见诸媒体与市场的产品竞争似乎在酝酿伊始就已爆出火花。于是，作为玉兰油品牌的公关咨询顾问，爱德曼（中国）国际公关有限公司与玉兰油品牌及其广告代理公司密切合作，在全国范围重掀沐浴热潮，使得玉兰油香氛活肤沐浴乳在百花争艳时一枝独秀，再次脱颖而出。爱德曼国际公关有限公司凭借其与媒体工作的策略性方法，围绕主题策划了包括媒体聚会、媒体投放、电台访问的公关媒体整合方案，并在为期三个月的项目实施过程中，成功组织、实施、监督了这一全国性媒体及消费者美体沐浴活动。

1．媒体聚会

消费者美体活动开始前两周，爱德曼（中国）国际公关有限公司在全国五个重点城市分别组织了媒体聚会，推出“宠爱自己”观念和“宠爱自己，呵护最美衣裳——玉兰油美体沐浴坊”活动。独具匠心的邀请方式体现了主办者对该活动和被邀请人的细心，同时激发被邀请人的兴趣。爱德曼（中国）国际公关有限公司首先以朋友的名义为目标媒体送去象征“呵护自己”意义的鲜花、丝带、巧克力，以及颇具感染力的信函，唤起了繁忙工作中的女记者、编辑对“宠爱自己”观念的最大感触与认同，并留下疑问：“我应该用什么方式去宠爱自己呢？”一个星期后，玉兰油邀请她们一起体会“宠爱自己”的最好方式，即率先参与“宠爱自己，呵护最美衣裳——玉兰油美体沐浴坊”。此举有效地激发起媒体对此次活动的亲身体验和参与兴趣。

媒体聚会后，爱德曼（中国）国际公关有限公司玉兰油小组又代表玉兰油品牌在全国范围内未亲身参与聚会的媒体发去新闻资料及玉兰油香氛活肤沐浴乳，这样全国消费者都可以通过本地媒体的报道了解到“宠爱自己，呵护最美衣裳——玉兰油美体沐浴坊”的相关信息。

2．消费者沐浴活动

继媒体聚会之后，大量有关“玉兰油美体沐浴坊”的信息见诸报纸，这也为历时一个月的消费者周末沐浴活动做了有效的宣传与铺垫。在北京、上海、广州、成都、武汉、大连、南京、杭州、厦门和深圳十个城市，约有 24 000 名消费者通过招募广告、热线电话、互联网、宣传单张派发、朋友推荐和电台访问等各种渠道申请参加此次活动，最后有 6 000 名幸运消费者被玉兰油邀请参加“宠爱自己，呵护最美衣裳——玉兰油美体沐浴坊”。通过这次活动，女性朋友参与了护肤美体课堂，学习了玉兰油美体沐浴操，并在香氛缭绕下体验了瑜伽。这次活动还为女性提供了实践玉兰油美体沐浴操的机会，让她们充分舒展，在沐浴中寻找宠爱自己的感觉。

参与者的信息渗透同样可为主题活动带来巨大的影响力。在活动中，玉兰油品牌的现场调查以制订未来一周的美体计划检测了消费者对美体沐浴的认识，并鼓励参与者们介绍朋友前来参加活动，同时为自己争取一张“玉兰油美体护肤卡”，在指定健身中心健身时可以获得优惠。

3．电台访问节目

除了有影响力的平面媒体，电台访问以其实时、互动及易于更新的特点被采用。爱德曼（中国）国际公关有限公司与北京、上海、广州、成都、武汉各城市最受欢迎的电台节目合作，一方面共同讨论“宠爱自己，呵护肌肤”的话题，另一方面也让消费者了解最新的活动安排。在不妨碍原节目结构的基础上，以游戏、电话问答和访问等形式将内容穿插于原音乐、问答节目中间，听众不但了解到肌肤的需要、健身及香氛功效等知识，而且还可以通过参与电台节目获得参加玉兰油美体沐浴坊活动的机会。一时间，各大城市都掀起了由玉兰油香氛活肤沐浴乳引领的美体风潮。

4．媒体投放

媒体投放是保证信息传播的一种有效方法。为传播护肤美体的专业知识，同时报道最新玉兰油美体沐浴坊的信息，爱德曼在选定的媒体上开辟专栏，连续刊载了四篇教育性文章和一篇特写文章，分别为“置新装，宠爱自己沐春光”“做‘澡操’，让肌肤动起来”“笑迎夏日，SHOW 出你的美肤来”“呼吸馨香，怡神享浴”“新新女性，宠爱风潮”。其中，“新新女性，宠爱风潮”，根据活动中进行的调查揭示了现代女性对自我关爱的程度，并以玉兰油护肤专家的身份给读者科学的建议，再次强调了春夏保持肌肤滋润的重要性和必要性。

（资料来源：迈点百科）

小组讨论 上述案例中运用了哪些公共关系方式？除此之外，还有哪些？

合作探究 公共关系的方式。

（1）新闻宣传。

（2）企业自我宣传。

（3）开展、赞助某些公益性、文化性活动。

（4）举办公关专题活动。

（5）提供各种优惠服务。

（6）充分利用名人效应。

（7）利用展销会或展览会。

同步训练

A组

一、单项选择题

1．一个企业或团体为了适应环境的需要，争取社会各界的理解、信任和支持，树立企业或团体的良好信誉和形象而采取的一系列活动是（　　）。

A．人员推销　B．广告　C．公共关系　D．营业推广

2．公共关系的基本目标是（　　）。

A．树立企业形象　B．获取利润　C．追求销售量　D．扩大市场占有率

3．公共关系以（　　）为对象。

A．消费者　B．社会公众　C．竞争者　D．企业内部

二、判断题（正确的打"√"，错误的打"×"）

1．公共关系的目的主要是促进销售量的增加。（　　）

2．公共关系的基本方针是着眼于长远打算，着眼于平时的努力。（　　）

3．产品促销是公共关系直接的、主要的工作内容。（　　）

B组

一、单项选择题

1．某空调企业发布行业报告，公布了《空调健康红皮书》，揭露市场上所谓健康空调的真实状况，并借此制定优质空调新标准。该促销方式是（　　）。

A．人员推销　B．广告　C．公共关系　D．营业推广

2．海尔的"砸冰箱"事件至今还令人记忆犹新，这种公关方式是（　　）。

A．开展公益性、文化性活动　　　　B．举办公关专题活动

C．企业自我宣传　　　　　　　　　D．制造新闻事件

3．企业举办各种联谊会、茶话会、消费者接待日、文化沙龙等社交活动，这种公关方式是（　　）。

A．开展公益性、文化性活动　　　　B．举办公关专题活动

C．企业自我宣传　　　　　　　　　D．制造新闻事件

二、判断题（正确的打“√”，错误的打“×”）

1．公共关系活动的策划者和实施者必须始终坚持以企业利润为导向。（　　）

2．在公众中树立组织的美好形象是公共关系活动的根本目的。（　　）

3．企业印发企业刊物、宣传小册子的公关方式是开展公益性、文化性活动。（　　）

三、案例分析题

可口可乐公司为了提高产品销量，在每瓶饮料的包装纸上印上不同的标语，如“高富帅”“白富美”“挺你”“谢啦”等有趣的话语，马上吸引了众多年轻时尚的消费者，让大家感受到一瓶饮料能收获一份不一样的心情。

问题：为什么可口可乐公司在包装上进行了改变之后销量大大增加？

牛刀小试

市场诊断　北京某大学校园旁有一家服装厂，这家服装厂的生产车间与这所大学教学人员的住宅区隔墙相望。有一段时间，这家工厂借鉴国外的先进经验，为消除工人在重复劳动中产生的疲劳感和单调感，每天上午 9:00—10:00，就在车间内播放各种流行音乐。可是在这段时间内，正是大学的教学科研人员从事科学研究的“黄金时间”，他们需要一个安静的环境，使自己的大脑进入正常工作状态。然而，从仅一墙之隔的服装厂传来的“震耳欲聋”的流行音乐破坏了他们的工作环境，使他们无论如何也无法进入正常的思维状态。这引起了大学里的教学和科研人员的不满和愤怒，他们多次找厂方交涉，但始终没有得到结果。无奈，他们不得不采取行动，投书报纸，呼吁社会舆论的支持及政府的干预。

（资料来源：百度文库）

思考：

假如你是服装厂的公关部主任，请你进行公关策划，解决大学教学科研人员与服装厂间的矛盾。

综合训练

一、单项选择题

1. 传播面广，形象生动，节省人力的促销方式是（　　）。
   A. 广告　B. 人员推销　C. 营业推广　D. 公共关系
2. 占用人员多、费用高、接触面窄的促销方式是（　　）。
   A. 广告　B. 人员推销　C. 营业推广　D. 公共关系
3. 企业采用“拉引”策略时，（　　）的作用最大。
   A. 广告　B. 人员推销　C. 营业推广　D. 公共关系
4. 前提是事先已基本掌握顾客的需求状况和消费心理的策略是（　　）。
   A. 试探性　B. 针对性　C. 诱导性　D. 刺激性
5. 可以使推销人员更加熟悉和了解自己的顾客，掌握其需求特点及决策过程的推销组织结构是（　　）。
   A. 区域式结构　B. 商品式结构　C. 顾客式结构　D. 复合式结构
6. 关于人员推销的特点，下列说法错误的是（　　）。
   A. 针对性强　B. 灵活性大
   C. 双向沟通信息　D. 用于竞争不激烈时
7. 被称为广告的生命和灵魂的是（　　）。
   A. 广告创意　B. 广告主题　C. 引人注目　D. 广告要求
8. 为妇女服装做广告，多选择的广告媒体是（　　）。
   A. 电视广告　B. 广播广告　C. 服饰杂志广告　D. 报纸广告
9. 企业进行营业推广时，（　　）方式适合经销商。
   A. 折价券　B. 特价　C. 推销竞赛　D. 资助奖励
10. （　　）促销方式能刺激消费者在短期内迅速购买企业的产品。
    A. 广告　B. 人员推销　C. 营业推广　D. 公共关系
11. 大红鹰集团推出促销活动。凡购买“福星红”牌香烟，并集齐五张卡和五张烟标的消费者，可在当地零售店换“福星红”牌香烟一包，该项活动是（　　）。
    A. 交易印花　B. 赠送样品　C. 特价　D. 折价券

12．对长期合作或销售努力的中间商给予一定的折扣，这种营业推广方式是（　　）。

A．代销　　B．业务会议　　C．赠品　　D．销售折扣

13．举行多方参加的购销业务会议，在短期内集中订货，促成大量交易，此营业推广方式是（　　）。

A．代销　　B．业务会议　　C．赠品　　D．销售折扣

14．康明集团公司生产的眼镜是出口免检产品，长期畅销欧洲市场，近几年该公司开始注重国内市场的开发。从 2000 年开始，公司每年免费为本市中学生做眼睛检查，并向高考成绩优秀的学生赠送高档眼镜。这属于（　　）。

A．人员推销　　B．广告促销　　C．营业推广　　D．公共关系

15．飞鸽自行车为打开美国市场，在布什总统访华时赠送了两辆造型美、重量轻、骑行方便的彩车到钓鱼台国宾馆。这种公共关系方式是（　　）。

A．开展公益性、文化性活动　　B．举办公关专题活动

C．充分利用名人效应　　D．制造新闻事件

二、判断题（正确的打“√”，错误的打“×”）

1．广告传播面广，信息双向传递，只能针对一般消费者，难以立即成交。（　　）

2．促销组合是一个重要的概念，它体现了市场营销理论的核心思想——整体营销。（　　）

3．广告比较适合高技术的、价格昂贵的工业品。（　　）

4．“推动”策略，广告的作用最大；“拉引”策略，人员推销的作用更大些。（　　）

5．人员推销组织形式中的复合结构式适宜经营品种技术强、生产工艺复杂、营销技术要求高、企业经营品种多而买主又不大相同的企业。（　　）

三、简答题

1．人员推销的方式有哪些？

2．广告创意的基本要求有哪些？

3．人员推销的组织结构有哪些？

4．营业推广策划一般包括哪几个步骤？

5．针对消费者的中间商的营业推广方式有哪些？

6．公共关系的基本内容有哪些？

四、案例分析题

2002 年元旦前后，可口可乐公司推出的“酷儿”新品果汁饮料在河南省成功上市。“酷儿”的成功至少有以下几个原因。

首先，可口可乐公司经过详细的市场调查发现，6～14 岁儿童是果汁饮料的重要消费群体，但并未引起重视。针对儿童特点可口可乐公司成功地创造了“酷儿”独具特色的品牌形象，使其与目标消费者的沟通变得轻松、简单、容易。儿童的消费心理特点，决定了不可能向他们灌输天然、健康等说教性的概念，而可爱的小猫“酷儿”则拉近了产品与他们的距离。

其次，可口可乐公司组织销售队伍，在有限的时间内迅速完成铺货任务。将各类卖场分类，责任分配到每个业务人员。例如，他们将郑州分成多个小区域，挨家挨户进行地毯式铺货，并推行了积极的销售政策，如首次进货仅 3 箱就可以享受买二赠一的优惠，并承诺在 3 个月内卖不出去可以退货等。

为配合铺货，电视广告、POP 等宣传同时跟进，一是向消费者传达品牌信息，更重要的是为了给销售商以信心，尤其是促使小店老板现金进货。在许多超市、烟杂店门口，到处都可以看到“酷儿”醒目的橙黄色招贴，蓝色小猫一脸陶醉地告诉路人：“好喝就说 QOO……”

除了广告，可口可乐公司还举办了针对性的公关活动。元旦后，以“酷儿”的名义邀请中央电视台著名少儿节目主持人鞠萍来郑州，与小朋友联欢，当地的几家主要媒体对此都进行了及时报道。

到 2002 年春节时，各大商场的可口可乐独具中国民族特色的堆头旁边，都能见到橙色的“酷儿”堆头、“酷儿”小立人、“酷儿”布偶等卖点促销品。

其后，“酷儿”又利用放学时间在市内各主要小学附近集中开展了免费品尝、集盖有奖等一系列促销活动，进一步推广新产品，让更多的目标消费者了解“酷儿”，接受“酷儿”，喜欢“酷儿”，选择“酷儿”。

问题：

1. 什么是促销组合？

2. 可口可乐公司在经营“酷儿”产品上采取了哪几种促销方式？它们各有哪些优缺点？

3. “酷儿”成功上市对你有哪些启发？

项目 8

走进新媒体营销

思维导图

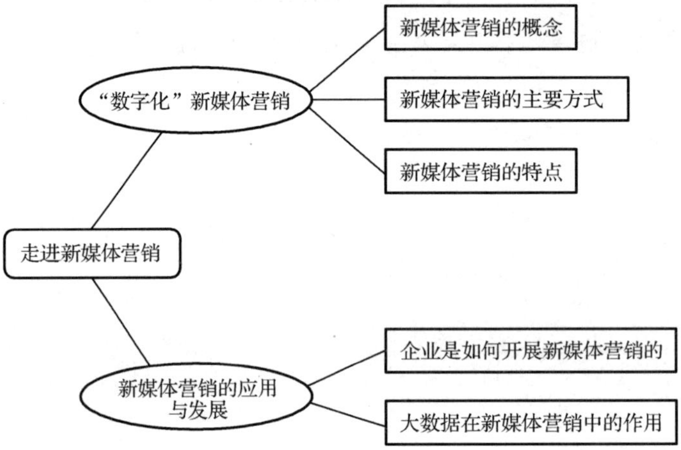

S 模块 1 “数字化”新媒体营销

学习目标

1. 理解新媒体营销的概念
2. 了解新媒体营销的主要方式
3. 理解新媒体营销的特点

学法指导

任务一　探究“什么是新媒体营销”

【步骤一】理解新媒体营销的概念

案例启发　2017 年 12 月 19 日，“黎贝卡的异想世界”在其公众号推出同名品牌，用户进入当日推送的文章《我的衣橱 I|I 怎么用基本款单品提高衣橱利用率》并浏览全文后，在文末可以直接点击购买，凭借着优质的内容及文末无缝衔接的商品，“黎贝卡的异想世界”同名品牌一经推出便实现了“9 个单品在两分钟内卖出了 1 000 件”“7 分钟交易额突破 100 万元”的销售成绩。消费者的互联网消费习惯正在发生变化，从过往“有具体的购物需求后，去电商平台搜索、比对并下单”变为“无购物需求状态下浏览内容，由于被内容吸引或打动而直接下单”。消费者购买方式的变化引发了我们的反思：这些新出现的营销方式是否该引起重视？

合作探究　新媒体营销的概念。

新媒体营销是指利用多种新媒体平台或渠道进行商品或企业信息发布传播，以吸引眼球、制造话题、舆论参与为互动内容的系统性营销活动，最终达到树立企业形象，提升品牌知名度，扩大商品销售，增强客户满意度等企业经营目标。

重点点拨一

广义的新媒体营销：企业利用一切数字技术信息手段进行的营销活动。

狭义的新媒体营销：利用多种新媒体平台或渠道进行商品或企业信息发布传播，以吸引眼球、制造话题、舆论参与为互动内容的系统性营销活动，最终达到树立企业形象，提升品牌知名度，扩大商品销售，增强客户满意度等企业经营目标。

重点点拨二

（1）新媒体营销的实质是一种营销活动，其本质是商品交换，目的是满足交换双方的需要。

（2）新媒体营销的特征是数字信息技术在市场营销活动中的运用。

重点点拨三

严格地说，新媒体应该包括数字化时代到来后出现的各种媒体形态。例如，电视属于传统媒体，但是经过数字化改造的数字电视，又可以被看作新媒体的一种。又如，传统报纸升级为数字报刊后，也是新媒体的一种。

对新媒体的理解，需要抓住要点——新媒体是建立在数字技术和网络技术等信息技术基础之上的。如果传统媒体开始利用信息技术改造自身运营模式，那么这些传统媒体也可以变成新媒体。

而新媒体营销则不能简单理解为只是将传统的营销方法建立在新媒体平台之上，利用数字技术作为传播依据。

为了对新媒体营销有一个全面的认识，我们有必要从以下几个方面对新媒体营销进行解释和说明：

（1）新媒体营销不是网上销售。

（2）新媒体营销不等于网站推广。

（3）新媒体营销不局限于网上。

（4）新媒体营销不等于电子商务。

【步骤二】新媒体营销的主要方式。

课堂讨论　你见过微信朋友圈广告吗？你认为微信朋友圈广告和你过去见过的广告最大的区别是什么？

案例启发　据官方数据显示，2018年Facebook的月活跃用户数量达到23.2亿，第四季度财报显示Facebook广告收入总额达169.14亿美元；Twitter的月平均活跃用户数量达到3.21亿，第四季度财报显示Twitter广告收入总额达9.09亿美元，可见广告给社交媒体带来了前所未有的商机。在国内，以微博、微信为代表的社交媒体也已经成为网民的标配应用。

人们会因为在微博或朋友圈刷屏的某款产品而产生购买需求，会浏览搜集其他陌生人的购买评论、论坛的专业测评等，会边说着“剁手”边按下支付按钮，更会在买到心仪的商品时各种晒图片。消费过程中的所有行为，都可以变成一种社交行为，消费者不知不觉就参与到品牌的传播中。这也就意味着越是擅长借力整个购买链条中社交传播行为的企业，越能借助自己消费者的能量制造传播。

案例分析　微信作为社交媒体也属于新媒体的一种类型，以微信为代表的社交媒体平台往往拥有庞大的用户群和海量数据库，用户参与度很高，企业可以利用活跃用户的圈层进行广泛扩散，而且借助大数据算法，可实现更精准的目标人群投放，大大提高了营销效果。

合作探究　新媒体营销的几种主要方式。

1．企业微博营销

企业更多关注自建微博展开营销。因为在微博上可以轻易实现流量导流，企业自建微博吸引粉丝，开展微博活动，打造购物闭环非常便捷。

例如，小米公司在新浪微博上开通微博吸引了大量粉丝，通过各种微博活动促销，吸引了大量用户转发、参与微博活动，为产品宣传带来了很好的正面影响。

2．企业微信营销

截至 2019 年第一季度，微信已经覆盖了中国 90%以上的智能手机，月活跃用户超过 10 亿个，用户覆盖 200 多个国家及地区，超过 20 种语言。此外，各品牌的微信公众账号总数已经超过 1 500 万个，微信支付用户则达到了 6 亿个左右。

3．视频类媒体营销

视频类新媒体主要包含视频网站和短视频 App 两部分内容。

在 2016 年 9 月，专注年轻人的 15 秒音乐短视频社交软件“抖音”上线，用户可以通过抖音选择歌曲拍摄 15 秒的音乐短视频，形成自己的作品。

视频网站内的视频越来越多，以电视剧、电影、综艺等长视频为主，而抖音、快手等软件则主要以短视频为主，其在社交媒体分享，是在社交圈传播。在社交媒体领域，速度更快、耗费流量更少的短视频媒体更受欢迎。

4．新闻客户端营销

（1）碎片化阅读，排版适应手机载体，受众可随时随地阅读相应信息。

（2）突出头条新闻，引入独家原创内容，围绕精准定位推送文章，抓住目标人群。

（3）强化个性化推送，依据用户阅读习惯，智能推送用户喜欢阅读的文章。

（4）订阅简单，安装方便，可以自动弹出消息提示。

（5）鼓励转发社交媒体，强化交流分享属性。

5．知识类新媒体营销

知乎营销的基本策略是首先在知乎发起一个讨论帖，然后邀请相关专家对该问题进行专业回答，产生深度内容，引起知乎用户围观，最后通过其他渠道，如微博、微信朋友圈等媒体对该答案进行二次传播。在这个过程中，把知乎当作话题引爆点，找到高水准专家回复，组织一批用户点赞，让高质量回复置顶和扩散，是整个知乎营销过程中的关键环节。

6．其他社群类新媒体营销

运营得好的互联网社群不再是低紧密度的弱关系社交，而越来越多从线上走入线下互动交流，社群成员熟悉度高、联系度高，并且会有相同的目标取向，对群内的观点与讨论均有能力参加。通过网络虚拟协作，社群反而可以创造更大的工作可能性。

【步骤三】新媒体营销的特点

案例启发　最早的电视综艺节目是先录制再定期播放的，观众只能看节目。慢慢就增加了直播类型的节目，开始有主持人串场，这就让综艺节目开始变得有个人的风格。后来综艺节目也允许观众加入交流，最开始是支持热线电话打入发表意见，但电话交流只有极少数人才能成功参与，到了短信时代终于可以实现全民投票参与了。

解决带宽问题以后，在互联网时代越来越多的人喜欢在网络上观看综艺节目，因为可以在线评论、分享、点赞，允许每一个人都发表自己的看法，不过这个阶段人们还是无法真正参与到节目直播中去。直到弹幕技术的出现，每一个在线观看节目的观众弹幕发言都可以成为直播节目内容创造的一部分。这个时候，普通观众的参与感意识就大大增强了。

案例分析　从案例中可以看出大众对新媒体传播媒介的要求是参与互动、重视体验、彰显个性，所以企业在新媒体平台上开展营销活动时一定要满足大众的这种需求。这也体现了新媒体营销的三个特点。

合作探究　新媒体营销的特点。

1．不同媒体覆盖人群不同

例如，报纸媒体可能对政府官员、国企或事业单位更有影响力，电视媒体对中老年人更有影响力，而广播电台越来越多地关注私家车主和专车司机，每一类媒体都有自己人群到达的有效半径。

2．不同媒体覆盖场景不同

例如，同样是城市的上班族，是报纸达到的效果好，还是调频电台、地铁广告更好，这并不是一件容易判断的事情。因为你首先要判断你的目标用户采用的是何种通勤方式。要选择新媒体，首先要仔细分析影响的目标人群的到达场景到底有怎样的细节，会经过哪些流程环节，这样才能设计合适的新媒体营销方式。

3．不同媒体风格调性不同

计算机系统能及时捕捉每个人使用新媒体的后续动作，记录他们的消费行为，从而可以实现个性化的精准推送，和用户行为实现实时互动，进而帮助企业大大提高营销转化率。

同步训练

A 组

一、判断题（正确的打“√”，错误的打“×”）

1．新媒体是近几年在中国出现的新概念。（　　）

2．新媒体是一个相对的概念。（　　）

3．新媒体是建立在数字技术和网络技术等信息技术基础之上的。如果传统媒体开始利用信息技术改造自身运营模式，那么这些传统媒体也可以变成新媒体。（　　）

4．企业微博只有信息展示的作用。（　　）

5．微博信息发布快、传播广、信息到达率高等特点非常适用于企业公关。（　　）

6．企业微博和企业微信都不能算作新媒体。（　　）

7．只有企业可以开通微信公众号。（　　）

8．微信营销模式可以分为：微信公众号模式、微信朋友圈模式、微店模式和微信广告模式。（　　）

9．新闻客户端无法起到产品与企业的宣传和推广的作用。（　　）

10．社群类新媒体平台是有着相同价值观、兴趣爱好的用户连接在一起，以平台为原点，形成网状连接，大大强化了输出内容的传播推广效果。（　　）

B 组

一、简答题

1．简要概括一下新媒体的定义。

2．企业微博按照目的有哪些分类？

3．微信营销有哪四种模式？

4．传统视频网站和短视频软件有哪些区别？

5．新闻客户端作为新媒体的一种方式体现了哪些特点？

6．一个网络社群构成的五要素是什么？

7．新媒体营销的特点是什么？

二、案例分析题

果壳——科技有意思

果壳网，作为一个开放的、多元的泛科技兴趣社区，吸引了上百万名有意思、爱知识、乐于分享的年轻人聚集在这里，用知识创造价值，为生活添加智趣。在这里可以关注感兴趣的人，阅读他们的推荐，也将有意思的内容分享给关注的人；依兴趣关注不同的小组，精准阅读喜欢的内容，并与网友交流；在“果壳问答”里提出困惑你的科技问题，或者提供靠谱的答案。由此，果壳网的公众号也随之变成一种新媒体时代传播科学和技术的媒介。

问题：

1．该案例属于哪一种新媒体类型？

2．果壳网的媒体覆盖人群有哪些？

牛刀小试

可以通过软件商店下载“知乎”“今日头条”“小红书”等 App，说说自己的用户体验，并描述一下它们作为新媒体的营销思路。

模块 2　新媒体营销的应用与发展

学习目标

1．了解企业是如何开展新媒体营销的

2．大数据在新媒体营销中的作用

学法指导

任务一　企业是如何开展新媒体营销的

【步骤一】 选择新媒体运营的模式

案例启发　2014 年 1 月 20 日，《南都娱乐周刊》主编陈朝华通过微博爆料称：海尔集团发邮件通知媒体，今后不再向杂志投放硬广告。在此之前，海尔集团董事局主席张瑞敏在公司年会上称：对海尔来说，无价值交互平台的交易都不应存在。

停止杂志硬广告投放后，海尔将继续投放杂志内文植入广告和新媒体广告。海尔成为首家放弃杂志硬广告而转向新媒体广告的传统家电企业。

思考海尔为什么这样做？投放新媒体广告会不会是大势所趋？

案例分析 移动互联网深刻改变了现代人的生活模式，现代的消费者都有了一个专有名词——“低头族”。在多数场合中，我们往往都能看到消费者在使用手机与外界联系和交流，其注意力已经慢慢从线下和 PC 端转移到了移动端。

正是因为人们的注意力从线下转移到了线上，从传统媒体转移到了网络新媒体，要吸引消费者的注意力，特别是消费能力更加旺盛的年轻人的注意力，企业的广告投放也必须从传统媒体转移到互联网新媒体。

案例反思 企业面临严峻的问题，必须选择合适的新媒体营销模式来进行广告宣传，是自建还是与他人合作？这是一道慎重的选择题。

归纳总结 对于企业来说，如果只是为了推销一款产品，而且该产品的生命周期也不一定非常长久，那么围绕产品或目标人群建立新媒体账户加以运营未必必要：第一，企业未必具备运营好一个新媒体账户的人才和资源；第二，企业的产品有自己的市场节奏，未必有耐心等待新媒体运营到有能量回馈的时刻；第三，如果企业产品没有足够的美誉度，在自建媒体上做推广可能会带来大量潜在用户流失，不如第三方有公信力的新媒体账户推荐的转化率好。

对于很多传统企业而言，首先要明确运营新媒体的目的。传统企业运营新媒体的目的不外乎三种，即品牌推广、产品销售、客户服务。

如果是出于前两种目的，则自建和投放都需要维护；如果是为了客户服务，当然只能考虑自建新媒体体系。

【步骤二】 新媒体渠道卡位

做新媒体营销，特别是新媒体广告投放，要注意不要把注意力只限制在微博、微信这样的主流新媒体上。运营者一定要对新媒体有全局性的把握，了解不同的新媒体，要创造接触和建立合作的可能。

例如，对于有些优质新媒体资源，如果你要在“双十一”期间拿到广告投放的资源，仅仅靠资金还不够，如果平时建立了稳定的合作关系，就会比竞争对手更容易拿到优质的流量资源。

归纳总结 要做好新媒体营销，就需要对日新月异的新媒体平台保持关注，注意不同新媒体平台上的热点、爆发特点，并思考其能否和自己的企业、产品及活动相结合。

除此之外，还必须维护自己和不同新媒体平台的人际关系资源，必要时进行一些合作，形成良性互动，这样在需要关键资源进行配合时才能够拿到优质资源，并将其整合起来，进行自己的品牌推广。这就是营销渠道卡位的思想。

【步骤三】 学会系统策划运营方案

新媒体运营并非是有流量就有效果，而是需要系统策划的。越是有优质流量，越要精心策划爆款话题，形成口碑社交传播效应。

碎片化阅读模式下，手机用户周边往往环境嘈杂，如果你的新媒体创意不够吸引人，那么就很容易被信息流湮没，宝贵的流量推送就会白白浪费。

新媒体策划团队必须认真地在文案设计、图片选择、互动内容上下功夫，在正式推出之前，内部要客观评估。针对目标人群，在对应的载体上用什么形式效果更好？怎样的话题才有针对性，能引发大家关注和交流的欲望？如何设计才能让大家自发传播？如何把流量自然导入自己的产品推广中？在什么时间段推送效果更好？如何能够得到有效精准流量，如何动态调整运营策略，提高转化率？不同阶段，针对不同内容应该如何选择不同的合作平台？新媒体策划团队需要反复研究这些问题，不断积累成功的经验，以便在后期策划中加以灵活运用。

【步骤四】 重视个人账号体系搭建

案例启发　小米公司通过微博进行个人账号体系搭建，公司联合创始人、部门经理、团队成员等分别注册并独立运营其个人微博。

通过搭建个人账号体系，小米公司至少可以实现以下目的：第一，全员推广产品购买链接，提升产品线上销量；第二，全员转发微博活动，增加活动曝光；第三，与用户进行深度沟通，直接获取用户反馈并优化产品。

案例分析　随着微信、微博、QQ 等社交媒体的发展，传统的新媒体营销方式正在受到两个巨大的挑战：一方面，企业官方微博、官方微信公众号等官方平台往往给人以“高高在上”的感觉，缺乏温度；另一方面，企业很难通过官方平台与用户私聊，引导其购买产品并持续复购。

在这样的背景下，企业必须重视个人账号体系的搭建。

“个人账号体系”也被称为“全员新媒体营销体系”，是指以新媒体营销部门为核心，行政、生产、物流等各部门人员统一参与，搭建个人社交媒体矩阵，通过个人微信号、个人微博等运营，提升企业整体的新媒体营销效果。

合作探究　搭建个人账号体系，需要企业新媒体营销人员在做好官方新媒体账号的基础上重视两个关键点：筛选成员、规范运作。

1．筛选成员：必须进行评估，筛选合适的员工加入个人账号矩阵

由于运营个人账号体系需要员工独立进行“发微信朋友圈”“拍摄抖音短视频”“转发微博活动”等操作，而非新媒体部门的员工对互联网的了解程度参差不齐，因此在搭建个人账号体系时，需要对参与体系的人员进行筛选。个人账号体系的成员一般需要具备以下几个特点：

（1）熟悉微博、微信、知乎、抖音、今日头条等平台，了解平台基本操作。

（2）熟悉互联网语言风格，最好会使用表情包。

（3）了解公司的产品特点、服务体系及企业文化，可以进行准确的描述与传播。

（4）有服务意识与职业素养，不在社交媒体公开抱怨客户或抱怨工作。

2．规范运作：必须设计规范，培训并监督个人账号的运作情况

在筛选出合适的个人账号成员后，企业新媒体营销团队需要对所有参与者进行多次内部培训，规范个人账号体系的运营工作。以微信个人号的账号体系为例，至少包括以下内容：

（1）设计风格统一的微信形象，如有辨识度的微信头像、带有企业标签的微信昵称等。

（2）组织学习朋友圈撰写技巧，便于更有效地在朋友圈进行产品推广或品牌宣传。

（3）制定微信沟通规范，防止一对一沟通时出言不慎，为企业造成负面影响。

（4）规范内部协作流程，如在朋友圈发现客户抱怨后，向谁反馈，由谁负责与客户沟通，由谁负责后续维护等。

（5）统一线上转化入口，当客户有购买意向时，能够第一时间将企业官方销售网址发给客户。

归纳总结

（1）正因为人的注意力从线下转移到了线上，从传统媒体转移到了网络新媒体，企业的广告投放也必须从传统媒体转移到互联网新媒体。

（2）新媒体运营并非一定要自己开微博、开微信，与他人进行合作、利用他人的新媒体流量为自己的产品引流也是非常合适的。

（3）要对新媒体有全局性的把握，了解不同的新媒体，要创造接触和建立合作的可能。

（4）越是有优质流量，越要精心策划爆款话题，形成口碑社交传播效应。

任务二　大数据在新媒体营销中的作用

案例启发　以微信为代表的社交新媒体，由于广告形式新颖，更容易被用户接受。2017 年 7 月，电视剧《我的前半生》在某卫视热播，CSM52 城收视数据显示，7 月 26 日收官一集的收视率突破 2 个点，网络播放量达百亿。次日，宝马公司就在微信朋友圈中推出一则视频广告，结合女主角与电视剧中新款 BMW2 植入广告场景，表现出新款 BMW2 与女主角一样的精干、独立的白领气质。这则广告利用电视剧本身热度未减，融入剧中场景，迅速形成社交话题，其表现形式和广告效果都远超一般的影视广告。不论是以微信为代表的社交新媒体，还是视频播放媒体都已经实现了对流量数据的实时监控。根据受众的操作点击习惯和浏览内容及发言点赞的方式，新媒体平台几乎用数字技术为每一位用户刻画形象，从而进一步分析习惯及偏好，实现广告的精准投放，最大限度上增加传播效果，引起共鸣。

案例分析　每个时代的媒介都因为技术的发展而呈现出不同的传播特点。新媒体就是一种建立在数字技术和网络技术上的“互动式数字化复合媒体”，包括微博、微信、直播、电子杂志、移动数字电视等相对于报纸、杂志、广播、电视等传统意义上的媒体以外的新兴媒体。作为技术不断更新的产物，新媒体以其形式丰富、互动性强、渠道广泛、覆盖率高、精准到达、性价比高、推广方便等特点在现代传媒产业中占据越来越重要的位置，从而积累了大量用户和用户行为数据，这就成为进行用户分析大数据的基础。

“大数据”不只是一个概念，数据目前已变为十分重要的资源和资料。大数据已成为新媒体的核心资源——不仅是新闻报道的重要内容，也是媒体统计和分析受众心理、需求及行为习惯等的重要依据。分析、解读数据，探索得出一种为受众和用户提供个性化服务的新媒体运营方式，将成为新媒体在大数据时代竞争的趋势。

大数据与新媒体之间是相辅相成的关系。新媒体的功能属性可对社会进行解读及分析预判；而“大数据”能通过挖掘、分析和使用数据，得到全面的社会信息并对其产生深刻的了解。所以，未来新媒体将形成“数据为王”的观念。

合作探究　大数据在新媒体营销中的作用。

（1）大数据在新媒体营销中的应用，会使得营销传播更广泛。正是因为大数据技术的支持，各种终端、平台才会层出不穷，使用户在意见的表达和信息的发布中开始占据一席之地，使得新媒体传播中心更广阔。

（2）大数据在新媒体营销中的应用，会使得营销的精准度大大提高。云计算作为一种新兴的技术，以其十分强大的计算能力、近乎无限的存储能力及低廉的成本，对提升、优化大数据、大信息的处理有着巨大的作用。它能在最短时间内分析锁定客户的需求和喜好，从而提高营销精准度。

（3）大数据在新媒体营销中的应用，会使得客户满意度增强。

（4）大数据在新媒体营销中的应用，会帮助企业做出正确的营销战略决策。

同步训练

A 组

一、判断题（正确的打“√”，错误的打“×”）

1．传统企业转型新媒体平台有两种模式：一种模式是共建，另一种模式是投放。（　　）

2．传统企业运营新媒体，目的有品牌推广、产品销售、客户服务。（　　）

3．新媒体营销，特别是新媒体广告投放，要集中注意力在微博、微信这样的主流新媒体上。（　　）

4．新媒体运营只要有流量就会有效果。（　　）

5．大数据是新媒体的核心资源，两者相辅相成。（　　）

B 组

一、简答题

1．企业开展新媒体营销需要做哪几方面的工作？

2．搭建个人账号体系时，如何进行成员的筛选？

3．大数据与新媒体之间有着什么样的关系？

二、案例分析题

小红书 KOL 的“神话”

英国《金融时报》曾报道：“在中国，KOL 营销正在逐渐取代电视和纸媒广告等传统营销方式。”KOL 拥有大量忠实的拥趸，凭借着强大的号召力、影响力和公信力，使内容在人群中形成深入渗透的传播，他们在社交媒体的巨大能量引起商业的注意，于是 KOL 效应被运用到商业中，如今“KOL 营销”已经成为营销活动重要的投放渠道之一。小红书 KOL 营销备受品牌方推崇的现象验证了该说法，成为品牌方在小红书推广中不可缺少的一环，也是起到关键作用的一环。深耕互联网营销行业多年的城外圈把当下小红书 KOL 营销热门趋势归于两个方面：一方面，小红书主要用户群体为“95”后，相对于传统广告的“地毯式轰炸”，他们更倾向独立或参考朋友的意见做出消费决策；另一方面，小红书作为 UGC 内容分享社区平台攫取了用户的大量时间，让 KOL 在美妆、护肤、母婴、健身等领域对小红书用户实现高频触达下，品牌传播效果如虎添翼。

KOL 营销的兴起推动了小红书平台内在模式的转变，品牌营销选择更多元化。在小红书社交传播路径中，KOL 建构的是一个拥有完整闭环的种草消费圈，擅长在不同圈层中密集传播品牌，从而获得品牌与消费的双赢。同时城外圈发现，小红书 KOL 的种草能力在美妆、护肤、母婴领域的展现远远大于其他领域，而在这些领域中，KOL 的种草能力也远超明星。相对于其他品类，在上述品类中，明星更多时候只是引发消费者的注意力，并且只是简单地关注自己代言的某个品牌，而 KOL 则可以通过妆容、穿搭、测评等更实用的互动，为消费者带来更加理性和客观的建议，能够真正让消费者“种草”，从而精准连接品牌与消费者。

小红书发展到今天，在各品牌方抢滩登录后，KOL 营销的作用日益增强。品牌方如何选择适合自己品牌的达人资源也是十分有讲究的，城外圈依靠自身智能大数据系统能够帮助品牌找到优质的小红书 KOL，打造品牌口碑。作为国内小红书营销的先行者，城外圈在过往 500+小红书营销策划案例中总结出小红书 KOL 三大营销方法论。

1. 搭建引发用户共鸣的消费场景

小红书 KOL 本身作为消费者之一，想要通过自身影响粉丝们的消费决策，就必须把 KOL 对产品的消费体验真实地、专业地、具体地告诉粉丝，由此搭建出引发用户共鸣的消费场景，一方面能让粉丝更具真实代入感，KOL 同样是产品的真实消费者和体验者而非打广告；另一方面用消费场景戳中消费痛点，进而触发消费者的购买欲。消费场景搭建在美妆领域极为适用，结合城外圈曾经做过的某韩国气垫品牌小红书推广案例，在轻薄自然妆的产品卖点下，营销团队联合小红书 KOL 塑造了三个消费场景：

- 学生党，平价好用。
- 上班族，快速上妆懒人必备。
- 敏感肌，轻薄无暇，抗过敏。

城外圈小红书营销团队基于对目标人群日常生活的洞察，通过制造话题直击目标人群的痛点，对接目标人群的彩妆需求，将消费者带入具体的情境中，以“情感共振”式的体验唤醒消费者心理状态或需求，从而触发消费者的购买欲。

2．提炼品牌符号 消费者持续种草

品牌符号是区别产品或服务的基本手段，包括名称、标志、基本色、口号、象征物、代言人、包装等。这些识别元素形成一个有机结构，把某个众所周知的概念与产品功能利益相结合，通过口语化的表达，让消费者形成深刻的记忆点。如何通过小红书 KOL 提炼品牌符号从而在小红书营销中降低消费者理解及选择成本，让品牌形成独特的标签，并在品牌汪洋中脱颖而出？在营销推广中某泰国口红品牌面临着同样的问题，对此，城外圈协助该品牌进行产品分析后，做出以下解决方案：通过小红书 KOL 将“夏日素颜必备”塑造成该口红品牌符号；消费者陷入夏日出门不想化妆的消费场景中时，该款口红便能快速抢占消费者心理；并且在符号与品牌深度捆绑后，消费者一想到夏日素颜口红，便会持续地为该品牌下单。

3．小红书 KOL 为品牌背书，口碑倍增

前面提到的消费场景和品牌符号是品牌资产建立初级版图的工具，口碑传播则是实现品牌知名度扩张的有力武器。这件有利的营销武器在小红书中体现为 KOL 用专业种草笔记为品牌深度背书，以图、文、视频形式千人千面持续性多频曝光，达到消费者对产品“看见—了解—喜爱—搜索”的动作转化，从而推动品牌曝光度不断攀升，打造品牌口碑，促使销量呈指数级增长。

在小红书品牌营销竞争愈演愈烈的当下，KOL 营销逐渐掌握了更多的话语权，优质的 KOL 成为品牌营销的有力武器。品牌主进行产品营销前应锁定消费者层面，了解消费者爱好，做好精准的小红书 KOL 匹配才能将武器效力发挥最大化。为了满足品牌主打造新小红书爆款，提升产品口碑及销量的需求，一站式智能营销平台城外圈在创新营销思维下，整合数万小红书明星 KOL 资源，组建专项服务团队，为品牌主量身定制小红书推广策略，帮助品牌主实现小红书推广效果促进转化，助力品牌用更低投入成本获取更高回报转化。

问题：

1．小红书 KOL 营销属于哪种新媒体营销？

2．该类型营销的覆盖人群有什么特点？

3．品牌或产品应该如何利用这一平台进行成功营销？

牛刀小试

实训 1：如某商家将要上市一款男士商务皮鞋，商家想在上市之前通过知乎做一轮新媒体推广。请问：该产品是否适合投放该渠道？如果适合，该如何做？

实训 2：分小组讨论，说说你知道哪些社群，分析这些社群在五个要素的哪一个上做得更好，并列出理由。

综合训练

一、不定项选择题

1．以下属于新媒体的有（　　）。

A．企业微博　　B．个人微信

C．搜狐新闻客户端　　D．公交电视

2．企业微博的分类主要有（　　）。

A．信息展示类　B．微博电商类　C．品牌传播类　D．客户服务类

E．危机公关类

3．微信营销的模式包括（　　）。

A．微信公众号模式　　B．微信朋友圈模式

C．微店模式　　D．微信广告模式

4．不属于短视频特点的是（　　）。

A．直接分享　　B．即拍即处理

C．网站自己导流　　D．通过社交媒体传播

5．新闻客户端的创新体现在（　　）。

A．碎片化阅读　　B．突出头条新闻

C．强化个性化推送　　D．订阅简单，安装方便

6．构成社群的第一要素，即社群成立的基础是（　　）。

A．同好　　B．结构　　C．输出　　D．运营

7．社群结构包括（　　）。

A．组成成员　　B．交流平台　　C．加入原则　　D．管理规范

8．社群的（　　）要素决定了社群的规模。

A．结构　　B．输出　　C．运营　　D．复制

9．新媒体营销要做到精准营销，首先要（　　）。

A．了解在人群覆盖上的特点

B．了解媒体产生转化的场景

C．了解媒体本身的内涵和气质是否与人群的价值观、生活习惯相契合

D．利用电视、广播、杂志、报纸等传统媒体，把企业网站添加到外界可以接触到的任何地方

10．对于坐地铁上班的人群，最佳的新媒体投放平台是（　　）。

A．广播电台　　B．电视　　C．微信地铁视频　　D．户外广告大屏幕

11．传统企业转型新媒体平台的模式有（　　）。

A．自建　　B．共建　　C．投放　　D．共享

12．传统企业运营新媒体的目的有（　　）。

A．品牌推广　　B．降低成本　　C．产品销售　　D．客户服务

13．企业若要进行产品销售，可以进行自建的新媒体平台是（　　）。

A．官网　　B．官方微店　　C．官方微信公众号　　D．官方论坛

14．搭建个人账号体系，必须重视（　　）。

A．成员越多越好　　B．筛选成员

C．体现个性化　　D．规范运行

15．新媒体的核心资源是（　　）。

A．市场占有率　B．储备人才　C．大数据　D．平台数量

二、判断题（正确的打“√”，错误的打“×”）

1．“新媒体”（New Media）的概念是 1967 年由美国哥伦比亚广播电视网技术研究所所长戈尔德马克（P. Goldmark）率先提出的。（　　）

2．新媒体特指互联网媒体、数字电视、手机媒体三类。（　　）

3．传统媒体就是传统媒体，它们不会变为新媒体。（　　）

4．客户服务也是企业微博的一个功能类型。（　　）

5．微博可以在促进产品交易的同时还能吸引大量的潜在用户。（　　）

6．视频网站和短视频 App 没有本质上的区别。（　　）

7．企业进行新媒体运营时，最好不要利用其他平台的流量，自建体系才有效。（　　）

8．搭建个人账号体系时要注意筛选成员和规范运作。（　　）

9．开展新媒体营销的前提是全面了解各新媒体的目标受众人群特点。（　　）

10．大数据与新媒体营销的关系不大。（　　）

三、简答题

1．新媒体营销的主要方式有哪些？

2．新媒体营销的特点是什么？

3．企业运营的目的有哪些？不同的目的可以选择什么样的新媒体平台？

4．大数据在新媒体营销中的作用有哪些？

四、案例分析题

英菲尼迪与知乎的故事

有问题，上知乎。知乎是如今最火的网络问答社区，连接各行各业的用户。用户分享着彼此的知识、经验和见解，为中文互联网源源不断地提供多种多样的信息。知乎网站于 2010 年 12 月开放，采用邀请制注册方式。2011 年 3 月，知乎就获得李开复的天使轮投资，之后又获得启明投资的千万美元 A 轮投资；2013 年 3 月，知乎向公众开放注册。不到一年时间，注册用户迅速由 40 万人攀升至 400 万人。准确地讲，知乎更像一个论坛：用户围绕着某一感兴趣的话题进行相关的讨论，同时可以关注兴趣一致的人。对于概念性的解释，网络百科几乎涵盖了所有的疑问；但是对于发散思维的整合，却是知乎的一大特色。知乎注册用户可以在手机上查看自己的所有通知，直接在手机上提问、回答、评论、发送私信，强大的搜索功能，可以搜索问题、话题和用户，更流畅的首页阅读体验，可以追溯所有热门回答和热门用户，丰满地展示自己和好友的个人主页，完善对问题和回答的所有操作，包括邀请回答及匿名问答，问题和回答都可以直接分享到腾讯微博或新浪微博。知乎几乎没有任何激励机制，没有积分、没有相应的等级提升体系，更没有任何形式的物质奖励，但用户的参与度却很高，为什么？

因为知乎满足用户分享的欲望，同时满足了个人建立威望的人性需求。

知乎抓住了人性中的一个优点：分享。人其实是渴望分享的动物，有趣事却没有人分享就好比女人穿一件漂亮衣服却没有人问她在哪里买的一样难受，Keso 说他之所以在知乎上如此活跃，是因为“中国互联网在满足像我一样的人的需求方面，做得太少”，而知乎，正好给了他们一个高质量的分享舞台。

当然，分享的前提，是高质量的问题，最好是激起你回答的欲望乃至不回答都不舒服的问题。再者，这个分享其实也是有回馈的，他能让你建立威望。你回答得越多，就越显得你知识渊博，你的威望就越高。这恰好满足了马斯洛的需求金字塔中最高层次的需求——自我实现的需求。犹太裔人本主义心理学家亚伯拉罕·马斯洛（Abraham Maslow）提出的需求层次理论，将人的需求划分为五个层次。如果说微博、SNS 等产品满足了人的社交（社会关系）需求的话，那么，知乎等问答社区则满足了人的最高层次的两个需求：

尊重（社会承认）和自我实现的需求。尤其是在这个“往来无白丁”的精英社区，回答的问题被精英、名人所“赞同”和“感谢”，顶层需求的强烈满足感比其他任何激励措施都更加持续有效。

英菲尼迪正是利用知乎的平台特点，用知识干货吸引用户看完 10 小时拆车直播。

提问：英菲尼迪如何打破固有形象实现专业进阶？英菲尼迪一直以个性化和小众形象被广大消费者熟知。2017 年，英菲尼迪由“敢爱”品牌全新升级为“数字之上——成就更好的自己”，如何借由知乎平台改变固有认知，提升品牌的专业性能完成进阶？

回答：专家团队问诊，知识干货重塑品牌认知。越来越多的用户决策趋于理性，在营销玩法花样百出的今天，英菲尼迪选择以最纯粹的技术为切入点，专注于知识分享的知乎无疑是最佳营销平台。借由知乎平台的知识信用背书，邀请专家大神分享干货满满的 10 小时不间断拆车讲解，让用户看到一个全新的极客范的英菲尼迪，以此来改变认知，重塑品牌。在创意落地上，英菲尼迪选择了时下流行的直播手段，以最直白的方式直面用户，使产品展现更为直观，便于加深用户理解，于是这场依托于知乎“知识直播”的 10 小时不间断震撼拆车就正式上线了。英菲尼迪请来了 4S 店技术总监亲自上阵为大家拆解新车型的技术干货，知乎调动了平台内知名汽车媒体人王垠及知乎优秀回答者汽车工程师吴越老师分别代表品牌、垂直媒体、知乎用户的声音参与全程直播。最终有近 1.4 万多用户全程参与该活动，吸引了大量站内优秀回答者，一举成为全站 Live 特别现场标杆级案例。

问题：

1．知乎属于哪种新媒体营销方式？

2．知乎覆盖的人群特点是什么？如果使用知乎这一新媒体营销平台，应该注意哪些问题？

3．英菲尼迪是如何利用知乎这一平台进行成功营销的？

参考答案

项目 1　认识市场营销

模块 1　市场

同步训练

A 组

一、单项选择题　　1. A　　2. D　　3. A

二、判断题　　1. ×　　2. √　　3. √　　4. √　　5. ×　　6. √

B 组

一、单项选择题　　1. C　　2. B　　3. A

二、判断题　　1. √　　2. ×　　3. √　　4. √　　5. √　　6. √

三、论述题（1）消费者市场又称消费品市场或生活资料市场，是指为满足消费者个人或家庭的消费需要而提供产品或服务的市场。生产者市场又称生产资料市场，是指为满足生产者生产或加工的需要而提供产品或服务的市场。组织市场是由各种组织机构形成的对企业产品和劳务需求的总和。

（2）煤炭，用于家庭做饭、取暖，则属于消费品市场产品；用于生产过程，作为能源，则属于生产者市场产品；用于社会集团购买，则属于组织市场产品。

牛刀小试

活动目的：

1. 通过活动让学生学会仔细观察、准确理解、清晰表达。

2. 让学生体验彼此信任、融洽沟通、团队合作带来的成功与快乐。

3. 让学生学以致用，通过实地考察与团队展示，进一步加深巩固市场的类型这一知识点，提高学生的自信。

活动时间：90 分钟。

活动道具：各种彩纸若干张，彩纸上写上所去的市场。

活动程序：

1. 全班分为若干小组，每小组 6～8 人。组长领取彩纸，抓阄选择到哪个市场，并把要去的市场写在彩纸上，对其他小组保密。周六或周日实地参观。

2．展示步骤：（1）组长报出小组本次出行的路线与交通工具（小组成员集体说）。

（2）小组成员分工合作，模拟所到市场的形态，其他小组成员按照黑板上的提示猜测。

（3）两个小组成员举起彩纸上所写的市场。

（4）其他小组成员提问本小组所到市场的问题，如它的类型、特点等。

（5）教师点评，设立不同的奖项。

注意事项：

1．学生上台展示之前，教师巡回指导，帮助学生理顺思路、排练。

2．小组分工时注意对性格内向的学生的鼓励，使其加入团队，勇敢地说出自己的想法和感受。

3．小组展示完之后集体谢幕，其他小组报以热烈的掌声，提高学生的自信。

4．教师可以设立不同的奖项，如最佳创意奖、最佳表现奖等，并折合成相应分数，计入学生平时考评，以激励学生不断进步。

活动扫描：团队展示的过程也是团队分工合作、集体锻炼的过程。学生进一步加深了基本知识点的记忆与运用，提高了观察能力、语言沟通能力与团队合作能力。

模块 2　市场营销

同步训练

A 组

判断题　1．×　2．√　3．×　4．√

B 组

一、单项选择题　1．A　2．D　3．B

二、判断题　1．√　2．√　3．√　4．×

牛刀小试

活动目的：

1．通过活动让学生学会沟通，主动表达。

2．让学生体验彼此信任、鼓励、团队合作带来的成功与快乐，提高学生的自信。

3．让学生学以致用，通过实地考察与团队展示，进一步加深巩固营销与推销的区别这一知识点，提高学生自己动手解决问题的能力。

活动时间：90 分钟。

活动道具：记者所用的麦克风。

活动程序：

1．全班分为若干小组，每小组 8～10 人。分工合作，利用周六或周日，打通各个环节，设法找到单位相关负责人，结合刚学到的市场营销知识，提问有关单位的相关问题。

2．展示步骤：（1）组长报出小组本次出行的路线与交通工具（小组成员集体说）。

（2）记者采访模拟，分问、答两个环节（情景提示：医院越来越多，就诊患者越来越少，院长应从哪些方面提高医院的质量与声誉？中专生源越来越少，如何办一个学生、家长、社会满意的学校？超市越来越多，如何保持自己的特色，维持一定的客流量？可以从这些方面设计问题）。

（3）集体分享这次出去访问的感受。

（4）总结设计一个活动文案。

（5）教师点评，设立不同的奖项。

注意事项：

1．学生上台展示之前，教师巡回指导，帮助学生理顺思路、排练。

2．小组分工时注意对性格内向的学生的鼓励，使其加入团队，勇敢地说出自己的想法和感受。

3．小组展示完之后集体谢幕，其他小组报以热烈的掌声，提高学生的自信。

4．教师可以设立不同的奖项，如最佳创意奖、最佳表现奖等，并折合成相应分数，计入学生平时考评，以激励学生不断进步。

活动扫描：团队展示的过程也是团队分工合作、集体锻炼的过程。鼓励学生从学校走出去，从社会中走进来，能够初步运用所学的知识，提高了观察能力、语言沟通能力与团队合作能力。

模块 3　市场营销观念的演变

同步训练

A 组

一、单项选择题　1．A　2．B　3．C

二、判断题　1．√　2．√　3．×　4．√　5．×

B 组

一、单项选择题　1．B　2．D　3．C　4．D　5．D

二、判断题　1．√　2．×

牛刀小试

生产观念、产品观念和推销观念。

综合训练

一、单项选择题 1. B　2. A　3. E　4. D　5. A　6. A　7. C　8. D　9. D　10. A　11. C　12．A　13．C　14．D　15．A　16．D　17．D　18．C

二、判断题　1．√　2．√　3．×　4．√　5．×　6．√　7．√　8．×　9．×　10．√

三、简答题

1．统一性、开放性、竞争性、有序性。

2．人口、购买力、购买欲望。

3．通过创造和交换产品与价值，使个人与群体满足欲望和需要的社会与管理过程。

4．市场营销的内容：

（1）营销理论：市场营销的研究对象，市场营销观念，主要有市场分析、消费者需求、营销环境、市场细分与目标市场理论。

（2）营销策略：产品策略、定价策略、分销渠道策略、促销策略、营销组合策略。

5.（1）根据地域特征不同，市场可分为国内市场（本土市场）和国际市场（海外市场）。

（2）根据竞争程度划分，市场可分为完全竞争市场、完全垄断市场、寡头垄断市场和不完全竞争市场。

（3）根据市场形态划分，市场可分为有形商品市场和无形商品市场。

（4）根据时间结构划分，市场可分为现货交易市场、期货交易市场和贷款交易市场。

（5）根据购买目的划分，市场可分为消费者市场、生产者市场和组织市场。

6．联系：两者有着密切的联系，推销是营销的一部分。

区别：（1）营销是在产品销售之前对整个销售活动的整体规划，包括产品设计、市场调查、营销环境分析、销售策略、销售过程监督、广告效果评估等环节，可以说，营销是所有销售活动必须要做的整体规划，它能使企业获取最大利益。

（2）推销是指推销员帮助顾客认识和了解产品，并激发顾客的购买欲望，从而引导顾客购买产品的活动过程。推销仅仅是营销过程中一个重要的步骤或活动，是促进销售的一个重要手段，在整个营销活动中并不是最主要的部分。

四、案例分析题

1．大荣公司采用的是市场营销观念。

2．大荣公司满足消费者对价格的要求，在经营过程中，把所经营的商品整理归类，按合理的计划和适宜的方法进行批发和零售。全面推行符合顾客满意精神的“人性化”经营战略，使大荣公司在消费者心目中树立起美好的形象。

3．大荣公司成功的启示在于它真正把消费者的需求放在了第一位，企业的一切行为都是为消费者服务的。大荣公司始终把消费者放在首位，注重营销过程的每一个细节，使得营销观念上升到一个新的高度。

项目 2　分析营销环境

模块 1　市场营销环境构成

同步训练

A 组

一、单项选择题　1．B　　2．C　　3．A

二、判断题　1．×　　2．√　　3．×

B 组

一、单项选择题　1．D　　2．A　　3．D

二、判断题　1．√　　2．√　　3．×

三、案例分析题

1．消费者收入水平、消费支出模式与消费结构的变化、消费储蓄与消费信贷的状况。

2．上海家化厂成功经验的最可贵之处在于：随着我国消费者收入水平的提高，对化妆品的需求也呈现出多样化及高档化的特征，他们能及时认识到化妆品消费需求的这一变化，并不失时机地逐年推出新产品，因而使得他们的营销活动适应了化妆品市场消费结构的变化，实现了与环境变化的紧密结合。

3．提示：应在市场调研的基础上，开发出真正符合消费者需求的化妆品，以女性市场为主，渗透到男性化妆品市场。尽管化妆品市场饱和、市场竞争激烈，但大多数厂家所生产的化妆品都雷同，缺乏特色和真正具有护肤美容的功效。而且大都瞄准女性市场，但殊不知消费世界中还有一半是男性，他们同样存在对护肤美容的需求，我们没有理由“厚此薄彼”。

模块 2　市场营销环境分析

同步训练

A 组

一、单项选择题　1. B　2. D　3. A

二、判断题　1. ×　2. ×　3. ×

B 组

一、单项选择题　1. C　2. B　3. C

二、判断题　1. √　2. ×　3. √

三、案例分析题

【提示】优势：(1)(6)(7)(11)；劣势：(2)(3)(8)(12)(15)；机会：(5)(13)；威胁：(4)(9)(10)(14)。

综合训练

一、单项选择题　1. B　2. C　3. D　4. A　5. A　6. B　7. C　8. D　9. B　10. A

二、判断题　1. √　2. ×　3. √　4. √　5. √　6. ×

三、简答题

1. 世界人口环境发展的主要趋势是：世界人口迅速增长；美国、西欧等资本主义发达国家出生率下降，儿童减少；许多国家人口趋于老龄化；西方国家非家庭住户在迅速增加；许多国家的家庭规模趋于小型化；许多国家的人口流动性大；发展中国家人口城市化浪潮十分迅猛；有些国家的人口是由多民族构成的；发达国家就业结构发生变化，妇女就业比重上升，白领工人数量增加，蓝领工人数量下降。

2. 进行经济环境分析时，要着重分析以下主要经济因素：消费者收入水平、消费支出模式与消费结构的变化、消费者储蓄与消费信贷的状况对企业营销的影响等因素。

3. 影响消费者支出模式与消费结构的因素有：消费者收入的变化，消费者收入的高低直接影响购买力的大小，从而决定市场容量和消费者支出模式；食品开支与家庭消费支出总额之比称为“恩格尔系数”，可运用恩格尔系数来分析消费者支出模式和消费结构；消费结构是指消费过程中人们所消耗的各种消费资料及劳务的构成，或者说是各种消费支出占总支出的比例关系；消费者储蓄的变化对消费者支出模式与支出结构均会产生影响。

4. 威胁与机会的组合有四种：理想企业、成熟企业、投机企业和艰苦企业。

理想企业：抓住机会迅速行动。成熟企业：作为企业常规业务，维持运转。投机企业：扬长避短，创造条件，争取突破性发展。艰苦企业：要么改变环境，要么转移。

5. 人口老龄化问题可能会对以下行业带来市场机会：

(1) 老年人对书刊、娱乐、休闲的消费需求的不断增长，将促进老年文化娱乐市场的形成和发展。

（2）老年人由于身体健康的原因，必然会对医疗用品、药品、保健品及营养品有巨大的需求，从而形成老年医疗保健品市场。

（3）由于家庭结构的变化，人口抚养系数有加大的趋势，原来由子女直接照顾老年人的工作可能被社会化的老年赡养机构所代替，逐步形成老年护理市场。

四、论述题

新技术改革，给企业市场营销创造了机会，同时也可能形成威胁。机会在于寻找或利用新的技术，满足新的需要。面临的威胁则可能有两个方面：一方面，新技术的突然出现，使企业现有产品变得陈旧；另一方面，新技术改变了企业人员原有的价值观。因此，科学技术的发展对某些企业可能是有利的，而对另一些企业则可能是不利的，对企业营销的影响是一把“双刃剑”，是一种“创造性的破坏”力量。

科学技术的发展和新技术的应用，特别是知识经济时代的到来，对企业的市场营销可能产生如下影响：

（1）使产品的开发周期大大缩短，产品更新换代加速。营销者主要注重不断寻找新科技来源、新技术的专利保护，开发给消费者带来更多便利的新产品。

（2）科学技术的进步，带来信息科学的飞速发展，使得消费者和生产者之间的信息占用更加“对称”，利用信息的不对称性来制定高价的做法显然在信息社会是不可能实现的。同时，产品的售价中必须包含“创新成本”，而且占据较大的比例。

（3）科学技术的发展也带来了分销方式的重大变化，人们的交易再也不局限于特定场合；非场合交易或自我服务的方式逐渐成为现代乃至未来商业的主体。

（4）科学技术的日新月异也带来了促销方式的变化，从以前的口碑传递过渡到印刷广告，而今是多种媒体、多种促销方式的电子传媒时代。

营销人员必须了解变化中的技术环境和新技术如何能为人类服务，注重市场导向的研究，同时关注可能会造成使消费者反对的技术。

项目 3　确立目标市场

模块 1　市场细分

同步训练

A 组

一、单项选择题　1. C　2. D　3. B　4. A

二、判断题　1. ×　2. ×　3. √　4. √

B 组

一、单项选择题　1. D　2. D　3. B　4. A

二、判断题　1. √　2. √　3. ×　4. √　5. ×

三、案例分析题

1. 行为细分；追求的利益。

2. 人口细分（收入）、心理细分（偏好）、行为细分（追求利益）。

牛刀小试

1．提示：参考学习指导中【步骤二】，以及消费者市场细分标准，即地理细分、人口细分、心理细分、行为细分。

2．成果评价。

（1）遵守规则，积极参与。（20%）

（2）市场调查准备充分，对本班需求了解充分，并能进行深入分析。（30%）

（3）所选细分标准合理，市场细分有效。（40%）

（4）见解独到。（10%）

模块 2　目标市场策略

同步训练

A 组

一、单项选择题　1．A　2．C　3．B　4．A

二、判断题　1．×　2．×　3．√　4．×　5．×

B 组

一、单项选择题　1．B　2．C　3．B　4．C

二、判断题　1．×　2．×　3．√　4．√　5．√

三、案例分析题

1．集中性营销策略；集中企业有限资源，重点开发一个或几个细分市场，争取在局部市场上占有较大的份额。

2．企业采用集中性营销策略面临两个问题：一是市场区域相对较小，企业发展受到限制；二是潜伏着较大的经营风险。企业可以根据自身实力开发新的目标市场，扩大经营项目。

牛刀小试

1．集中性营销策略、差异性营销策略。

2．提示：该公司后来采取的策略可能会影响原来的女性市场。

3．提示：可以使用一个新品牌、重新设计产品形象等。

模块 3　市场定位策略

同步训练

A 组

一、单项选择题　1．A　2．D　3．B　4．A

二、判断题　1．√　2．√　3．×　4．×　5．×

B组

一、单项选择题　1．A　2．B　3．B　4．D

二、判断题　1．×　2．×　3．√　4．√　5．√

三、案例分析题

1．将定位稳固在“资本财经”上。

2．进行集中性营销策略；将市场进行专业化细分，集中企业的有限资源重点开发一个或几个细分市场。

牛刀小试

提示：（1）目标市场模糊。

咖啡与可乐两种产品，原本分别拥有两个完全不同的消费者群体，代表着两种截然不同的文化。从历史发展来看，两种产品都诞生了上百年，咖啡代表儒雅的欧洲文化，可乐则是美国文化的标签。从文化的角度来说，享受咖啡的人未必喜欢可乐，而畅饮可乐的人又未必有闲情逸致来品尝咖啡。

（2）产品功能定位模糊。

非常咖啡可乐的平面广告提道：“咖啡的香醇+可乐的刺激：解渴！双倍提神！”通过广告，非常咖啡可乐必须告诉消费者选择其产品的理由。从产品的功能看，非常咖啡可乐有两个作用：解渴与双倍提神。解渴是所有饮料均具备的特点，并不是咖啡可乐的优势，那么剩下的理由就是双倍提神。这意味着非常咖啡可乐的消费者，可能是那些因睡眠不好、压力太大而需要进行提神的人。进一步需要考量的是，这是群什么样的人？这一群体有多大？年轻人本来精力充沛，更希望被别人看成精力充沛的，因此不希望被贴上需要提神的标签。上了年纪的人本来睡眠就不好，喝了更会睡不好觉。而原来的青少年群体，因为不适合饮用过多咖啡因也被排除在外。

综合训练

一、单项选择题　1．A　2．B　3．C　4．D　5．B　6．A　7．D　8．C　9．B　10．B　11．B　12．D　13．A　14．D　15．A

二、判断题　1．√　2．×　3．×　4．√　5．√

三、简答题

1．（1）选择市场范围，确定经营目标。

（2）选择市场细分的标准，列出消费者群体的需求情况。

（3）初步市场细分。

（4）筛选细分市场。

（5）初步为细分市场命名。

（6）进一步分析各子市场。

（7）确定每个细分市场的规模，相应地选定目标市场。

2．优点：首先，大批量的生产和经营有利于企业降低成本，取得规模效益；单一的营销组合，尤其是无差异的广告宣传可以节省促销费用；不对市场进行细分，可相应地减少企业在市场调研、产品开发、制定各种营销组合方案等方面的营销投入。

缺点：难以长期满足消费者多样的需求，不能适应瞬息万变的市场形势，应变能力差，易受到竞争企业的攻击。

3.（1）拥有一定的购买力，有足够的销售量及营业额。

（2）有较理想的尚未满足的消费需求，有充分发展的潜在购买力，以作为企业市场营销发展的方向。

（3）市场竞争还不激烈，竞争对手未能控制市场，有可能乘势开拓市场，并占有一定的市场份额，在市场竞争中取胜。

（4）该市场符合企业的资源条件，企业有能力开拓该市场。

4.（1）企业的实力。

（2）产品的自然属性。

（3）市场的差异性。

（4）产品生命周期。

（5）竞争对手状况。

5.（1）属性和利益定位法。

（2）用途定位法。

（3）使用者定位法。

（4）竞争定位法。

（5）档次定位法。

（6）特色定位法。

四、案例分析题

1. 消费者的心理和行为。

2. 考虑经济因素的使用者。

3.（1）避强定位策略。（2）这种方式市场风险较小，成功率较高，能使企业较快地在市场上站稳脚跟，被多数企业采用。但是避强往往意味着企业必须放弃某个最佳的市场位置，很可能使企业处于最差的市场位置。

4. 美国汽车业非常发达，是一个有着相对成熟产品、相对饱和的市场。在这种市场上，福斯汽车公司作为后来者要与市场领先者的大汽车公司一争高低是很难的。所以，福斯汽车公司采取了避开强有力的竞争对手的做法，将其市场定位在竞争对手不重视或遗忘的区域内，针对一部分特定的消费者开展营销活动。

5.（1）对消费者市场有极为充分、翔实的了解。（2）能够正确分析自己和竞争对手的状况。（3）正确制定目标市场策略，包括正确的市场细分、选择目标市场、市场定位。

项目 4　选择产品组合

模块 1　制定产品组合策略

同步训练

A 组

一、单项选择题　1. B　2. D　3. C

二、判断题　1. ×　2. √　3. √

B 组

一、单项选择题　1. B　2. C　3. D

二、判断题　1. ×　2. √　3. ×

模块 2　确定生命周期营销策略

同步训练

A 组

一、单项选择题　1. B　2. C　3. B

二、判断题　1. ×　2. ×　3. ×

B 组

一、单项选择题　1. C　2. B　3. D

二、判断题　1. √　2. ×　3. √

三、案例分析题

1．小米手机处于成长期阶段。特点：产品销售量迅速增加，技术进步，成本降低，竞争逐渐加剧，同类品出现，消费者依然是早期忠实的“米粉”。

2．小米手机让消费者参与手机的整改和完善中，这在拉近小米手机与消费者之间的距离发挥了重要作用。但是，对于“米粉”提出的整改意见，并没有做出实质性突破。采用饥饿营销是一把“双刃剑”。一方面，强劲而有力的“饥饿营销”使消费者需要付出努力才可以“抢”到产品。小米手机在提高“米粉”心理预期的同时，降低了生产成本。但也会产生消极作用。饥饿营销是建立在优质产品质量和品牌美誉度基础之上的，正是产品吸引力和短期不可替代性才成就了小米手机。然而，小米手机都没有明显优势。所以，在小米手机衰退期到来之前，用新产品和优越服务来代替饥饿营销。微博营销存在疲态期问题，虽然不断成功“赚粉”，但很多是直接被拉过来的人，“粉丝”忠诚度有所下降。

3．小米手机进入成熟期甚至是衰退期，竞争更加激烈，模仿者、替代品更多，需对产品、技术及营销策略进行改进。对于小米手机，无疑创新是最重要的。市场竞争激烈和消费者日益“挑剔”，要不断进行技术革新、产品更新，解决消费者关心的问题；延长产品线，品牌下设多种产品；紧跟时代，小米手机应不断升级硬件和软件；在移动互联网时代，对于已进入疲软期的微博营销而言，应大力支持微信营销，及时尝试新营销工具；对于下一步进入三线城市甚至县城、乡村的小米手机而言，需要进一步拓展线下渠道，加强与运营商合作，开展实体店计划；饥饿营销，要随着生命周期延长开展，必须大力经营品牌优势，增强经营实力，这样饥饿营销才有可能更长久。

模块 3　开发新产品

同步训练

A 组

一、单项选择题　1. B　2. A　3. B

二、判断题　1. ×　2. √　3. ×

B 组

一、单项选择题　1. D　2. A　3. B

二、判断题 1. × 2. × 3. ×

三、案例分析题

1. 杜邦公司的不断创新依赖的是企业追求不断创新的经营理念、重视科研的投入、较强的科学技术优势和对市场的关注等。

2. 创新是人类社会的永恒主题，更是企业进步的根本途径。要想在竞争中保持赢家地位，必须面对更大的压力和挑战，不断创新，才能保持长久不衰的生命力，才能赢得市场、赢得生存和发展的空间。所以，产品创新是企业的生命力所在。杜邦公司的成功恰是实践创新的典范。

综合训练

一、单项选择题 1. A 2. D 3. C 4. B 5. A 6. C 7. D 8. A 9. B 10. B 11. A 12. C 13. C 14. D 15. B

二．判断题 1. √ 2. × 3. √ 4. × 5. √ 6. × 7. × 8. √ 9. × 10. ×

三、简答题

1. 产品组合也称产品配合，是指一个企业生产或经营的全部产品线和产品项目的组合方式。考虑因素：产品项目、产品线宽度、产品线深度和产品线之间的关联度。

2. 产品组合策略很多，其中最主要的有三种：一是扩大产品组合策略；二是缩减产品组合策略；三是产品线延伸策略。具体有三种形式：（1）向下延伸；（2）向上延伸；（3）双向延伸。

3. 原因有两点：一是高档产品市场具有较大的潜在成长率和较高利润率的吸引；二是企业实力增强，可发展各档产品俱全的完全生产线，并重新对产品线定位。风险：消费者能否接受高档产品、面临高档产品竞争者的顽强抵抗、消费者对高档产品质量的质疑等。

4. 特点：（1）产品销售量迅速增加；（2）生产工艺及设备逐渐成熟配套，生产能力随之增加，产品大批量生产，单位产品成本显著下降；（3）随着产量或销售量的迅速增加，企业转亏为盈，利润迅速上升；（4）同行竞争者开始生产这类产品，竞争逐渐加剧，同类品、仿制品纷纷出现；（5）这一时期的消费者多为早期采用者。

营销策略：规模策略、形象策略、服务策略、降价策略。

5. 新产品开发有七项程序：（1）新产品构思；（2）新产品筛选；（3）新产品概念的形成和测试；（4）新产品市场分析；（5）新产品研制；（6）新产品试销；（7）新产品上市。

6. 选择投放时机、选择投放地点、选择投放对象、选择投放方法。

四、论述题

产品生命周期理论用于企业营销实践中，有以下几方面的启示。

（1）任何一个产品的生命周期都是与相关的需求生命周期和技术生命周期相联系的，由需求与技术的生命周期决定。要求企业开展市场营销活动，从需求出发，任何产品都只是作为满足特定需要或解决问题的特定方式而存在的，同时必须跟踪最新的科学技术开发新产品，设法运用科技创新延长产品生命周期。

（2）运用产品生命周期理论时，要善于区别产品种类、产品形式、产品品牌的生命周期。

（3）不同种类的产品，其生命周期表现的形态也不尽相同，并非所有的产品都呈现正态分布曲线。同样的产品，可能在国内市场与国际市场上的生命周期也不尽相同。

（4）影响企业产品生命周期的因素很多，有企业外部因素也有企业内部因素。如果仅就内部因素而言，企业产品生命周期相当于企业各种营销活动的因变量，企业经过营销努力，完全可能改变企业产品生命周期。

项目 5　制定产品价格

模块 1　影响企业定价的因素

同步训练

A 组

一、单项选择题　　1．B　2．D　3．A

二、判断题　　1．√　2．×　3．√

B 组

一、单项选择题　　1．A　2．C　3．D

二、判断题　　1．√　2．×　3．×

三、案例分析题

1．在本案例中沃尔玛的定价主要考虑了产品成本这个因素。

2．影响企业定价的因素有内部因素和外部因素。内部因素包括定价目标、产品成本、产品差异性、企业的消费能力；外部因素包括消费者需求、政府干预、竞争因素和其他因素。

牛刀小试

活动目的：

（1）通过活动让学生学会仔细观察、准确理解、清晰表达。

（2）让学生体验彼此信任、融洽沟通、团队合作带来的成功与快乐。

（3）让学生学以致用，通过实地考察与团队展示，进一步加深巩固企业定价这一知识点，提高学生的自信。

活动时间：90 分钟。

活动道具：各种彩纸若干张，彩纸上写上所去的市场。

活动程序：全班分为若干小组，每小组 6～8 人。组长领取彩纸，抓阄选择到哪个单位，并把要去的市场写在彩纸上，对其他小组保密。周六或周日实地参观。

展示步骤：

（1）组长报出小组本次出行的路线与交通工具。（小组成员集体说）

（2）小组成员分工合作，模拟所到企业的定价目标，其他小组成员按照黑板上的提示猜测。

（3）两个小组成员举起彩纸。

（4）其他小组成员提问本小组调查所涉及的问题，如影响企业定价目标的因素等。

（5）教师点评，设立不同的奖项。

注意事项：

（1）学生上台展示之前，教师巡回指导，帮助学生理顺思路、排练。

（2）小组分工时注意对性格内向的学生的鼓励，使其加入团队中来，勇敢地说出自己的想法和感受。

（3）小组展示完之后集体谢幕，其他小组报以热烈的掌声，提高学生的自信。

（4）教师可以设立不同的奖项，如最佳创意奖、最佳表现奖等，并折合成相应分数，计入学生平时考评，以激励学生不断进步。

活动扫描：

团队展示的过程也是团队分工合作、集体锻炼的过程。学生进一步加深了基本知识点的记忆与运用，更是提高了观察能力、语言沟通能力与团队合作能力。

模块2　企业定价方法

同步训练

A组

一、单项选择题　1. B　2. A　3. D

二、判断题　1. √　2. ×　3. ×

B组

一、单项选择题　1. B　2. D　3. A

二、判断题　1. ×　2. √　3. ×

三、计算题

目标利润=1 500 000×10%=150 000（元）

总成本=100 000+6×100 000=1 600 000（元）

价格=（总成本+目标利润）/总销量=（1 600 000+150 000）/100 000=17.5（元）

答：商品的价格是17.5元。

牛刀小试

投标定价法的操作程序是：招标人发出招标公告—投标人竞争投标—密封递价—招标人择优选择价格。

模块3　企业定价策略

同步训练

A组

一、单项选择题　1. C　2. D　3. A　4. A

二、判断题　1. ×　2. ×　3. √　4. √

B组

一、单项选择题　1. B　2. B　3. A　4. C

二、判断题　1. √　2. √　3. ×　4. ×

三、案例分析题

1. 长虹彩电降价是为了进一步提高市场占有率。

2．还有以下原因会导致企业降价：

（1）企业亟须回笼大量现金。

（2）企业通过降价来开拓新市场。

（3）企业成本费用比竞争者低。

（4）企业生产能力过剩。

（5）在强大的竞争者压力下，企业的市场占有率下降。

（6）政治、法律环境及经济形势的变化，迫使企业降价。

牛刀小试

1．渗透定价策略

2．优点：新产品能迅速占领市场，市场占有率高；微利阻止了竞争者进入，增强了企业的市场竞争能力；低价策略，促进消费需求。

3．缺点：利润微薄；降低企业优质产品的形象。

4．适合产品：需求弹性大的日常消费用品。

综合训练

一、单项选择题　1. A　2. B　3. C　4. C　5. B　6. A　7. B　8. A　9. A　10. C　11. A　12．A　13．D　14．C

二、判断题　1. ×　2. √　3. ×　4. √　5. ×　6. √　7. ×　8. ×　9. √　10. √　11．×　12．×　13．√　14．×

三、简答题

1．新产品定价的方法主要有以下几种：

（1）撇脂定价。

（2）渗透定价。

（3）满意定价。

2．影响产品定价的内部因素和外部因素如下：

（1）影响产品定价的内部因素包括定价目标、产品成本、产品差异性和企业的销售能力。

（2）影响产品定价的外部因素包括消费者需求、政府力量、竞争者力量和其他因素。

3．产品定价的三种导向包括成本导向、需求导向和竞争导向。

4．实行提价策略时要注意以下问题：

（1）切忌所有商品同时提价。

（2）提价时，一定要说明提价原因的合理性。

（3）注意提价幅度。

四、案例分析题

1．在本案例中，雷诺公司采用了新产品定价策略中的撇脂定价。

2．该定价策略的优点：利用高价产生的厚利，使企业能够在新产品上市之初，即能迅速收回投资，减少了投资风险；在全新产品或换代新产品上市之初，顾客对其尚无理性的认识，此时的购买动机多属于求新求奇；先制定较高的价格，在其新产品进入成熟期后可以拥有较大的调价余地，不仅可以通过逐步降价来保持企业的竞争力，而且可以从现有的目标市场上吸引潜在需求者，甚至可以争取到低收入阶层和对价格比较敏感的顾客；在新产品开发之初，由于资金、技术、资源、人力等条件的限制，企业很难以现有的规模满足所有的需求，利用高价可以限制需求的过快增长，缓解产品供不应求的状况，并且可以利用高价获取的高额利润进行投资，逐步扩大生产规模，使之与需求状况相适应。

缺点：过高的价格不利于市场开拓、增加销量，也不利于占领和稳定市场，容易导致新产品开发失败；高价高利会导致竞争者的大量涌入，仿制品、替代品迅速出现，从而迫使价格急剧下降；价格远远高于价值，在某种程度上损害了消费者利益，容易招致公众的反对和消费者的抵制，甚至会被当作暴利来加以取缔，诱发公共关系问题。

项目 6　遴选分销渠道

模块 1　分销渠道

同步训练

A 组

一、单项选择题　1. D　2. C　3. D　4. C　5. A　6. D　7. C　8. D　9. C　10. B　11. B　12. C

二、判断题　1. ×　2. √　3. √

B 组

一、单项选择题　1. C　2. A　3. C　4. B　5. C　6. B　7. B　8. B　9. C　10. A　11. A　12. B　13. A

二、判断题　1. ×　2. √　3. √　4. ×

牛刀小试

参考答案一：青啤营销渠道策略。

（1）建设供应链管理平台的思路，即通过供应链管理平台，以智能、全程可视、实时响应的方式为渠道提供各种增值服务，使华南事业部能够利用渠道的行为惯性锁定渠道。

（2）实现整个渠道尤其是销售渠道上所有参与方（包括华南事业部、一批、二批）的高度协同，减少供应链的存货数量，加速对客户需求的反应能力。

（3）实现对一批、二批行为的管理，包括客户信息的全面搜集、实时处理、客户的消费规律分析等。

参考答案二：电脑分销渠道。

（1）厂家直销。

（2）各大家电连锁店销售。

（3）通过网络销售。

（4）私人代理销售，价低，适用于大众人群。

参考答案三：手机的分销渠道。

（1）家电连锁专卖店，销售最新机型的手机。

（2）手机专业连锁店，销售各种机型的手机。

（3）代理商包销，代理销售某几款手机，以价格适中、适应于大众的机型为主。

模块 2　分销渠道选择

同步训练

A 组

一、单项选择题　1. A　2. B　3. C　4. B　5. B　6. B　7. A　8. D　9. C
二、判断题　1. √　2. √　3. ×　4. √　5. ×　6. √　7. ×　8. √

B 组

一、单项选择题　1. B　2. D　3. B　4. D　5. D　6. A　7. D　8. B　9. D　10. B
二、判断题　1. √　2. √　3. √　4. ×　5. √　6. ×　7. √　8. ×　9. √　10. √
三、案例分析题

1. 该公司选择的是间接渠道策略和渠道终端策略。三种观点分别代表的是普遍分销、独家代理、选择分销策略。

2. 密集分销的优点：厂家与经销商之间关系比较密切；市场竞争程度低，中间商利润高；有利于企业控制中间商，提高他们的经营水平，加强产品的形象，增加企业利润。缺点：因缺乏竞争，顾客的满意程度可能会受到影响；经销商对厂家的反控制能力比较强。

3. 提示：以上三种方案均可选择，但一定要自圆其说。

牛刀小试

（1）硬终端：一旦实施，一段时间内不会改变的设施，包括户内（POP、台卡、招贴、立卡牌、拒贴吊锦、产品模型、灯箱、海报、宣传资料、包装价格表等）；户外（展板、导购牌、遮阳篷、横幅、路牌、车体等）。

（2）软终端：经常活动、变化的人，主要有促销人员、营业员、商场领导、专家推广咨询及现场促售人员。

软终端比硬终端更重要，软终端难度更大，如果企业没有良好的软终端，那么大部分硬终端难以实施，难以发挥出硬终端的效果来。现在许多企业在终端店里都有自己企业的导购员、促销员向消费者介绍、推荐产品，在终端市场上起了替代作用。

终端促销人员一般都是女性，有专职的、有兼职的，那么通过促销工作，开展礼仪服务、导购服务，进行产品宣传、市场调查及开展公关活动。对软终端的市场人员、促销人员，首先要把好人员的素质关，而且对他们进行严格培训加强管理，尤其是要强化动态过程控制，要施行表格化。现在许多的促销员、导购员是企业自己的人，是厂家或经销商的。那么在软终端还有一个很重要的组成部分就是营业员，零售商店营业员在促销中起到了独特的作用，许多企业把营业员称作企业的第一顾客。

因此，在今天“得渠道者得天下，赢终端者赢世界”的形势下，零售终端早已成为企业品牌培育的阵地和窗口，客户服务的前沿和关键，市场维护的主体和根本。零售终端建设对提升品牌培育能力、市场响应能力和客户服务能力至关重要。面对当前各品牌基于做大做强而进行日益激烈竞争的格局，为确保企业销售额和利润的稳步增长，企业应不断强化终端建设，如对终端促销员进行推销话术、规范外在形象等培训。

模块 3　分销渠道冲突

同步训练

A 组

一、单项选择题　1. A　2. B　3. C　4. C　5. A　6. B　7. B　8. A　9. B　10. B　11.　B　12. D

二、判断题　1. √　2. √　3. √　4. √　5. √

B 组

一、单项选择题　1. B　2. A　3. C　4. B　5. D　6. B　7. B　8. C　9. B　10. C　11. A　12. C　13. B　14. D　15. D　16. C　17. C　18. B

二、判断题　1. √　2.　3. ×　4. √　5. ×　6. ×　7. ×

三、案例分析题

1. 渠道成员的责任和权力不明确、购销业务中存在的矛盾。水平渠道冲突。

2. 垂直渠道冲突。当下游经销商的实力增强以后，不满意目前所处的地位，希望在渠道系统中有更大的权利，于是向上游渠道发起了挑战。

牛刀小试

娃哈哈的经销商识别码、供货限制、差别包装等；波司登羽绒服在产品外包装上印刷“专供某地区销售”的字样，或者印上“豫”销往河南，“冀”销往河北；格力公司采用 CN-315 物流监管系统来防止窜货。

综合训练

一、单项选择题　1. A　2. A　3. C　4. D　5. A　6. B　7. B　8. D　9. D　10. A　11. B　12. A　13. A　14. C　15. C　16. B　17. D　18. D

二、判断题　1. ×　2. ×　3. √　4. ×　5. ×　6. ×　7. √　8. √　9. √　10. √

三、简答题

1. 影响分销渠道选择的因素主要有：

（1）产品因素；

（2）市场因素；

（3）生产企业本身的因素；

（4）环境特性；

（5）竞争者因素。

2. 导致渠道冲突的根本原因主要有：

（1）目标不一致；

（2）利益不一致；

（3）分工不明确；

（4）沟通障碍；

（5）渠道成员的市场直觉差。

3．影响渠道终端策略的因素有：

（1）根据消费者收入和购买力水平选择；

（2）根据目标顾客出现的位置来选择；

（3）根据顾客购买心理来选择；

（4）根据竞争需要来选择；

（5）根据销售方式来选择。

4．窜货的危害有：

（1）扰乱市场价格；

（2）导致生产厂家利润下滑，并影响企业的决策分析；

（3）打击经销商积极性，引发渠道冲突，殃及整个渠道关系；

（4）以低价为特征的“窜货”为假冒伪劣者提供了空间，影响消费者的消费信心；

（5）影响渠道控制力和企业形象，降低品牌忠诚度。

5．窜货的预防和处理对策有：

（1）选择好经销商。

（2）创造良好的销售环境，包括：①制订科学的销售计划。②合理划分销售区域。

（3）制定完善的销售政策，包括：①完善价格政策。②完善促销政策。③完善专营权政策。

（4）采取有效的预防窜货的策略，包括：①制定合理的奖惩措施。②建立监督管理体系。③减少渠道拓展人员参与窜货。④培养和提高经销商忠诚度。

四、案例分析题

1．渠道成员激励不当。

2．属于水平渠道冲突。

3．企业在选择经销商、制定销售政策及对销售人员的管理上存在太多漏洞。

首先，销售政策随意，区域经理代表企业负责某区域的产品销售和市场管理，但竟然可以随意承诺难以实现的奖励政策，而公司提出的返利政策最终竟然随意更改，不能完全兑现，同时前后两任营销副总在移交工作时，没有交代清楚具体的销售政策。

其次，在前面问题没有处理好的情况下就盲目发展经销商，而且还是原来经销商的下游商家，造成原经销商心理失衡，从而埋下报复种子。

最后，这些简单甚至低级的问题没有处理好，造成企业最终的销售网络全盘崩溃，所有问题归结到一句话，就是企业缺乏健康的营销网络思路，单纯地追求产品销量，根本没有把经销商当成是企业可以长期合作的战略伙伴，而把他们当成可以利用的对象，一旦不和就鲁莽开除，从而直接导致了经销商对企业的强烈不满，遂爆发渠道争端。

4．提示：坚持以现款或短期承兑结算，正确运用激励措施，建立与经销商一致的利益共同体，通过协议约束渠道成员的市场行为，加强市场监管等。

项目 7　确定促销组合

模块 1　促销和促销组合

同步训练

A 组

一、单项选择题　1. A　2. B　3. A　4. A　5. C　6. C　7. A

二、判断题　1. ×　2. ×　3. ×

B 组

一、单项选择题　1. B　2. C　3. B　4. D　5. D　6. A　7. B

二、判断题　1. ×　2. √　3. ×

三、案例分析题

1. 消费者和中间商

2.

促销方式	优　点	缺　点
人员促销	直接沟通信息，反馈及时，可当面促成交易	占用人员多，费用高，接触面窄
广告宣传	传播面广，形象生动，节省人力	只能对一般消费者进行宣传，难以立即促成交易
营业推广	吸引力大，激发购买欲望，可促成消费者当即采取购买行动	接触面窄，有局限性，有时会降低商品身份

牛刀小试

【答案提示】第一，在广告的组合上考虑收视人群的量而不是质，没有锁定目标消费者，致使广告大量地被浪费。由于目标消费群锁定在 28～36 岁且收入较高的白领阶层，这部分人很少看地方台，对于城市晚报和早报的关注率仅限于新闻，几乎不关注广告版面。而一些企业的决策者在选择材料时，会关注比较权威的专业性期刊，在专业性媒介上寻找新的产品。第二，广告的组合和投放版面的组合过于粗放，在已选择的媒介上，也没有考虑读者的阅读习惯。第三，没有任何针对经销商的宣传，或者说把经销商当作消费者一样来宣传。第四，没有系列的地面促销活动的跟进和配合。

模块 2　人员推销

同步训练

A 组

一、单项选择题　1. A　2. B　3. D　4. B

二、判断题　1. √　2. ×　3. ×

B组

一、单项选择题　1．C　2．B　3．A　4．C

二、判断题　1．×　2．√　3．√

三、案例分析题

1．试探性策略。

2．提示：可以利用这款产品是热销产品、有赠品、产品特别适合顾客的皮肤状况等方式说服顾客。

3．（1）人员推销有较强的针对性。

（2）人员推销具有较大的灵活性。

（3）人员推销可以培养感情，建立销售人员与顾客的友谊。

（4）人员推销直接接触顾客，可以有效收集市场信息，双向沟通。

（5）人员推销在相信和购买阶段起着极其重要的作用。

（6）人员推销常用于竞争激烈的情况。

牛刀小试

成果评价

1．遵守规则，积极参与。（10%）

2．对非洲居民的需求能进行深入分析。（20%）

3．突出的产品特点符合非洲居民的需求，推销策略有针对性。（30%）

4．能较好地与对方进行沟通，创新性强。（20%）

5．能在推销过程中占到顾客的视角思考问题。（20%）

模块3　广告

同步训练

A组

一、单项选择题　1．A　2．C　3．A　4．B　5．A

二、判断题　1．√　2．×　3．√

B组

一、单项选择题　1．B　2．B　3．C　4．D　5．D

二、判断题　1．×　2．×　3．√

三、案例分析题

1．巨额的广告投放可为宝洁公司扩大销量；宝洁公司在中国想谋求更大发展的关键一步；有利于与竞争对手（如雕牌产品）进行竞争；加强与消费者的联系；品牌战略调整的需要。

2．优点：覆盖面广，促销作用明显；声形并茂、画面优美、表现手法丰富；信息传送不受时空限制，具有强制力。

缺点：制作、播出费用较高；电视信息不易保留；目标观众不易选择，针对性差；反复播放同一内容的广告，也会产生逆反心理。

牛刀小试

成果评价

1．遵守规则，积极参与。（10%）

2．广告主题鲜明，富有内涵。（20%）

3．创意新颖，符合广告创意的基本要求。（30%）

4．视觉图效果。（20%）

5．展示说明详细、流畅、通俗易懂。（20%）

模块 4　营业推广

同步训练

A 组

一、单项选择题　1．B　2．A　3．C　4．C

二、判断题　1．×　2．√　3．×

B 组

一、单项选择题　1．B　2．C　3．C　4．B

二、判断题　1．×　2．×　3．√

三、案例分析题

1．“先尝后买，方知好歹”，这是一句古老的生意经和广告用语，后人称为“活广告”，这种“活广告”至今仍被广泛运用。万事发公司和西屋电器公司采取免费赠送的策略的原因是产品的销路不旺，或者是因为产品是新产品，消费者还不熟悉。为了打开市场而采取这一策略。

2．下面介绍几种免费赠送的方法以供参考。

（1）直接邮寄。寻找出可能需要本产品的客户的名单，然后按照名单直接邮寄本产品样品给目标对象。

（2）登门访问赠送。如果知道需要者集中居住于某地，可以组织人员挨家挨户登门访问赠送样品。

（3）放在零售店里赠送。这种方法如果零售店能够尽责代办，可以获得很好的效果。

（4）先送样品试购优惠券。可用邮寄方式或在零售店里给消费者送上“试购优惠券”，让消费者凭此券试购产品。

3．免费赠送，即免费让消费者试用产品，通过亲身试用，使消费者领略到产品的好处和实际利益，从而迅速接受新产品，成为新产品的购买者。而且，企业也可以通过免费赠送，从试用者那里获得反馈意见。一方面可以此作为宣传资料；另一方面可从反馈意见中获得对产品的意见，从而对产品加以改进。

牛刀小试

成果评价：

1．搜集的信息全面、能体现促销活动的主要内容及特点。（20%）

2．对本次促销活动的成功点及不足分析准确、深入。（40%）

3．有自己的创意和见解。（40%）

模块 5　公共关系

同步训练

A 组

一、单项选择题　1．C　2．A　3．B

二、判断题　1．×　2．√　3．×

B 组

一、单项选择题　1．C　2．D　3．B

二、判断题　1．×　2．√　3．×

三、案例分析题

因为改变包装后，顾客不只买到了产品，同时还买到了乐趣、时尚、温馨和情调等，也得益于公司的公关活动。

牛刀小试

答案提示：第一，立即停播音乐节目，防止事态的进一步扩大或恶化。

第二，邀请大学的教师、科研人员代表到工厂来举行座谈会，诚挚地向他们表示歉意，征求他们对工厂的意见，并与他们一起寻找解决问题的办法。如果条件允许，请教师代表参观工厂，也使他们能够理解工厂在劳动时间播放音乐的原因。

第三，既然在工人劳动时播放音乐可以减少疲劳，属于提高劳动积极性的必要措施，那么，就在工厂的车间加装双层玻璃，或者在工厂与学校之间建隔音墙，使音乐不会对学校的教师造成干扰。

第四，在事件解决之后，向有关媒体发布消息，宣布解决方案及问题解决后大学教师的反应，以便在整个社会上挽回因教师投诉造成的不良影响。

综合训练

一、单项选择题　1. A　2. B　3. A　4. B　5. C　6. D　7. A　8. C　9. D　10. C　11. A　12. D　13. B　14. D　15. C

二、判断题　1. √　2. √　3. ×　4. ×　5. √

三、简答题

1.（1）推销员对单个顾客。

（2）推销员向采购小组介绍推销产品。

（3）推销小组向采购小组推销产品。

（4）会议推销，如洽谈会。

（5）研讨会推销。

2.（1）表现广告的主题。

（2）能引人注目。

（3）独特新颖。

（4）简明易懂。

（5）传达情感。

3.（1）区域式结构。

（2）商品式结构。

（3）顾客式结构。

（4）复合式结构。

4.（1）确定营业推广目标。

（2）制定营业推广方案。

（3）营业推广方案的评估。

（4）营业推广方案的实施。

（5）营业推广方案的测试。

5.（1）销售折扣。

（2）资助奖励。

（3）赠品。

（4）代销。

（5）业务会议。

（6）节日公关。

6.（1）帮助企业建立起良好的内部形象和外部形象。

（2）公共关系是企业收集信息、实现反馈以帮助决策的重要渠道。

（3）在现代社会环境中，企业是在包括顾客、职工、股东、政府、金融界、协作者及新闻传播界在内的各方面因素组成的社会有机体中实现自身运转的。

（4）任何企业在发展过程中都可能出现某些失误。

（5）及时分析监测社会环境中政策、法令、社会舆论、公众志趣、自然环境和市场动态的变化，向企业预报有重大影响的近期或远期发展趋势；预测企业重大行动计划可能产生的社会反应等。

（6）产品促销虽然不是公共关系直接的、主要的工作内容，但从企业的最终目标来看，产品促销应成为公关促销的潜在的根本目的。

四、案例分析题

1．促销组合是指企业在促销活动中，把人员推销、广告、营业推广和公共关系有机地结合起来，综合运用，最大限度地发挥整体促销效果，激励和诱导目标市场消费者购买行为的一种策略。

2．

促销方式	优　点	缺　点
人员促销	直接沟通信息，反馈及时，可当面促成交易	占用人员多，费用高，接触面窄
广告宣传	传播面广，形象生动，节省人力	只能对一般消费者进行宣传，难以立即促成交易
公共关系	影响面广，信任程度高，可提高企业知名度和声誉	花费力量较大，效果难以控制
营业推广	吸引力大，激发购买欲望，可促成消费者当即采取购买行动	接触面窄，有局限性，有时会降低商品身份

3．提示：（1）充分的市场调查。

（2）准确确立了目标市场。

（3）抓住了目标顾客群的特点。

（4）灵活运用了各种促销组合方式等。

项目 8　走进新媒体营销

模块 1　“数字化”新媒体营销

同步训练

A 组

判断题　1. ×　2. √　3. √　4. ×　5. √　6. ×　7. ×　8. √　9. ×　10. √

B 组

一、简答题

1．新媒体是建立在数字技术和网络技术等信息技术基础之上的。如果传统媒体开始利用信息技术改造自身运营模式，那么这些传统媒体也可以变成新媒体。

2．企业微博分类：信息展示类、微博电商类、品牌传播类、客户服务类、危机公关类等。

3．微信公众号模式、微信朋友圈模式、微店模式、微信广告模式。

4．

类　型	视 频 网 站	短视频软件
操作难易程度	操作流程烦琐	随手拍随手传，简单方便
上传模式	需要上传到视频网站	直接分享
内容形式	长视频为主	60 秒内短视频为主
拍摄工具	专业设备或手机	手机 App
功能特点	视频需要后期处理	即拍即处理
传播渠道	网站自己导流	通过社交媒体传播

5．（1）碎片化阅读，排版适应手机载体，受众可随时随地阅读相应信息。

（2）突出头条新闻，引入独家原创内容，围绕精准定位推送文章，抓住目标人群。

（3）强化个性化推送，依据用户阅读习惯，智能推送用户喜欢阅读的文章。

（4）订阅简单，安装方便，可以自动弹出消息提示。

（5）鼓励转发社交媒体，强化交流分享属性。

6．一个真正的社群必须包含同好（Interest）、结构（Structure）、输出（Output）、运营（Operate）、复制（Copy）五个要素。

7．（1）不同媒体覆盖人群不同。

（2）不同媒体覆盖场景不同。

（3）不同媒体风格调性不同。

二、案例分析题

1．知识类新媒体。

2．该新媒体平台覆盖的人群多数是年轻人，而且是有着良好教育背景的，对知识和真理有着迫切的求知欲。他们不盲目，但是一旦认同就会成为忠实的追随者。

牛刀小试

知乎是一个真实的网络问答社区，是一种知识类新媒体平台。知乎的运营策略是“先精英，后大众”，先联系各行各业的精英入驻形成高质量问答的氛围，然后带动普通用户逐步加入，这样很容易让用户分享彼此的专业知识、经验和见解，理性沟通的文化得到传递和扩散，从而持续创造高质量的问答信息。知乎的问答，表面上是问答，背后还引入了社交网络服务（Social Network Service，SNS），是人、话题和问题的相互联系。知乎打破了过去论坛的自我封闭性，过去论坛话题都在论坛内交互，知乎一开始就鼓励用户转发话题到微博，然后通过微博为自己的社区导流。

今日头条是一款基于数据挖掘的推荐引擎产品，它为用户推荐有价值的、个性化的信息，提供连接人与信息的新型服务，是国内移动互联网领域成长迅速的产品服务商之一，也是一款成功的新闻客户端新媒体。当用户使用微博、QQ 等社交账号登录今日头条时，它能在 5 秒内通过算法解读使用者的阅读兴趣。用户每次动作后，今日头条能在 10 秒内更新用户模型，从而越来越懂用户的阅读兴趣，进行精准的阅读内容推荐。

小红书 App 是一个生活方式平台。在这里发现美好、真实、多元的世界，找到有意思的明星达人,与他们一起共同标记自己生活的点滴。2.2 亿年轻用户每日分享海量服饰搭配、美妆教程、旅游攻略、美食测评。这种社群类新媒体平台就是让这些有着相同价值观、兴趣爱好的用户连接在一起，以平台为原点，社群中的用户互相交流、影响，形成网状连接，大大强化了输出内容的传播推广效果。

模块 2　新媒体营销的应用与发展

同步训练

A 组

一、判断题　1. ×　2. √　3. ×　4. ×　5. √

B 组

一、简答题

1.（1）选择转型新媒体的模式。

（2）新媒体渠道卡位。

（3）学会系统策划运营方案。

（4）重视个人账号体系搭建。

2. 由于运营个人账号体系需要员工独立进行“发微信朋友圈”“拍摄抖音短视频”“转发微博活动”等操作，而非新媒体部门的员工对互联网的了解程度参差不齐，因此在搭建个人账号体系时需要对参与体系的人员进行筛选。个人账号体系的成员一般需要具备以下几个特点：

（1）熟悉微博、微信、知乎、抖音、今日头条等平台，了解平台基本操作。

（2）熟悉互联网语言风格，最好会使用表情包。

（3）了解公司的产品特点、服务体系及企业文化，可以进行准确的描述与传播。

（4）有服务意识与职业素养，不在社交媒体公开抱怨客户或抱怨工作。

3.（1）大数据在新媒体营销中的应用，会使得营销传播更广泛。

（2）大数据在新媒体营销中的应用，会使得营销的精准度大大提高。

（3）大数据在新媒体营销中的应用，会使得客户满意度增强。

（4）大数据在新媒体营销中的应用，会帮助企业做出正确的营销战略决策。

二、案例分析题

1．小红书平台属于社群类新媒体。

2．该平台覆盖人群较广，不同性别、不同年龄段、不同社会层次等都有着大量的客户群，而且都有着自己关注的话题，如育儿、美妆、健身等。他们对平台的认同度很高。

3．在小红书品牌营销竞争愈演愈烈的当下，KOL 营销逐渐掌握了更多的话语权，优质的 KOL 成为品牌营销的有力武器。品牌主进行产品营销前应锁定消费者层面，了解消费者爱好，做好精准的小红书 KOL 匹配，这样才能将武器效力发挥最大化。

牛刀小试

实训 1 提示：可以通过知乎平台渠道。知乎作为知识型媒体，吸引了很多专业人士（知识分子、商务人士）浏览互动。而商务皮鞋定位的目标消费群体与知乎的媒体受众高度重合，所以适合利用这个平台渠道开展营销推广活动。

实训 2 提示：

1．拼多多——拼团社群电商的开创者

拼多多成立于 2015 年 9 月，是一家专注于 C2B 拼团的第三方社交电商平台。用户通过发起和朋友、家人、邻居等的拼团，可以更低的价格拼团购买优质商品。其中，通过沟通分享形成的社交理念，形成了拼多多独特的新社交电商思维。

2．小红书——分享式社群电商社区

和其他电商平台不同，小红书是从社区起家。一开始，用户注重于在社区里分享海外购物经验，到后来，除了美妆、个护，小红书上出现了关于运动、旅游、家居、旅行、酒店、餐馆的信息分享，触及了消费经验和生活方式的方方面面。如今，社区已经成为小红书的壁垒，也是其他平台无法复制的地方。目前全球有超过 9 600 多万年轻用户在小红书 App 上分享吃穿玩乐买的生活方式。

综合训练

一、不定项选择题

1．ABCD　2．ABCDE　3．ABCD　4．C　5．ABCD　6．A　7．ABCD　8．A　9．ABC
10．C　11．AC　12．ACD　13．B　14．BD　15．C

二、判断题

1．√　2．×　3．×　4．√　5．√　6．×　7．×　8．√　9．√　10．×

三、简答题

1．新媒体营销的主要方式：

（1）企业微博营销。

（2）企业微信营销。

（3）视频类媒体营销。

（4）新闻客户端营销。

（5）知识类新媒体营销。

（6）其他社群类新媒体营销。

2．新媒体营销的特点有：

（1）不同媒体覆盖人群不同。

（2）不同媒体覆盖场景不同。

（3）不同媒体风格调性不同。

3．传统企业运营新媒体的目的不外乎三种，即品牌推广、产品销售、客户服务。

如果是出于前两种目的，则自建和投放都需要维护；如果是为了客户服务，当然只能考虑自建新媒体体系。

4．大数据在新媒体营销中的作用：

（1）大数据在新媒体营销中的应用，会使得营销传播更广泛。

（2）大数据在新媒体营销中的应用，会使得营销的精准度大大提高。

（3）大数据在新媒体营销中的应用，会使得客户满意度增强。

（4）大数据在新媒体营销中的应用，会帮助企业做出正确的营销战略决策。

四、案例分析题

1．知乎属于知识类新媒体营销平台。

2．知乎是如今最火热的网络问答社区，连接各行各业的用户。用户分享着彼此的知识、经验和见解，为中文互联网源源不断地提供多种多样的信息。知乎很大一部分用户从事的是当下迅猛发展的互联网和计算机软件行业，同时金融、教育、高新科技、艺术、商务、法律等行业是知乎用户主要从事的行业，说明了知乎是一个主要面向白领精英的社区。

3．英菲尼迪的营销思路就是用知识干货重塑品牌认知。越来越多的用户决策趋于理性，在营销玩法花样百出的今天，英菲尼迪选择以最纯粹的技术为切入点，专注于知识分享的知乎无疑是最佳营销平台。借由知乎平台的知识信用背书，邀请专家大神分享干货满满的10小时不间断拆车讲解，让用户看到一个全新的极客范的英菲尼迪，以此来改变认知，重塑品牌。在创意落地上，英菲尼迪选择了时下流行的直播手段，以最直白的方式直面用户，使产品展现更为直观，便于加深用户理解。